Wolfgang Beckmann

Japan

Porträt eines faszinierenden Landes

Land, Geschichte, Kultur, Gesellschaft, Sehenswertes und mehr

1: Japan und Nachbarländer

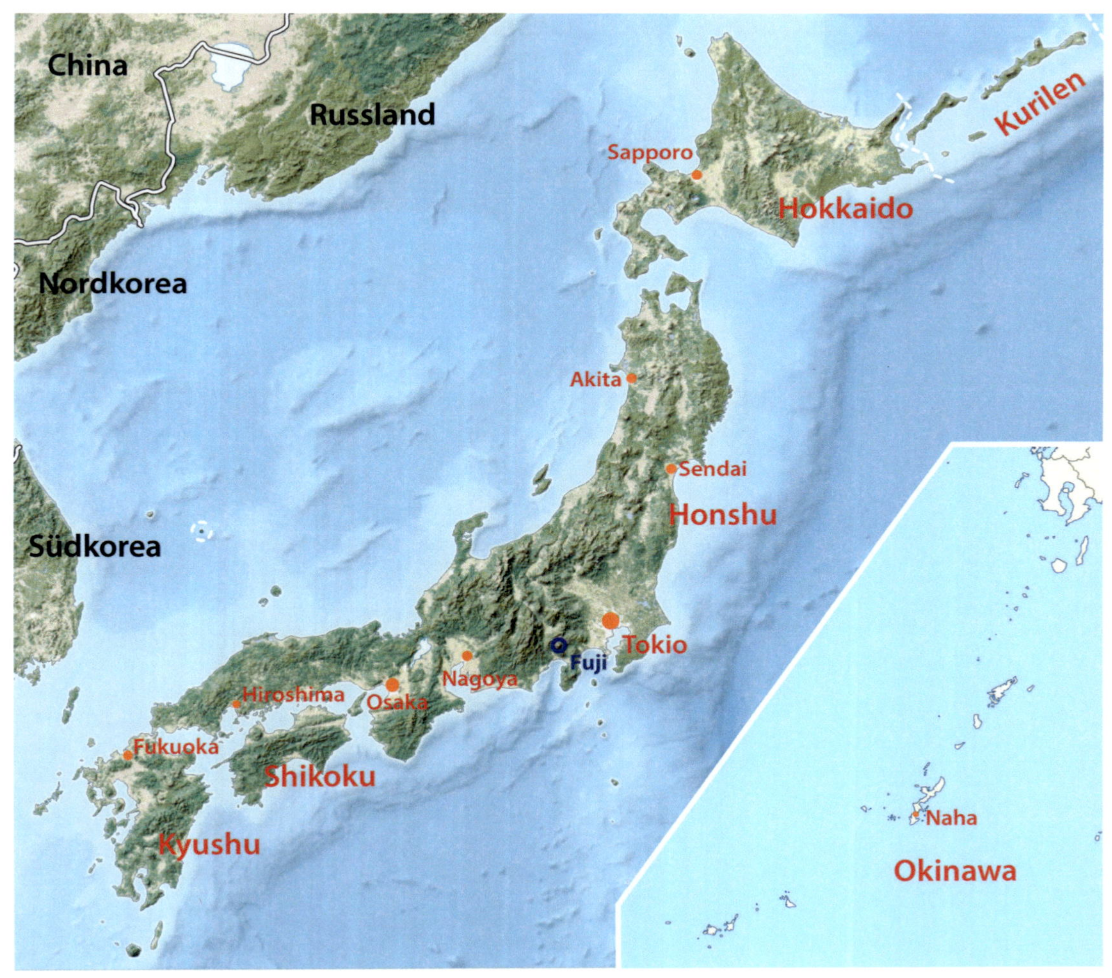

Wolfgang Beckmann

Japan

Porträt eines faszinierenden Landes

Land, Geschichte, Kultur, Gesellschaft, Sehenswertes und mehr

Impressum

Inhalt und Aussagen in diesem Buch basieren auf persönlichen Eindrücken sowie öffentlich zugänglichen Informationen. Sie wurden nach bestem Wissen zusammengestellt und soweit möglich auf ihre Richtigkeit und Aktualität geprüft. Für dennoch nicht gänzlich auszuschließende inhaltliche und sachliche Fehler übernehmen Autor und Verlag keine Garantie, Verantwortung und Haftung. Die Geltendmachung von Ansprüchen jeglicher Art ist ausgeschlossen.

Für die japanischen Begriffe wurde die einfache Darstellung in lateinischer Schrift ohne Dehnungs- bzw. Betonungszeichen gewählt. Die Schreibweise japanischer Namen erfolgte in der in Japan üblichen Form, der Familienname steht daher vor dem Vornamen.

Die Angaben zu Quellen und zum Copyright aller Fotos, Karten und Abbildungen befinden sich im Anhang des Buches.

Bibliografische Information der Deutschen Nationalbibliothek: Die Deutsche Nationalbibliothek verzeichnet diese Publikation in der Deutschen Nationalbibliografie; detaillierte bibliografische Daten sind im Internet über https://dnb.dnb.de/ abrufbar.

2. aktualisierte Auflage

Umschlaggestaltung und Layout: Gisela Beckmann

Verlag: BoD · Books on Demand GmbH, Überseering 33, 22297 Hamburg, bod@bod.de

Druck: Libri Plureos GmbH, Friedensallee 273, 22763 Hamburg

ISBN: 978-3-8192-7897-6

2: Blick auf die Burg von Osaka

Vorwort

Das heutige Japan blickt auf eine lange kulturelle Entwicklung zurück und ist aus meiner Sicht, trotz vorhandener Parallelen, nicht mit anderen asiatischen Ländern vergleichbar. Es ist auch interessant, dass deutsche Einflüsse in der Geschichte des Landes durchaus eine Rolle spielten.

Dieses Buch soll in kompakter Form Informationen über das Land der aufgehenden Sonne vermitteln. Da meine Frau und ich seit über zwei Jahrzehnten in regelmäßigen Abständen Japan als Individualtouristen bereisen, sind viele Erfahrungen sowie eigene Bewertungen und Erkenntnisse eingeflossen.

Sie finden Hinweise zum japanischen Inselreich und seiner Natur. Auch ein geschichtlicher Abriss und der Bezug zur Gegenwart kommen nicht zu kurz. Selbstverständlich gibt es auch touristische Themen und viele Tipps, die zeigen, warum Japan ein faszinierendes Reiseland ist. Lassen Sie sich überraschen.

Eine Anmerkung zu japanischen Wörtern: Es wurde außer im Kapitel Sprache und Schrift die einfache Darstellung in lateinischer Schrift ohne Dehnungs- bzw. Betonungszeichen verwendet. Die Schreibweise von japanischen Namen erfolgte in der in Japan üblichen Form. Der Familienname steht daher vor dem Vornamen.

Bedenken Sie bitte, dass die Zeit nicht stehenbleibt, was insbesondere für politische und wirtschaftliche Belange gilt. Ich wünsche Ihnen viel Spaß beim Lesen und viel Freude bei Ihrem nächsten Japanaufenthalt.

Ihr Wolfgang Beckmann

Inhalt

Impressum 4
Vorwort 5

Inselreich Japan 9
- Geografisches 9
  - Inseln und Meere 10
- Bevölkerung, Flächennutzung und Verwaltungsstruktur 14
  - Entwicklung der Einwohnerzahlen 16
  - Regionen und Präfekturen 18
  - Städte 23
- Verkehr 25
  - Straßen 25
  - Verkehrsmittel in Städten 27
  - Überregionale Verbindungen 28
  - Pünktlichkeit und Sicherheit der öffentlichen Verkehrsmittel 29

Natur und Umwelt 31
- Klima und Jahreszeiten 31
- Landschaft 37
  - Naturparks 37
- Flora und Fauna 39
  - Pflanzen 39
  - Tierwelt 40
- Naturgewalten 44
  - Taifune 44
  - Vulkanische Aktivitäten 45
  - Tsunami, Erd- und Seebeben 46
- Umwelt 51
  - Atomenergie 51
  - Mülltrennung und Recycling 52
  - Walfang und die Jagd auf Delfine 53
  - Fischzucht 53

Historisches 57
- Jomon-Zeit (ca. 10.000 bis 300 v. Chr.) 58
- Die Yayoi-Zeit (ca. 300 v. Chr. bis 300 n. Chr.) 58
- Kofun- oder Yamato-Zeit (ca. 300 n. Chr. bis 710 n. Chr.) 58
- Nara-Zeit (710-794) 61
- Heian-Zeit (794-1185) 61
- Kamakura-Zeit (1185 -1333) 62
- Muromachi-Zeit (1333-1568) 63
- Momoyama-Zeit (1568-1600) 64
- Edo-Zeit (1600-1868) 66
- Meiji-Zeit (1868-1912) 73
- Taisho-Zeit (1912-1926) 77
- Showa-Zeit (1926-1989) 80

Aus Kultur und Leben 85
Historische Einflüsse auf Kultur und Gesellschaft 86
Der Chrysanthemen-Thron 86
Japans Throninsignien 89
Kalender und Zeitrechnung 89
Japans Krieger 91
Woran glauben Japaner 99
Shintoismus 100
Buddhismus 103
Sprache und Schrift 105
Japan und Deutschland 109
Staats- und Politiksystem 111
Wirtschaft 113
Kriminalität 118
Yakuza 119
Pachinko und Glücksspiel 121
Geisha und Wassergewerbe 123
Love-Hotels 127
Bildungssystem und Jugend 130
Japans Jugend und Subkulturen 132
Arbeitsleben - Mann und Frau 136
Gesellschaftliche Phänomene 138
Geschenke 142
Das japanische Bad 144
Kultur und Künste 146
Landesküche 154
Kann man die japanische Mentalität verstehen? 157
Verhaltensprinzipien 158
Tourismus 161
Tourismusboom in Japan 161
Japan ohne Sprachkenntnisse 162
Ein paar Verhaltensregeln 163
Was bietet Japan? 165
Historische Bauten 167
Tempel und Schreine 167
Burgen 175
Samurai-Häuser, Geisha-Viertel und Kaufmannshäuser 178
Historische Dörfer und Freilichtmuseen 180
Gärten und Parks 182
Japanische Gartenkunst 184
Bonsai – Gartenkunst im Mini-Format 190
Landschaften, Berge und Schluchten 191
Stierkampf 202
Volksfeste 203
Anhang 206
Quellenangaben, Abbildungsnachweis, Register

86

153

3: Jogasaki-Küste bei Ito

Inselreich Japan

Nihon (Nippon) nennen Japans Einwohner ihr Land. Übersetzen kann man die Silbe „ni“ mit Sonne und die Silbe „hon“ mit Ursprung oder Beginn.

Nach der japanischen Mythologie entstand das Land Japan, als einer der Urgötter namens Izanagi gemeinsam mit der Göttin Izanami auf der Himmelsbrücke stand und mit dem himmlischen Juwelenspeer in der noch nicht zwischen Himmel und Erde getrennten Urwelt rührte. Nachdem der Speer herauszogen wurde fielen ein paar salzige Tropfen zurück, aus denen die erste Insel geboren wurde. Danach stiegen sie auf die Insel herab, verheirateten sich und zeugten weitere Inseln und die restliche Welt. Glaubt man hingegen den Geologen, dann haben Zusammenstöße der tektonischen Platten vor Urzeiten die heutige Inselkette entstehen lassen, die vermutlich ursprünglich noch mit dem Festland verbunden war.

4: *Izanami und Izanagi*

Geografisches

Die japanische Inselkette vor dem ostasiatischen Festland erstreckt sich leicht gebogen vom russischen Sachalin bis Taiwan über eine Länge von mehr als 3.200 Kilometern, vom Norden bis zum Süden über rund 25 Breitengrade. Die Gesamtoberfläche des Landes ist mit rund 378.000 Quadratkilometern nur ca. 20.000 km² größer als Deutschland.

Als Inselstaat hat Japan keine direkten Nachbarländer. Die nächstliegenden Staaten sind Russland, China, Nord- und Südkorea sowie Taiwan. Von Frankfurt erreicht man Tokyo mit einem Direktflug in ca. zwölf Stunden. Aufgrund des Krieges mit der Ukraine verlängerten sich die Flugzeiten.

Japan liegt in der Zeitzone UTC/GMT+9. Einen Wechsel zwischen Sommer- und Winterzeit gibt es nicht. Die Zeitverschiebung zu Deutschland beträgt 7 bzw. 8 Stunden.

Inseln und Meere

Die Inseln Japans sind von verschiedenen Meeren bzw. Untermeeren des Pazifiks umgeben. Im Norden ist es das Ochotskische Meer und im Süden das Ost-Chinesische Meer. Der Pazifische Ozean liegt im Osten. Im Südosten reicht Japan bis in die Philippinische See. Um das Japanische Meer im Westen gibt es einen lang andauernden Namensstreit mit den koreanischen Staaten.

Die Straße von Korea verbindet das Japanische Meer im Süden mit dem Pazifik und die Tsugaru-Straße ist die Verbindung zwischen Honshu und Hokkaido. Zwischen Hokkaido und Sachalin verbindet eine schmale Meerenge, die La-Pérouse-Straße, das Japanische Meer mit dem Pazifik.

Zwischen den Hauptinseln Shikoku und Honshu liegt die Seto-Inlandsee. Die nördliche Verbindung dieses Binnenmeeres mit dem Pazifik ist die Naruto-Straße. Der Wechsel der Gezeiten führt in der Meerenge unterhalb der Naruto-Brücke zu einem der weltweit größten Gezeitenstrudel. Dieses Naturphänomen ist auch ein beliebtes Ziel von Touristen, die es entweder von einer Aussichtsplattform unterhalb der Brücke oder von der Seeseite mit kleinen Schiffen bestaunen können.

5: *Naruto-Strudel*

Den größten Anteil der Landfläche machen die vier Hauptinseln Hokkaido, Honshu, Shikoku und Kyushu aus. Das Japan Statistical Yearbook 2025 nennt eine Zahl von 14.125 zum Land gehörenden Inseln, von denen die meisten aber sehr klein sind.

Alle nachfolgenden Flächenzahlen enthalten auch die den jeweiligen Hauptinseln zugeordneten kleineren Inseln. Erwähnenswert ist die südwestlich von Kyushu liegende Gruppe der Ryukyu-Inseln, zu denen auch Okinawa gehört.

6: *Aussicht auf die Ago Bucht vom Yokoyama Visitor Center*

Honshu

Mit ca. 231.000 Quadratkilometern ist Honshu die größte und wichtigste Insel des Landes. Hier findet man die meisten Millionenstädte und das wohl bekannteste Wahrzeichen Japans, den Berg Fuji, den die Japaner Fuji-san nennen. Honshu bietet auch die meisten touristischen Ziele und wird dementsprechend viel bereist.

Hokkaido

Die nördlichste Insel ist mit über 83.000 km² flächenmäßig die Zweitgrößte. Eine teilweise noch sehr urwüchsige Natur und die Wintersportgebiete bei Sapporo sind auch bei uns bekannt. Im Süden der Insel verbindet der fast 54 Kilometer lange Saikan-Eisenbahntunnel unter der Tsugaru-Straße Hokkaido mit Honshu. Hier im Norden trifft man genauso wie auf Kyushu und Shikoku nicht so oft auf westliche Touristen.

7: *Der Vulkan Sakurajima bei Kagoshima*

Kyushu

Als drittgrößte der Hauptinseln hat sie eine Fläche von ca. 42.000 Quadratkilometern. Kyushu und Honshu verbinden verschiedene Tunnel und die Kammon-Brücke. Auf der

8: *Die Seto Ohashi Brücke verbindet Honshu mit Shikoku*

gebirgigen Insel befinden sich mit dem Sakurajima und dem Aso zwei sehr aktive Vulkane. Schon in der frühen Geschichte des Landes bestanden bedingt durch die Lage der Insel gute Handelsbeziehungen zu anderen asiatischen Ländern. Auch die ersten portugiesischen Schiffe landeten hier Mitte des 16. Jahrhunderts. Später folgten holländische Handelsschiffe und Händler, die eine Niederlassung auf der kleinen künstlichen Insel Dejima vor der Stadt Nagasaki gründen durften.

Shikoku

Die kleinste Hauptinsel mit einer Fläche fast 19.000 km² ist über Brücken von Honshu aus erreichbar. Obwohl sie touristisch Schönes und Interessantes bietet, wird sie nicht so stark wie die anderen Landesteile frequentiert. Ein Grund hierfür liegt u. U. darin, dass die Verkehrsverbindungen nicht so gut wie im restlichen Japan sind.

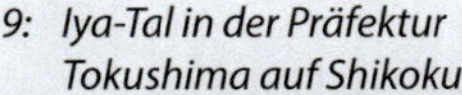

9: *Iya-Tal in der Präfektur Tokushima auf Shikoku*

Ryukyu-Inseln

Die Inselgruppe im Ostchinesischen Meer zwischen Kyushu und Taiwan mit einer Länge von rund 1.200 Kilometern kam erstmals Anfang des 17. Jahrhunderts nach militärischen Auseinandersetzungen unter japanischen Einfluss. Davor hatte das wohlhabende „Königreich Ryukyu“ Handelsbeziehungen mit Japan, Korea und China, die auch zu kulturellen Einflüssen führten. Eine offizielle Eingliederung in das japanische Kaiserreich erfolgte aber erst in der Meiji-Zeit (1868-1912).

Eine negative Veränderung für das Leben der Bevölkerung von Okinawa bedeutete nach Beendigung des 2. Weltkrieges die von den amerikanischen Besatzern erzwungene Abtretung der Inseln, die bis 1972 andauerte. Die Einwohner leiden trotz massiver Widerstände bis heute unter den stationierten Truppen der USA. Westliche Touristen findet man hier eher weniger. Bei den Japanern ist Okinawa aber ein beliebtes Urlaubsziel.

Aus touristischer Sicht sind die vielen kleinen Inseln sicher zu vernachlässigen. Bei einigen bestehen aber Streitigkeiten mit den Ländern Russland, China, Taiwan und Korea.

Wer sich für diese Thematik interessiert wird bei Recherchen auf unterschiedliche Darstellungen der betroffenen Länder stoßen. Neben Machtansprüchen aus strategischen Gründen geht es bei diesen Streitigkeiten um Rohstoffvorkommen, wie z. B. Öl und Gas sowie die Fischgründe. Nachfolgend ein paar Hinweise zu den betroffenen Inseln:

Kurilen

Beim Kurilen-Konflikt geht es um die nördlich von Hokkaido und östlich von Sachalin gelegenen südlichen Inseln des Kurilen-Archipels. Es handelt sich um die heute russischen Inseln Kunashiri, Shikotan und Etorofu sowie die Inselgruppe Habomai.

Senkaku-Inseln

Sie liegen zwischen Taiwan und den Ryukyu-Inseln. Teilweise sind es nur Felsformationen, die unter japanischer Verwaltung stehen. Sowohl die Republik China (Taiwan) als auch die Volksrepublik China beanspruchen sie.

Okinotorishima

Okinotorishima, der südlichste Punkt Japans ist ein weitestgehend unter dem Meeresspiegel liegendes kleines Atoll. Lediglich zwei kleine Felsen ragen aufgrund des gestiegenen Meeresspiegels noch bei niedrigen Wasserständen aus der Philippinischen See. Auf der Landkarte findet man die östlich von Taiwan liegende Insel kaum. Auf diese kleine Meereserhebung erhebt auch die Volksrepublik China Gebietsansprüche.

Takeshima

Die auch Liancourt-Felsen genannte kleine Inselgruppe im Japanischen Meer wird von Südkorea und Japan gleichermaßen beansprucht, was immer wieder zu Verstimmungen zwischen den Ländern führt.

10: Der Toyosu Markt auf aufgeschüttetem Gelände in der Bucht von Tokyo

Bevölkerung, Flächennutzung und Verwaltungsstruktur

Die Besiedlung und die wirtschaftliche Nutzung spielen sich überwiegend auf knapp über 20% der Landesfläche ab. Grund hierfür sind die ausgeprägten Gebirgszüge und Wälder auf der westlichen Seite Japans. Nun ist es nicht so, dass es in Gebirgsregionen kein Leben gibt. Aber die Masse der Ansiedlungen und Einwohner verteilt sich auf die flachere östliche Seite des Landes. Dies führt in Ballungsgebieten mit seichteren Küstenabschnitten, wie zum Beispiel Tokyo oder Osaka, zu Landgewinnungsmaßnahmen. Die östliche Seite Japans, also die Seite des Sonnenaufganges, wird auch „Omote-Japan" genannt, was man mit vorderes Japan übersetzen kann. Im Gegenzug heißt die rauere Seite im Westen am Japanischen Meer „Ura-Japan", was hinteres oder rückseitiges Japan bedeutet.

Von den vier Hauptinseln ist Honshu die bedeutendste und wichtigste. Hier leben mit steigender Tendenz über 81% der Gesamtbevölkerung von rund 124 Millionen Einwohnern.

Der sinkende Airport

Das Projekt des 1994 eröffneten Kansai Airports scheint ein Beispiel dafür zu sein, dass nicht jede Landgewinnungsmaßnahme von dauerhaftem Erfolg gekrönt wird. Da in der Metropolregion Osaka keine ausreichenden Landflächen zur Verfügung standen, entschied man sich, den Flughafen in der Bucht von Osaka auf zwei großen künstlichen Inseln zu errichten.

Für das Fundament im Meer mussten ganze Hügellandschaften abgetragen werden. Die Planer gingen zwar davon aus, dass sich der Meeresboden in den nächsten Jahrzehnten absenken würde. Man hatte allerdings nicht damit gerechnet, dass bereits während der Bauphase alle bisherigen Berechnungen negativ übertroffen wurden.

Das Bauwerk wurde auf einem System höhenverstellbarer Stahlsäulen errichtet, um Absenkungen ausgleichen zu können. Da der Meeresboden ständig weiter sinkt, müssen zur Vermeidung von Schieflagen inzwischen regelmäßig Teile des Systems nachjustiert werden. Risse auf dem Rollfeld und in den Gebäuden zeigen deutlich die Problematik.

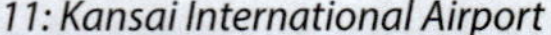

11: Kansai International Airport

12: Japans Inselwelt in Zahlen (Stand 2024)				
Hauptinseln	Gesamtfläche in km²	Landesfläche in %	Bevölkerung (2023) in Mio	Bevölkerung ca. %
Hokkaido	83.422	22,07%	5,09	4,09%
Honshu	231.239	61,18%	101,65	81,75%
Shikoku	18.802	4,97%	3,58	2,88%
Kyushu	42.230	11,17%	12,56	10,10%
Okinawa	2.282	0,60%	1,47	1,18%
	377.975	100,00%	124,35	100,00%

Es ist daher nicht verwunderlich, dass auf Honshu auch die meisten Millionen- und Großstädte liegen, die immer mehr Menschen anziehen. Begünstigt wird diese Entwicklung auch durch die starke Landflucht der Jugend, die bereits im Laufe der zweiten Hälfte des 20. Jahrhunderts begann. Einige ländliche Gemeinden werden nur noch von alten Leuten bewohnt.

Letztendlich führt die Entvölkerung der ländlichen Gebiete dazu, dass auch die infrastrukturelle Versorgung der Bevölkerung zurückgeht. Dies ist in Japan leider schon weiter fortgeschritten als bei uns in Deutschland. Die medizinische Versorgung wird eingeschränkt und Investitionen in die digitale Versorgung oder den öffentlichen Nahverkehr sind für Investoren nicht mehr gewinnbringend genug. Hinzu kommt zusätzlich die Gefahr einer fortschreitenden Unterversorgung des Landes mit eigenen Agrarprodukten. Die japanische Regierung versucht dem Sterben der Dörfer mit verschiedenen Maßnahmen entgegenzuwirken. Ein Beispiel hierfür sind sogenannte Dorfretter. Sie werden vom Staat bezahlt und unterstützen die verbliebenen alten Bewohner. Ein Rezept, die Attraktivität des Landlebens für junge Leute wieder zu steigern, hat die japanische Regierung aber auch mit den Dorfrettern bisher genauso wenig gefunden, wie andere Länder mit ähnlicher Problemlage.

Einer besonderen Betrachtung gebührt Japans Hauptstadt. Aber Tokyo ist nicht nur eine Stadt. Sie und die gleichnamige Präfektur umfassen 23 Stadtbezirke und 39 weitere Gemeinden, zu denen Inseln, Städte und Dörfer gehören. Das „Tokyo Metropolitan Government“ wird von einem gewählten Gouverneur geleitet. Die Präfektur hat rund 14 Millionen

13: Blick auf den Tokyo Tower

Einwohner, von denen in den eigentlichen Stadtbezirken der Hauptstadt etwa 9,5 Millionen Einwohner leben.

Eine besondere Rolle bei der Verteilung der Gesamtbevölkerung spielt der Ballungsraum Tokyo. Mit den dazugehörigen weiteren Millionenstädten und Präfekturen, wie z. B. Yokohama, Saitama, Kawasaki und Chiba kommt man auf ungefähr 38 Millionen Einwohner für die größte Metropolregion der Welt. Hier leben gut 30% der Gesamtbevölkerung Japans und die Zahl steigt ständig weiter an. Zum Vergleich: Auf der zweitgrößten Insel Hokkaido leben knapp über 4 % und auf Kyushu rund 10% der Bevölkerung.

Entwicklung der Einwohnerzahlen

In Japan geht man für die nächsten Jahrzehnte von sinkenden Bevölkerungszahlen aus. Hierfür gibt es mehrere Gründe:

Die Zahl der Neugeborenen lag 1970 noch bei über 1,9 Millionen und liegt seit 2016 unter einer Million. Das Statistical Handbook of Japan nennt aufgrund der kontinuierlich sinkenden Geburtsrate für 2022 nur rund 771 Tsd. Geburten. Da

14: Veränderungen in der Bevölkerungspyramide

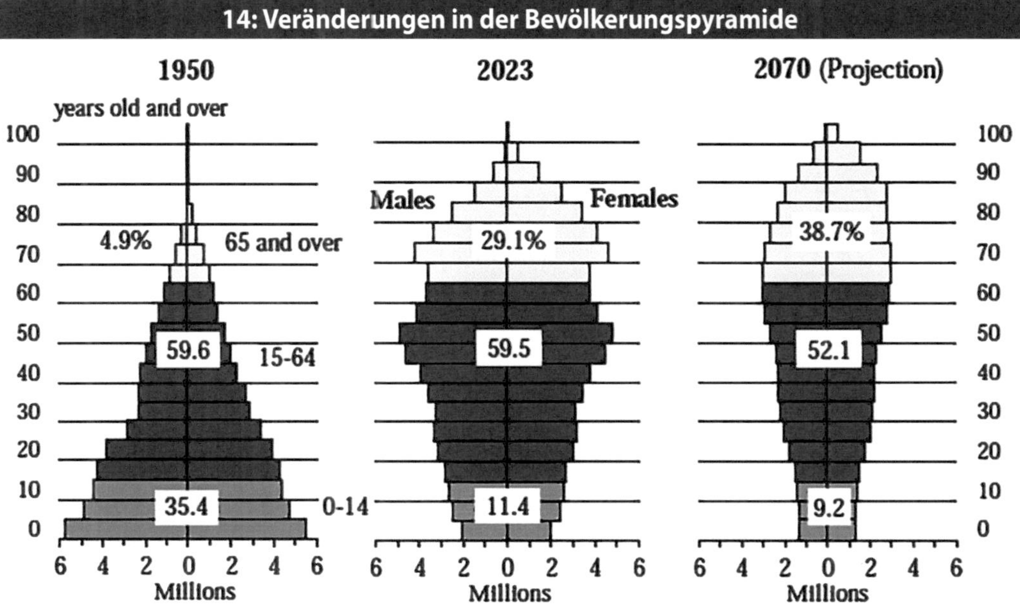

später geheiratet wird, ist seit 1970 das durchschnittliche Alter der Mütter bei der ersten Geburt von 25,6 auf 30,9 Jahre angestiegen. Doppelverdiener überlegen es sich, ob sie ihr Leben bzw. ihren Lebensstandard verändern wollen. Viele Frauen möchten auch ihren Beruf nicht aufgeben oder haben Angst, nach einigen Jahren wieder beruflich Fuß fassen zu können. Hinzu kommt, dass die Heiratsrate generell rückläufig ist, was mit einem steigenden Single-Anteil einhergeht. Im Jahr 2020 waren 28,3% der Männer und 17,8% der Frauen nicht verheiratet. Was für eine Veränderung diese Zahlen bedeuten, erkennt man daran, dass im Jahr 1950 nur 1,5% der Männer und 1,4% der Frauen unverheiratet waren.

Ein weiterer Grund ist die Entwicklung der Alterspyramide in Japan mit einer hohen Lebenserwartung. Sie lag 2022 bei 81,1 Jahren für Männer und für Frauen bei 87,1 Jahren. Die Zahl der über 65-Jährigen hat 2023 mit über 36,23 Millionen einen Anteil von 29,1% der Gesamtbevölkerung. Die Zahl der über 100-jährigen lag im Jahr 2023 bei etwa 87 Tsd. Menschen, wobei sich der Frauenanteil gemäß dem Japan Statistical Yearbook 2025 auf rund 88,5% belief.

15: Bevölkerungsentwicklung in Tausend

Jahr	Einwohner
1872	34.806
1900	43.847
1940	71.933
1950	84.115
1960	94.302
1970	104.665
1980	117.060
1990	123.611
2000	126.926
2010	128.057
2023	124.352
Vorhersage	
2030	120.116
2040	112.837
2050	104.686
2060	96.148

16: Durchschnittsalter bei der ersten Eheschließung		
Jahr	Alter in Jahren	
	Männer	Frauen
1950	25,9	23,0
1980	27,8	25,2
1990	28,4	25,9
2000	28,8	27,0
2010	30,5	28,8
2022	31,1	29,7

17: Anteil der noch nie Verheirateten im Alter von 50 Jahren		
Jahr	Männer	Frauen
1950	1,5%	1,4%
1980	2,6%	4,5%
1990	5,6%	4,3%
2000	12,6%	5,8%
2010	20,1%	10,6%
2020	28,3%	17,8%

Dem Thema Zuwanderung stand Japan in der Vergangenheit eher skeptisch gegenüber. Der Anteil von nicht japanischen Einwohnern lag 2023 bei ca. 2,7% und beinhaltet teilweise schon seit Generationen in Japan lebende Chinesen und Koreaner ohne japanische Staatsbürgerschaft, die jedoch völlig integriert sind.

Ein Patentrezept hat die japanische Regierung für diese demografische Zeitbombe bisher nicht. Wenn es nicht gelingt, die Geburtenrate zu steigern oder eine höhere Bereitschaft für das Thema Zuwanderung geschaffen wird, muss von stark sinkenden Bevölkerungszahlen in den nächsten Jahrzehnten ausgegangen werden. Die Auswirkungen sind bereits heute zu erkennen. So kann man japanischen Fernsehberichten z. B. seit einiger Zeit entnehmen, dass Firmen verstärkt versuchen, im asiatischen Ausland Fachkräfte zu rekrutieren.

Regionen und Präfekturen

Japan gliedert sich in die acht Landesregionen Hokkaido, Tohoku, Kanto, Chubu, Kinki, Chugoku, Shikoku und Kyushu-Okinawa. Sie stellen eine geografische Aufteilung des Landes dar und haben verwaltungstechnisch keine Bedeutung. Allerdings finden sie im allgemeinen Sprachgebrauch häufig Verwendung. Das gilt z. B. auch für Nachrichten und Wetterinformationen. Den Regionen sind insgesamt 47 unterschiedlich große Präfekturen zugeordnet. Sie bilden, vergleichbar mit unseren Bundesländern, die Verwaltung des Zentralstaates Japan. In den Präfekturen gibt es wie bei uns Städte und Gemeinden.

Die Präfekturen haben zusätzlich zu ihren Namen noch einen angehängten Typisierungszusatz. Osaka und Kyoto tragen die Nachsilbe „fu“ und sind Stadtpräfekturen. Ausschließlich bei Tokyo benutzt man „to“ als Bezeichnung der Metropole und Hokkaido trägt den Zusatz „do“ (Weg, Bezirk) schon in seinem Namen. Die restlichen 43 tragen das Suffix „ken“, was für Präfektur steht.

Hokkaido

Hoch im Norden ist Hokkaido eine der Hauptinseln und gleichzeitig eine Region. Hinzu kommt, dass Hokkaido nur

18: Japans Regionen und Präfekturen

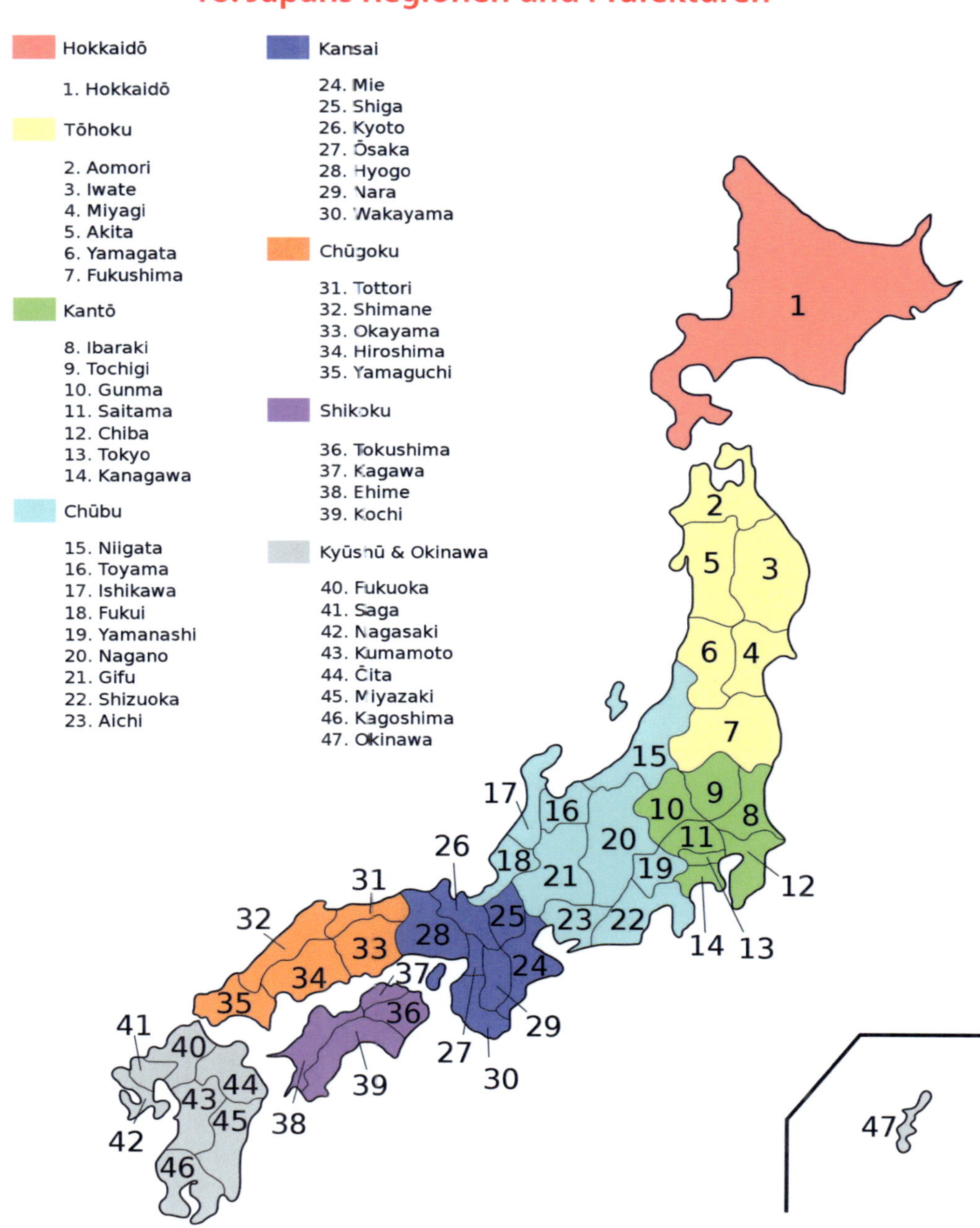

eine Präfektur hat und alle den gleichen Namen tragen. Verwaltungssitz dieser Nordmeerpräfektur ist Sapporo mit rund zwei Millionen Einwohnern.

Auf der dünn besiedelten Insel leben etwas über fünf Millionen Einwohner. Eine Ursache für die geringe Bevölkerungsdichte liegt im Gegensatz zur Landflucht in anderen ländlichen Gebieten darin, dass die Insel erst in der zweiten Hälfte des 19. Jahrhunderts im Rahmen der Öffnung Japans besiedelt wurde. Lediglich im Süden gab es seit dem 17. Jahrhundert eine japanische Befestigung, die spätere Burg Matsumae. Bis zu dieser Zeit trug die nördliche Hauptinsel den Namen Ezo. Hier lebten abgesehen von wenigen Händlern und Verbannten die Ureinwohner des Nordens, das Volk der Ainu, die heute nur noch eine kleine indigene Minderheit der Bevölkerung sind. In den Zeiten der Meiji-Restauration wurde ihre eigene Sprache verboten, um sie zu assimilieren. Das ist auch leider zu dem Preis gelungen, dass die Sprache und Kultur der Ainu bis auf wenige folkloristische Darbietungen verschwunden sind.

Große Flächen der zweitgrößten Hauptinsel werden landwirtschaftlich genutzt. Gut die Hälfte der japanischen Milchproduktion ist hier angesiedelt. Hinzu kommt der Fischfang und die Ernte anderer Meeresprodukte, wie zum Beispiel Algen. Das bei uns bekannteste Agrarprodukt aus dem Norden ist der Hokkaido-Kürbis.

Honshu

Die große Hauptinsel Honshu gliedert sich von Nord nach Süd in die fünf Regionen Tohoku, Kanto, Chubu, Kinki und Chugoku auf.

Tohoku

Der Name „Tohoku“ bedeutet übersetzt „Nordosten“ und beschreibt die Lage der Region, die ungefähr 17% der Fläche Japans entspricht. Dort leben in sechs Präfekturen über 8 Millionen Einwohner. Tohoku erstreckt sich zu einem großen Teil geografisch über die gesamte Breite von Honshu und weist daher klimatische Unterschiede zwischen der Ost- bzw. Westseite auf. Neben dem Fischfang spielt der Reisanbau eine wichtige Rolle und es gibt auch einige Sake-Brauereien. Die Ostseite der Region war stark von der Tsunami-Katastrophe im Februar 2011 und deren fatalen Auswirkungen betroffen.

Kanto

Kanto hat 7 Präfekturen. Trotz der kleinen Fläche von ungefähr 8,6% Japans leben in der Region auf der Pazifikseite des Landes über 43 Millionen Menschen, was ungefähr einem Drittel der Gesamtbevölkerung entspricht. Die Erklärung hierfür sind die Präfektur Tokyo und die weiteren Millionenstädte im Umfeld. Der Name Kanto bedeutet „östlich der Sperre“ und leitet sich von einer alten Zollsperre

19: Lavendel- und Blumenfelder auf Hokkaido

ab. Eine traurige Bekanntheit erlangte die Kanto-Ebene am 1. September 1923 mit dem zerstörerischen Kanto-Erdbeben. Die Region ist heute das wirtschaftliche und politische Zentrum des Landes.

Chubu

Chubu als Mitte zu bezeichnen, ist der Lage entsprechend richtig und entspricht auch der Bedeutung des Namens, den man mit „Mittlerer Teil" übersetzen kann. Die Region erstreckt sich vom Japanischen Meer bis zum Pazifik und beheimatet Japans Wahrzeichen, den Berg Fuji. Die nördlichen Präfekturen am Japanischen Meer prägt eine felsige Küstenlandschaft und im mittleren Teil dominieren die japanischen Alpen. Die mildere Seite an der Pazifikküste ist am dichtesten besiedelt. Die japanischen Alpen ziehen jedes Jahr Wanderer und Wintersportler an. In Nagano fanden im Jahr 1998 die Olympischen Winterspiele statt.

Chubu mit einem Landmassenanteil von etwas unter 18% beherbergt über 20 Millionen Einwohner. Bedingt durch die

20: Reisterrassen in der Präfektur Tokushima

großen geografischen Unterschiede sind die 9 Präfekturen auch wirtschaftlich unterschiedlich geprägt. Hier liegt die für ihren Teeanbau bekannte Präfektur Shizuoka. Rund 40% des in Japan angebauten Tees stammen von hier. Die benachbarte Präfektur Aichi ist eine Hochburg der Automobil-Industrie.

Kansai

Diese Region wird auch häufig Kinki genannt. Analog zu Kanto bezeichnet Kansai ein historisches Gebiet, welches „westlich der Grenze“ lag und geografisch zum größten Teil mit dem heutigen Kinki identisch war. Die Gegend im westlichen Honshu war vor der Verlegung der Regierungsgewalt in das heutige Tokyo lange Zeit wirtschaftliches und kulturelles Zentrum des Landes. Die Bedeutung des Namens der Region Kinki (Hauptstadtregion) weist auf die alten Zentren Nara und Kyoto hin. Insofern ist es nicht verwunderlich, dass es hier unzählige historische Stätten gibt.

Heute sind Millionenstädte wie Kobe und Osaka weitere Zentren der Region. In den 7 Präfekturen leben heute um die 22 Millonen Menschen auf rund 9% der Fläche Japans.

21: Meoto Iwa Felsen in der Präfektur Mie

Chugoku

Chugoku liegt im westlichen Teil von Honshu und hat 5 Präfekturen. Da die ersten zwei Schriftzeichen mit dem Wort für China identisch sind, trägt die Region zur Unterscheidung in der Regel den Zusatz „chiho“ mit der Bedeutung Region. Um die 7 Millionen Menschen leben hier auf einer Fläche von ungefähr 8,5% des Landes. Es ist in Chugoku nicht anders, als in anderen Regionen des Landes. Am Japanischen Meer und in den Bergregionen ist die Besiedelung geringer als in den Küstenregionen der östlichen Seite. Hier an der Seto-Inlandsee wechselt im Süden dann auch die landwirtschaftliche Prägung mit der Industriellen.

Shikoku

Der Name der kleinsten Hauptinsel ist auch gleichzeitig die Bezeichnung der Region. Im Gegensatz zu Hokkaido gibt es auf der wesentlich kleineren Insel aber vier Präfekturen. Hierauf weisen auch schon die Schriftzeichen des Namens hin. Übersetzt bedeuten sie „Vier Länder bzw. Provinzen". Zwischen der Insel und Honshu liegt die Seto-Inlandsee. Heute ist die Region durch mehrere Brücken gut mit dem Festland vernetzt. Das innere der Insel ist gebirgig und die meisten Bewohner leben daher an den Küsten. Shikoku mit ungefähr 5% der Landmasse hat rund 3,6 Millionen Bewohner.

Kyushu - Okinawa

Die südliche Landesregion umfasst 8 Präfekturen. Dies ist bei Betrachtung des Namens „Kyushu" auf den ersten Blick etwas irreführend, da der Name „Neun Provinzen" bedeutet. Dies ist historisch bedingt und weist auf eine frühere Aufteilung hin. In der gesamten Region leben mit fast 14 Millionen Einwohnern ungefähr 11% der Gesamtbevölkerung. Davon entfallen auf die südlichen Inseln mit der Präfektur Okinawa etwas über 1%.

Im Norden der Insel liegt Fukuoka, eine große Industrie- und Hafenstadt. Sie entstand Ende des 19. Jahrhunderts durch die Zusammenlegung der Hafenstadt Hakata mit der Burgstadt Fukuoka. Heute leben hier ca. 1,6 Mio. Einwohner. Die Präfektur Okinawa mit der Kette der Ryukyu-Inseln, weit südlich der Hauptinseln, ist mit tropischen Stränden Japans exotischer Landesteil.

Städte

Bei der Betrachtung der Städte denkt man wahrscheinlich immer zuerst an Tokyo. Es wird oft vergessen, dass es in Japan noch weitere Millionenstädte und auch viele Großstädte gibt. Japanische Städte lassen sich nicht unbedingt mit unseren vergleichen. Auf den ersten Blick wenig Grün, viel Beton und Asphalt sowie im Hinblick auf die häufigen Erdbeben oft oberirdische Stromleitungen. Man sollte bei dieser Betrachtung aber nicht vergessen, dass es auch bei uns Stadtteile mit hässlichen Zweckbauten und wenig Begrünung gibt.

Nimmt man Tokyo als Beispiel findet man eine Mischung, die einerseits alle Vorurteile bestätigt, die man gegen Großstädte haben kann und andererseits vieles, was faszinierend schön und beeindruckend ist. Es gibt Hochstraßen über mehrere Ebenen zwischen den Häusern und Bahnanlagen von unvorstellbarer Größe mit entsprechendem Gleisvolumen. Menschenmengen bewegen sich diszipliniert und zielstrebig durch die sauberen Straßen und überqueren große Kreuzungen

22: Shibuya-Scramble-Crossing: Die bekannteste Kreuzung in Tokyo

über Fußgängerüberwege, die gleichzeitig in alle Richtungen benutzt werden. Gerade beim ersten Besuch des Landes mag man sich als Fremder eventuell etwas verloren fühlen. Bleibt man kurz hilfesuchend in den Stadtplan schauend stehen, ist man oft erstaunt, wenn man plötzlich Hilfe anbietend angesprochen wird. Wenn man irgendwo als Tourist den Begleiter fotografiert, kommt manchmal überraschend die Frage eines Passanten, ob er ein gemeinsames Foto machen soll.

Die Lärmmischung in den Einkaufsstraßen ist für uns gewöhnungsbedürftig. Jedoch an der nächsten Ecke kann schon ein Tempel stehen, der Ruhe ausstrahlt. In den etwas ruhigeren Bezirken gibt es vor Häusern hübsche Pflanzendekorationen. Die vielen Parks und japanischen Gärten der Stadt dienen der Erholung. Eine Besonderheit in den Städten ist, dass man selten einen Papierkorb findet und die Straßen trotzdem sauber sind. Die Japaner nehmen ihren Müll mit nach Hause und entsorgen ihn dort. Lediglich auf Bahnsteigen fällt einem manchmal einer der wenigen Abfallbehälter ins Auge. Nur sehr selten wird man auf Graffitis stoßen.

23: Verkehr in Tokyo auf mehreren Ebenen

Das Suchen nach einer bestimmten Straße oder einem bestimmten Haus ist leider nicht so einfach wie bei uns. Schilder mit Straßennamen findet man nur selten in den großen Straßen. Auch Hausnummern sind eher die Ausnahme. Hinzu kommt, dass die Häuser nicht wie bei uns üblich fortlaufend nummeriert sind. Grundlage für die

Hausnummer ist das Errichtungsdatum der Gebäude. Die Orientierung richtet sich nach Stadt, Bezirk und Häuserblock. Diese findet man auch in den Stadtplänen. Aber man erhält zum Glück fast immer Hilfe, wenn man Passanten fragt. Außerdem befindet sich in der Nähe von Bahnstationen meistens eine Polizeistation (Koban). Hier hängen Pläne der Bezirke und die Beamten helfen einem auch gerne.

Zugegeben, man muss Städte wie Tokyo mögen und sich auf das quirlige Leben einlassen. Wenn es aber einmal gefunkt hat, kann man sich der Anziehung dieser Stadt und anderer japanischer Millionenstädte kaum noch entziehen. Mir geht es zumindest so!

Verkehr

Schnell und gut kommt man in Japan mit öffentlichen Verkehrsmitteln ans Ziel. Inlandsflüge oder die Benutzung eines Mietwagens sind für Touristen aus meiner Sicht in den meisten Fällen nicht empfehlenswert. Eine Ausnahme bilden unter Umständen weniger bevölkerte und damit auch nicht so gut erschlossene Gebiete auf Hokkaido oder Shikoku.

Straßen

Ampeln an Fußgängerüberwegen signalisieren mit Geräuschen die Grünphase. Auf Fußwegen und Bahnsteigen befinden sich überall Markierungen für Blinde. In Japan gilt Linksverkehr. Dies ist nicht nur für Autofahrer wichtig. Nach meiner Erfahrung muss man sich auch als Fußgänger extrem umstellen und aufpassen, da man sich gewohnheitsmäßig zuerst zur falschen Seite absichert.

Der Straßenzustand ist in der Regel gut und die Ausschilderungen haben normalerweise auch Hinweise in lateinischer Schrift. Es gibt nur wenige Radwege, obwohl in Japan viele Radfahrer unterwegs sind. Besonders in den Zeiten der Rushhour ist Autofahren in Japan nicht unbedingt ein Vergnügen. Auch Taxis kommen in dieser Zeit nur langsam voran.

Die Verkehrsregeln werden streng überwacht und Verstöße dagegen ebenso geahndet. Die Autobahnbenutzung ist in

24: Mehrsprachiges Verkehrsschild

Japan kostenpflichtig und es besteht überwiegend ein Tempolimit von 100 km/h. Auf den Landstraßen beträgt die Höchstgeschwindigkeit in der Regel 60 km/h und in den Städten teilweise 40 km/h. Die Beschilderungen sind zwar ähnlich wie bei uns, weisen aber leichte Unterschiede auf. Verstöße gegen die Regeln und Fahrten unter Alkoholeinfluss werden in Japan streng geahndet. Es gilt das 0,0-Promille-Prinzip und alkoholisiertes Fahren stellt generell einen Rechtsverstoß dar. Zum Alkohol-Grenzwert findet man im Internet unterschiedliche Angaben. Gemäß Auskunft der japanischen Botschaft in Deutschland muss man bereits ab einem Atemalkohol von 0,15 mg/l mit strafrechtlichen Konsequenzen rechnen.

Ob ein Internationaler Führerschein zum Autofahren für Touristen ausreicht, ist je nach Herkunftsland unterschiedlich. Nach meinem Kenntnisstand benötigen Bürger aus Österreich neben dem Landesführerschein nur den internationalen Führerschein. Deutsche und Schweizer brauchen neben dem Landesführerschein noch eine Übersetzung dieses Dokuments. Die erforderliche Übersetzung erhält man gegen Zahlung einer Gebühr von der Japan Automobile Federation (JAF). Vor einer Reise sollte man sich unbedingt mit den aktuellen Bestimmungen vertraut machen.

Parken in japanischen Städten

Ich habe mal gehört, dass beim Kauf eines Autos in Japan das Vorhandensein eines Parkplatzes nachgewiesen werden muss. In Großstädten, wie Tokyo oder Osaka, wird es für ortsfremde Touristen nicht leicht sein, einen Platz zum Parken zu finden. Es einfach am Straßenrand abstellen wird kaum möglich sein. An Parkuhren sollte man die Parkdauer nicht überschreiten und auch nicht durch Nachzahlung verlängern. Ansonsten ist ein Strafmandat relativ sicher!

Selbstverständlich gibt es auch in Japan unter- oder oberirdische Parkmöglichkeiten, die oft zu Einkaufszentren oder auch touristischen Einrichtungen gehören. Es gibt auch Plätze mit Self-Service. Man fährt auf den Parkplatz und wenn der Wagen steht klappt eine Barriere hoch, die sich erst nach dem Bezahlen der Parkgebühr am Automaten beim Verlassen wieder absenkt.

Eine für uns vermutlich kaum bekannte Parkmöglichkeit bieten Parktürme, in denen die Fahrzeuge in einer Art Paternostersystem eingelagert werden. Vor oder nach der Einlagerung werden sie um 180 Grad gedreht, um dem Fahrer später ein problemloses Ausfahren zu ermöglichen. Andere Systeme verbringen die Autos automatisch über Förderbänder und Aufzüge in mehrgeschossige Regalsysteme.

Das Parken ist nicht unbedingt preiswert. Auf dem Land ist sicher alles etwas einfacher und man findet auch an touristisch interessanten Stätten Möglichkeiten zum Abstellen des Autos.

Auch für Fahrräder gibt es Abstellplätze oder Ständersysteme sowie automatische

25: Shinjuku Station in Tokyo

Parksysteme. Einer Mitteilung der japanischen Botschaft aus dem November 2017 habe ich entnommen, dass die Stadt Kyoto mehrere unterirdische Anlagen in Betrieb genommen hat, um das Stadtbild zu verschönern.

Verkehrsmittel in Städten

Der Nahverkehr ist in japanischen Städten exzellent ausgebaut. Es gibt in der Regel gute Busverbindungen und manche Orte verfügen auch über Straßenbahnen. Größere Städte bieten zusätzlich gut ausgebaute U- und S-Bahnnetze.

Städte wie z. B. Tokyo sind durch eine Vielzahl von Bahn- und Buslinien verschiedener Anbieter gut erschlossen. Eine der bekanntesten Verbindungen ist die JR Yamanote-Linie. Sie verbindet die großen Stadtzentren von Tokyo und hält an vielen wichtigen Bahnhöfen. Diese Ringlinie fährt in beide Richtungen und wird so stark frequentiert, dass die Züge im Abstand weniger Minuten fahren müssen. Wenn möglich, sollte man die Zeiten der Rushhour meiden, da die Züge und Bahnstationen dann eine für unsere Verhältnisse nicht vorstellbare Fülle aufweisen.

Die Größe der Bahnhöfe ist in den meisten Fällen nicht mit

26: Yamanote Linie in Shinagawa, Tokyo

27: Zug der JR Yamanote-Linie in Tokyo

unseren Verhältnissen vergleichbar. Ein gutes Beispiel hierfür ist der der JR-Bahnhof im Stadtteil Shinjuku, der täglich von über 3 Millionen Passagieren benutzt wird.

Bei Taxifahrern kann man nicht unbedingt davon ausgehen, dass sie die englische Sprache beherrschen. Wenn man den japanischen Namen des Ziels nicht kennt, kann es schon mal etwas schwierig werden. Uns hat es aber bisher immer gereicht, wenn wir z. B eine Visitenkarte oder den Lageplan des Hotels gezeigt haben. An den Bahnhöfen findet man in der Regel Taxistände. Selbstverständlich reiht man sich hinten in die Warteschlange ein. Ein freies Taxi erkennt man an dem roten Leuchtzeichen an der Autoscheibe.

Überregionale Verbindungen

Abgesehen vom Inlandsflugverkehr und von Überlandbussen spielt beim Reisen durch das Land der Schienenverkehr die größte Rolle. Ähnlich wie in den Städten gibt es private Bahnlinien und Fernzüge der Japan Railway Company (JR).

Bei der JR-Gruppe handelt es sich um einen ehemaligen Staatsbetrieb. Die Unternehmensgruppe bietet Touristen die Möglichkeit, ganz Japan mit dem „Japan Railpass“ zu vergünstigten Bedingungen zu bereisen. Aber auch für den Busverkehr gibt es verbilligte Tages- oder Mehrtagestickets.

28: Shinkansen der Serie N700

Shinkansen

Das herausragende Verkehrsmittel beim Reisen durch das Land sind die superschnellen „Shinkansen“ der JR-Gruppe. Den Begriff Shinkansen“ kann man mit „neue Hauptstrecke“ übersetzen. Die Hochgeschwindigkeitszüge benutzen ein eigenes Streckennetz und die Sicherheitsstandards sind sehr hoch.

Der erste Shinkansen nahm 1964 in Japan seinen Betrieb auf und soll damals schon eine Geschwindigkeit von 200 km/h erreicht haben. Heute haben die Züge im Regelbetrieb je nach Strecke und Zugmodell Geschwindigkeiten bis zu ca. 300 Kilometern pro Stunde. Ende 2018 wurde der Öffentlichkeit eine neue Generation der Hochgeschwindigkeitszüge vorgestellt, die 360 Stundenkilometer fahren.

Aber die Entwicklung wesentlich schnellerer Strecken mit Magnetzügen ist bereits gestartet und im Testbetrieb wurden Geschwindigkeiten von ca. 600 km/h erreicht. Die Central Japan Railway Company plant für die Zukunft die Inbetriebnahme einer ca. 300 km langen Verbindung zwischen Tokyo und Nagoya. Die Fahrzeit soll dann nur noch 40 Minuten betragen.

Aufgrund der Geschwindigkeit der Shinkansen bringen Inlandsflüge Reisenden kaum Vorteile. So benötigt man z. B. von Tokyo bis Shin-Aomori ganz im Norden von Honshu nur etwas über 3 Stunden und Kyoto kann in ca. 2,5 Stunden erreicht werden. Die komfortablen und sehr sauberen Züge fahren auf die Minute pünktlich in die Bahnhöfe ein und halten genau an den auf den Bahnsteigen gekennzeichneten Haltepunkten der Waggons.

Pünktlichkeit und Sicherheit der öffentlichen Verkehrsmittel

Japan ist ein Land, in dem die öffentlichen Verkehrsmittel eine für uns völlig unbekannte Präzision und Schnelligkeit bieten. Die durchschnittliche jährliche Verspätung pro eingesetztem Shinkansen lag 2021 lt. Homepage der JR Central Japan Railway Company unter einer Minute, wobei diese Berechnungen unkontrollierbare Ereignisse wie Naturkatastrophen beinhalten. Die einzige Verspätung, die ich jemals erlebt hatte, hing mit einem Erdbeben zusammen. Es ist beruhigend zu wissen, dass das Streckennetz der Hochgeschwindigkeitszüge über ein eigenes Frühwarnsystem verfügt. Dies leitet bei Erbeben die erforderlichen Schnellbremsungen ein, damit die Züge rechtzeitig stehen.

Wer durch das Land reist und im vorderen Abteil hinter dem Triebwagen sitzt, sieht die Lokführer Bewegungen machen, bei denen auf die Strecke und die Armaturen gezeigt wird. Ich meine auch ein Reden bei diesem Gebaren bemerkt zu haben. Diese etwas merkwürdig anmutende Gestik der Lokführer dient der Sicherheit des Zugverkehrs. Sie sind Teil einer „Null-Unfall-Kampagne“. Das System nennt sich „Pointing and Calling“. Ihm liegen Regeln der „Japan Industrial Safety and Health Association“ zugrunde, die Unfälle durch Unaufmerksamkeit vermeiden sollen. Auch bei der Zugabfertigung im Bahnhof und beim Busfahren sieht man diese Gesten.

29: Kirschblüte in Yoshinoyama

Natur und Umwelt

Klima und Jahreszeiten

Japan erstreckt sich über 25 Breitengrade. Der nördlichste Punkt ist, wenn man den Kurilen-Konflikt außer Acht lässt, die kleine Insel Benten-jima etwas westlich vor dem Kap Soya bei der Stadt Wakkanai auf Hokkaido. Am südlichsten liegt das Atoll Okinotorishima. Eine einheitliche Aussage zu Wetter und Klima ist daher kaum möglich.

So bietet die nördlichste Hauptinsel Hokkaido im Norden Wintersportmöglichkeiten, während man im subtropischen Okinawa baden kann. Selbst Honshu mit einer Länge von ca. 1.300 km und seinen von Norden nach Süden verlaufenden Gebirgszügen weist erhebliche klimatische Unterschiede auf.

Obwohl man pauschal sagen könnte, dass Japan ein gemäßigtes See-Klima hat, muss man neben den Jahreszeiten auch unterschiedliche klimatische Strukturen und die Einflüsse der gegensätzlichen Meeresströmungen auf der östlichen Seite des Landes betrachten. Hier treffen der aus dem Norden kommende kalte Oyashio-Strom und die warme südliche Kuroshio-Strömung aufeinander. Nachfolgend einige regionale Aussagen zur Bandbreite der klimatischen Bedingungen:

- Am wenigsten passen die südlichen Inseln der Präfektur Okinawa zu der vorgenannten pauschalen Aussage. Hier befindet man sich in der subtropischen Klimazone. Die Winter sind warm und die Sommer sehr heiß. Während der Regenzeit zwischen Mai und Oktober muss man mit starken Niederschlägen und Taifunen rechnen. Auch der südliche Teil von Kyushu um Kagoshima hat schon ähnliche klimatische Bedingungen.

30: Herbst am Tofu-kuchi, Kyoto

31: Schneemassen in den japanischen Alpen

- Als Gegenpol zur südlichen Region hat Hokkaido im Norden subarktische Wetterbedingungen. Die Niederschläge sind im Frühling und Sommer relativ gering, wobei die Temperaturen allerdings in allen Jahreszeiten niedriger als in den übrigen Landesteilen sind. Insbesondere im Sommer bietet die Insel aufgrund der geringen Luftfeuchtigkeit ein angenehmes Klima. Im Gegenzug sind die langen Winter hier kalt und sehr schneereich. Dies führt dazu, dass dieser Landesteil ideale Wintersportvoraussetzungen bietet.
- Die dem japanischen Meer zugewandte westliche Seite von Honshu ist generell etwas kühler und regenreicher als die Pazifikseite. Insbesondere die japanischen Alpen und auch der nördliche Teil der Hauptinsel gehören mit zu den schneereichsten Gebieten der Erde. Die Pazifikseite von Honshu hat weniger Schneefall und bietet relativ warme Sommermonate.

32: Kirschblüten-Party im Yoyogi Park, Tokyo

- Gemäßigte klimatische Bedingungen bieten die Regionen Shikoku, Chugoku und das nördliche Kyushu.

Wetter und Klima spielen bei der Planung einer Reise in der Regel eine wichtige Rolle. Um es vorwegzunehmen: Aus meiner Sicht sind die Zeiten der Kirschblüte im Frühjahr und der Herbst mit seiner eindrucksvollen Laubfärbung die schönsten und besten Reisezeiten. Aber, wie in jedem Land der Welt, haben sicher alle Jahreszeiten in Abstimmung mit den persönlichen Präferenzen ihre Vor- bzw. Nachteile.

Der Winter (Dezember bis Februar)

Nord- und Zentraljapan locken in dieser Zeit mit guten Wintersportmöglichkeiten. Viele beliebte Skigebiete liegen in den schneereichen japanischen Alpen auf Honshu in den Präfekturen Nagano, Gunma, Toyama, Gifu und Yamanashi. Die Ebenen der östlichen Seite Japans an der Pazifikküste bieten

33: Temperatur, relative Luftfeuchtigkeit, Sonnenscheindauer und Niederschlag 2023																
Ort	Januar	Februar	März	April	Mai	Juni	Juli	August	September	Oktober	November	Dezember	Temperatur Durchschnitt Celsius p. a.	Niederschlag mm p. a.	Sonnenstunden p. a.	% Relative Luftfeuchtigkeit Durchschnitt p. a.
	Durchschnittliche Temperaturen (Celsius)															
	Niederschlagsmenge mm															
Sapporo	-4,4	-2,7	4,9	9,2	13,8	19,3	23,8	26,7	21,5	13,3	6,7	-0,7	11,0		1.889,6	71
	71,5	104,0	35,5	61,0	21,5	133,5	61,5	69,5	146,0	88,5	126,5	47,0		966,0		
Aomori	-1,1	0,0	5,9	10,7	14,8	19,9	24,7	28,0	23,1	14,5	8,5	1,9	12,6		1.821,4	77
	122,0	88,5	55,5	82,0	94,0	51,0	134,0	26,0	120,5	183,0	222,0	137,5		1.316,0		
Sendai	2,1	3,0	9,3	13,3	16,6	21,6	26,6	28,6	25,1	16,7	11,4	5,7	15,0		2.181,7	71
	10,0	31,5	61,0	47,5	124,5	173,0	155,0	30,0	272,0	46,5	45,0	50,0		1.046,0		
Utsunomiya	3,1	5,0	11,3	14,6	18,1	22,4	27,5	28,5	25,7	17,0	11,8	6,6	16,0		2.293,6	71
	5,5	23,5	97,0	101,5	159,5	340,0	158,5	153,0	297,5	120,0	56,5	24,0		1.536,5		
Tokyo	5,7	7,3	12,9	16,3	19,0	23,2	28,7	29,2	26,7	18,9	14,4	9,4	17,6		2.259,2	68
	15,5	40,5	145,0	90,0	159,0	347,0	30,0	132,5	229,0	147,0	41,5	19,5		1.396,5		
Kanazawa	4,3	4,9	10,5	13,9	18,4	22,9	28,0	30,5	26,6	17,8	13,2	7,7	16,6		2.029,8	70
	197,0	114,5	131,5	171,5	231,0	255,5	202,5	40,0	108,0	173,5	344,5	363,5		2.333,0		
Nagano	-0,1	1,0	8,3	12,0	16,3	21,0	25,9	28,2	24,5	14,1	8,8	3,6	13,6		2.235,8	74
	23,0	24,5	61,0	65,5	116,0	141,5	109,5	85,0	71,5	41,5	62,5	28,5		830,0		
Nagoya	5,2	6,5	12,7	15,9	20,2	23,8	28,9	29,4	27,3	18,3	13,6	8,4	17,5		2.378,4	68
	25,0	44,0	95,0	144,0	173,0	377,5	144,0	156,5	98,5	116,5	70,5	60,0		1.504,5		
Kyoto	5,1	6,0	12,3	15,4	19,7	23,6	29,1	30,3	27,7	18,2	13,3	8,2	17,4		2.081,4	66
	39,0	36,0	91,5	208,0	253,0	228,0	74,5	195,5	70,0	60,5	63,0	26,0		1.345,0		
Wakayama	6,7	7,3	12,7	16,1	19,7	23,3	28,3	29,1	27,2	19,2	14,2	9,4	17,8		2.328,0	69
	45,5	23,5	84,0	170,0	206,5	305,5	62,5	133,0	51,0	69,5	87,5	29,5		1.268,0		
Hiroshima	5,7	6,9	12,6	15,7	19,9	23,3	27,9	30,0	27,2	18,9	14,0	8,2	17,5		2.179,0	61
	45,5	61,5	64,5	246,5	255,0	219,0	307,5	48,5	115,0	8,5	33,0	56,0		1.460,5		
Takamatsu	6,2	6,5	12,2	15,5	19,7	23,5	28,5	29,7	27,4	19,2	14,0	8,7	17,6		2.207,9	70
	32,0	41,0	65,5	126,0	159,0	153,0	79,0	246,0	62,5	27,0	60,5	21,5		1.073,0		
Nagasaki	7,4	9,2	13,6	16,9	19,7	23,7	28,0	29,2	26,7	19,8	15,1	10,2	18,3		1.939,3	69
	156,0	77,5	138,5	224,0	294,0	332,0	269,5	237,0	242,0	51,0	58,0	55,0		2.134,5		
Kumamoto	6,2	8,5	13,6	17,0	20,8	24,2	28,2	29,3	27,2	19,1	14,1	8,8	18,1		2.100,6	69
	91,5	72,0	122,0	236,0	194,0	262,5	507,5	143,5	49,5	23,5	51,0	48,5		1.801,5		
Kagoshima	9,0	11,5	15,1	18,2	21,6	24,3	28,9	29,3	28,3	20,7	16,2	11,4	19,5		2.102,3	73
	88,0	155,0	178,5	212,5	208,0	534,0	440,0	381,5	42,5	104,5	69,5	96,0		2.510,0		
Naha	17,5	19,0	20,0	22,5	24,3	27,2	29,6	28,6	28,7	26,0	22,6	19,7	23,8		1.860,9	77
	55,0	77,5	81,5	221,0	100,5	400,5	92,0	738,5	204,5	81,0	56,5	183,0		2.291,5		

34: *Das Fuji Shibazakura Festival nahe der Stadt Fujikawaguchiko in der Präfektur Yamanashi lockt jährlich ungefähr von Mitte April bis Anfang Juni unzählige Besucher an. Die Fläche der Gartenanlage ist in dieser Zeit mit rosa-roten Moos-Phlox-Blüten ein fantastischer Anblick*

viele schöne und sonnige Tage. Die Temperaturen liegen hier in der Regel über dem Gefrierpunkt und im Süden Japans findet man ein angenehmes warmes Klima vor.

Der Frühling (März bis Mai)

Besonders in der Frühlingszeit mit ihrer Blütenpracht wird man sich schnell der enormen Längenausdehnung Japans bewusst. Im Norden liegt noch der Schnee, wenn im Süden beginnend die Baumblüte ihren Weg nordwärts antritt. Der Pflaumen- und Pfirsichblüte folgt dann Ende März bzw. Anfang April endlich „Sakura“, die japanische Kirschblüte. Man könnte diese Zeit auch als zusätzliche Jahreszeit bezeichnen. Überall zeigt sich ein prächtiges Farbenmeer in hellrosa, welches kräftig gefeiert wird. Im ganzen Land finden zu dieser Zeit in den Parks und anderswo ausgelassene Partys statt. Viele Japaner widmen sich ausgiebig dem Betrachten der Kirschblüten. Hierfür gibt es mit dem Wort „Hanami“ einen eigenen Begriff.

35: Onuma Quasi National Park im Herbst

Der Sommer (Juni bis August)

Die Sommermonate starten mit einer Regenzeit von gut vier Wochen, in denen man mit monsunartigem Dauerregen rechnen muss. Ab Juli folgt dann mit hoher Luftfeuchtigkeit eine unangenehme und belastende schwülwarme Hitze mit Temperaturen, die 30 Grad überschreiten können. Viele Japaner suchen in dieser Jahreszeit Erholung am Meer oder in den Bergen. In dieser Zeit finden viele Matsuri (traditionelle Volksfeste) statt. Ab Mitte des Sommers muss man mit Taifunen rechnen. Diese gewaltigen mit hoher Windgeschwindigkeit und starken Regengüssen verbundenen Wirbelstürme hinterlassen das eine oder andere Mal auch Schneisen der Verwüstung.

Der Herbst (September bis November)

Zum Herbstbeginn ist die Taifunzeit noch nicht ganz vorbei und es ist auch noch mit Regenfällen zu rechnen. So wurde Japan in den ersten Septembertagen 2018 von einem der gewaltigsten Taifune heimgesucht, den das Land bisher erlebt hatte. Die Temperaturen werden dann zum Herbst aber wieder angenehmer und das Wetter ist meistens schön. Zum Ende des Herbstes beginnen vom Norden in Richtung Süden die Bäume ihr Laub in eine prächtige Herbstfärbung zu verwandeln.

Landschaft

Im Westen herrscht oft ein falsches Bild über das Land. Pulsierende Großstädte und mal ein historisches Gebäude sowie Meldungen über Naturkatastrophen prägen im Allgemeinen die Berichterstattung der Medien und hinterlassen einen falschen Eindruck. Japan bietet dem Besucher auch eine wunderschöne Natur.

Inklusive der kleinen Inseln hat der Inselstaat rund 34.000 Kilometer Küstenlinien. Ungefähr 20.000 km dieser teilweise malerischen Küstenstrecken befinden sich auf den vier Hauptinseln. Berggebiete mit Bergspitzen von über 3.000 Metern und Bewaldung prägen fast 80% der Landfläche. Hinzu kommen große Inlandseen, lange Flüsse und schöne Wasserfälle. Nicht zu vergessen sind bei dieser Aufzählung die heißen Quellen (Onsen), in denen nicht nur Menschen baden.

Naturparks

Ein Grund für die intakte Natur Japans könnte sein, dass sich die Besiedelung des Landes auf ca. 20% der Landfläche konzentriert. Hinzu kommen staatliche Schutzmaßnahmen zum Erhalt von Ökosystem und Landschaft. Es gilt die Devise, „die Natur schützen", ohne den Menschen auszusperren. In den gut erschlossen Parks liegen auch Ortschaften. Es gibt Besucherzentren, Informationstafeln und Wanderwege sowie Seilbahnen auf die Berggipfel. Dem Besucher ergeben sich schöne Einblicke in Landschaft sowie in Tier- und Pflanzenwelt. Der Erhalt der Natur als nationaler Schatz für künftige Generationen ist Japan ein wichtiges Anliegen.

Es gibt ein dreistufiges Naturpark-Konzept, welches sich wie folgt gliedert:

Die 10 höchsten Berge, längsten Flüsse und größten Binnenseen

36: Berge	Stand 2023
Name	**Höhe**
Mt. Fuji	3.776 m
Mt. Kitadake	3.193 m
Mt. Ainodake	3.190 m
Mt. Oku-Hotaka	3.190 m
Mt. Yarigatake	3.180 m
Mt. Higashidake	3.141 m
Mt. Akaishi	3.121 m
Mt. Karasawa	3.110 m
Mt. Kita-Hotaka	3.106 m
Mt. Obami	3.101 m
37: Flüsse	**Stand 2023**
Name	**Länge**
Shinano River	367 km
Tone River	322 km
Ishikari River	268 km
Teshio River	256 km
Kitakami River	249 km
Abukuma River	239 km
Kiso River	229 km
Mogami River	229 km
Tenryu River	213 km
Agano River	210 km
38: Seen	**Stand 2024**
Name	**Größe**
Lake Biwa	669,3 km²
Lake Kasumigaura	168,2 km²
Lake Saroma	151,6 km²
Lake Inawashiro	103,2 km²
Lake Nakaumi	85,8 km²
Lake Kussharo	79.5 km²
Lake Shinji	79.3 km²
Lake Shikotsu	78.5 km²
Lake Toya	70.7 km²
Lake Hamana	64.9 km²

39: *Blick aus Hakone über den Ashi-See zum Fuji-san*

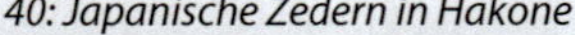

40: *Japanische Zedern in Hakone*

National Parks

Diese Parks unterstehen dem Umweltministerium (Ministry of the Environment). Die ersten Parks wurden bereits 1934 ausgewiesen. Von den 35 Nationalparks (Stand Juni 2024) gehören einige auch zum UNESCO-Welterbe.

Quasi-National Parks

Für die Ausweisung der zurzeit vorhandenen 56 Quasi-Nationalparks ist ebenfalls das Umweltministerium zuständig. Die administrative Verantwortung tragen aber die Verwaltungen der Präfekturen.

Präfektur Naturparks

Verantwortlich für Benennung dieser über 300 Parkgebiete sind die Gouverneure der Präfekturen, in deren Zuständigkeit auch die Verwaltung liegt.

Fuji-san

Einer besonderen Erwähnung bei der Betrachtung der Bergwelt des Landes gebührt dem mit 3.776 Metern höchsten Berg des Landes. Der kegelförmige Symbolberg Japans liegt rund 100 km von Tokyo entfernt in der Präfektur Yamanashi. Der Fuji ist ein Vulkan, genauer gesagt ein Schichtvulkan. Die letzte bekannte Eruption soll sich Anfang des 18. Jahrhunderts ereignet haben. Die ihn heute prägende Form soll er vor ungefähr 10.000 Jahren erhalten haben.

Der Fuji-san ist für die Japaner ein Berg der Götter und wird jedes Jahr von vielen Japanern bestiegen. Es werden während der Bergbesteigungs-Saison entsprechende Touren angeboten, bei denen Busse bis zur 5. Bergstation in ca. 2.300 Metern fahren und es dann zu Fuß weitergeht.

41: Bambuswald am Hokoku-ji in Kamakura

Flora und Fauna

Sowohl die Pflanzen- als auch die Tierwelt des Inselstaates bieten Stoff, der das Anliegen und Format dieses Buches mehr als sprengen würde. Trotzdem soll ein kurzer Überblick ohne Anspruch auf Vollständigkeit nicht fehlen.

Pflanzen

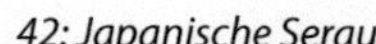

42: Japanische Serau

Japans Flora ist aufgrund der unterschiedlichen klimatischen Bedingungen des Landes sehr vielfältig. Der Interessierte wird sowohl bei uns Bekanntes als auch Fremdes entdecken. Nun ist es ja auch bei uns so, dass es nicht nur heimische Gewächse in Natur und Gärten gibt.

Der für uns bekannteste Baum ist wohl die japanische Kirsche, die mit ihrer Blüte das ganze Land in Aufregung versetzt. Ganz Japan fiebert ihr förmlich entgegen. Prägend für das Land sind auch die verschiedenen Pinien- bzw. Kieferarten. Riesige Zedern

43: Mandschurenkraniche im Akan International Crane Center, Hokkaido

44: Seeadler auf Hokkaido im Eis

45: Tanuki, die japanischen Marderhunde

säumen Alleen z.B. in Nikko und Hakone, aber auch die Zedernwälder des Landes sind beeindruckend.

Persönlich erfreut mich immer wieder der wild wachsende Bambus. Wenn auch nicht sehr groß, ist bei Touristen der gut zugängliche Bambuswald in Arashiyama - einem Vorort von Kyoto - sehr beliebt. Auch der japanische Ahorn mit seiner imposanten roten Herbstfärbung darf in dieser Aufzählung nicht fehlen. Das gleiche gilt für die blühenden Azaleen, Rhododendren sowie die Lotos- und Irispflanzen. Die Aufzählung ließe sich sicher unendlich fortsetzen. Festhalten kann man, dass Japans Natur in allen Jahreszeiten den Augen Freude bereitet.

Regenwald und Mangroven werden vermutlich nicht sofort mit Japan in Verbindung gebracht. Aber die subtropischen Inseln bei Kyushu oder in der Präfektur Okinawa haben hier einiges zu bieten. Ein Beispiel ist der zum UNESCO-Weltkulturerbe gehörende Regen- und Zedernwald auf der südlich von Kyushu liegenden Insel Yakushima.

Tierwelt

Was für die Flora gilt, trifft auch auf die Fauna zu. Einfach dargestellt kann man sagen, dass man sowohl auf dem Land als auch im Meer Tiere aus tropischen und arktischen sowie der gemäßigten Klimazone finden kann. Die Insellage hat Exemplare hervorgebracht, die es nur in Japan gibt. Einige Tierarten leben im ganzen Land und andere findet man nur regional begrenzt. Die Unterwasserwelt der tropischen Ryukyu-Inseln mit Korallenriffen und großer Artenvielfalt an Meeresbewohnern ist bei Tauchern sehr beliebt. Die Mangrovensümpfe Okinawas bieten bei Ebbe eine besondere Tierwelt mit Krebsen, Krabben und Schlammspringern. Selbstverständlich gibt es in Japan viele Tierarten, die uns bekannt sind bzw. die den bei uns lebenden Vertretern dieser Gattungen ähnlich sind.

Der auf den Hauptinseln lebende Serau, auch Serow-Antilope oder japanische Ziegenantilope genannt, zählt zu den Naturdenkmälern des Landes. Er ähnelt einer Bergziege und hat kurze nach hinten gebogene Hörner. Sein Lebensraum sind die einsamen Wald- und Berggebiete des Landes. Ein weiterer scheuer Bewohner der Wälder ist der nachtaktive Tanuki. Er hat optische Ähnlichkeiten mit dem Waschbären ist aber ein Marderhund. Ursprünglich in Japan, China und Sibirien verbreitet, hat er inzwischen auch unsere Gefilde erreicht.

46: Japanische Grubenotter (Mamushi)

In Japans Flüssen lebt ein bei uns völlig unbekannter Bewohner, der nachtaktive japanische Riesensalamander mit einer Länge von über einem Meter. Er zählt mit zu den größten Amphibienarten der Welt und kommt nur in Japan vor. Diese gefährdete Art gehört ebenfalls zu den Naturdenkmälern des Landes und soll vereinzelt auf Shikoku, Kyushu sowie Honshu vorkommen. Sie leben in Flüssen und Bächen und ernähren sich von Fischen, Insekten und anderen Amphibien.

47: Braunbär im Noboribetsu Bärenpark, Hokkaido

Ein weiterer erwähnenswerter Vertreter der Tierwelt auf Honshu ist der asiatische Schwarzbär, auch Kragenbär genannt. Er erreicht eine Körperlänge von bis zu 1,80 Metern und lebt menschenscheu in den Wäldern. Allerdings gibt es in Abständen auch unschöne Begegnungen mit Menschen. Dies kommt vor, wenn die Interessen von Bär und Mensch bei der „Futtersuche“ übereinstimmen, was z. B. der Fall ist, wenn in den Bambuswäldern nach jungen Bambussprossen gesucht wird. Japanische Behörden raten bei Wanderungen in von Bären bewohnten Gebieten immer ein leise klingelndes Glöckchen am Rucksack zu befestigen. Diese sollen die Bären abschrecken.

48: Okinawa Ralle

Die Braunbärenpopulation im Norden von Hokkaido sieht man oft in Naturdokumentationen über die Halbinsel Shiretoko an der Nordostspitze der Insel. Wenn die Lachse im Herbst zum Laichen in die Flüsse ziehen, finden die Braunbären - die es nur auf Hokkaido gibt - einen reichlich gedeckten

49: Japan-Makake im Arashiyama-Affenpark

50: Zutrauliche Hirsche im Nara-Park

Tisch vor. Ebenfalls auf der nördlichsten Hauptinsel lebt in den Wasser- und Sumpfgebieten des Kushiro-Shitsugen-Nationalparks der Mandschurenkranich. Aber auch Graukraniche sind in Japan heimisch. Kraniche gelten in Japan als Glücksvögel. Auf Hokkaido überwintern viele Riesenseeadler, aber man findet auch andere Adlerarten in Japan. Meine Frau und ich hatten vor einigen Jahren das Glück, einen Seeadler im Onuma-Quasi-Nationalpark bei der erfolgreichen Jagd beobachten zu können.

Neben einigen ungiftigen Natternarten gibt es auch Giftschlangen. Quasi im ganzen Land kann man auf die giftige Mamushi, eine Grubenotter stoßen. Die meisten gefährlichen Schlangenarten sind auf den Ryukyu-Inseln beheimatet. Hier gibt es auch einige Meerschlangen. Zu den Landschlangen dieser Gefilde zählt die Habu, die ebenfalls zu den Grubenottern gehört.

Interessant fand ich vor einiger Zeit im diesen Zusammenhang die ARD-Tierdokumentation „Wildes Japan", in der darauf hingewiesen wurde, dass man auf Okinawa Anfang des 20. Jahrhunderts versucht hat, die Habu mit ausgesetzten Mungos zu bekämpfen.

Dies ging allerdings daneben, denn die Mungos stellten lieber der Okinawa-Ralle nach und bedrohen inzwischen deren Bestand. Der so gut wie flugunfähige Vogel gehört zur Gattung Kraniche. Er erreicht eine Flügelspanne von bis zu 50 cm und eine Länge von 30 cm.

Es ist in Japan nicht anders, als in der sonstigen Welt. Als Tourist wird man, von wenigen Ausnahmen abgesehen, kaum mit wild lebenden Tieren in Berührung kommen. Auf zwei dieser Tiere möchte ich gerne etwas genauer eingehen, da man ihnen auf den Hauptinseln begegnen kann.

Im Umfeld von touristischen Attraktionen, z. B. auf der heiligen Insel Miyajima und in der alten Kaiserstadt Nara, kann man den Sika-Hirschen kaum aus dem Weg gehen. Sie sind an Menschen gewöhnt und wollen gefüttert werden, was sie auch einfordern. Sika sind auf allen vier Hauptinseln verbreitet.

Die zweite Tierart, der man schon mal begegnen kann, sind die Japan-Makaken. Diese einheimische Affenart, die um die 60 cm groß wird, kennt man bei uns auch unter dem Begriff „Schneeaffen". Sie leben auf Kyushu, Shikoku und Honshu bis hoch zur Shimokita-Halbinsel nördlich von Aomori. Die Makaken haben sich an den teilweise sehr strengen japanischen Winter gut angepasst. Die Bilder von den Affen, die sich im Winter in den heißen Quellen erwärmen, sind auch bei uns bekannt.

Nicht unerwähnt sollte man lassen, dass sie sich in der Nähe von Städten zur Plage entwickeln. Ein gutes Beispiel ist die bei Touristen beliebte Stadt Nikko. Hier sollen die Anwohner und Geschäfte von plündernden Horden heimgesucht werden. Die Fütterung der Affen soll in Nikko verboten sein.

Naturgewalten

Die Japaner sind, seit sich die Inselkette in Urzeiten aus dem Meer erhoben hat, mit dem Umgang der Naturgewalten vertraut. So gibt es heute gute Warnsysteme der staatlichen „Japan Meteorological Agency (JMA)“ für Taifune; Erdbeben, Tsunamis und Vulkanausbrüche.

Das Land am sogenannten „Pazifischen Feuerring“ gehört mit zu den vulkan- und erdbebenreichsten Gebieten der Erde. Dies hängt damit zusammen, dass Japan an den Schnittpunkten von vier tektonischen Kontinent-Platten liegt. Es sind die Eurasische Platte im Westen, die Pazifische Platte im Osten und die Philippinische Platte im Süden sowie die Nordamerikanische Platte im Norden. Die sich bewegenden Platten schieben sich unter- bzw. aufeinander und lösen so Beben und Vulkanausbrüche aus.

Taifune

Für die Bevölkerung Japans sind Taifune ab Mitte des Sommers bis in den Herbst hinein seit Generationen nichts Ungewohntes. Zum Glück erreichen viele dieser sich im Pazifischen Ozean bildenden Wirbelstürme nicht direkt die japanischen Inseln. In der Regel halten sich die Schäden dieser Stürme in Grenzen. Aber man liest auch immer mal wieder, dass Taifune größere Schäden anrichten. So wurde Japan Anfang September 2018 z. B. schwer von dem Taifun „Jebi“ getroffen. Neben hohen Sachschäden gab es leider auch Todesopfer und eine große Anzahl Verletzter.

Nicht nur der Wind stellt eine Gefahr dar. Hinzu kommt der in diesem Zusammenhang auftretende stürmische Starkregen. Diese Wassermassen verursachen Überschwemmungen und Erdrutsche. Leider kommt es hierbei neben hohen Sachschäden auch zu Verletzungen oder Todesfällen. Ein weiteres Phänomen ist, dass sich die Sturmsaison im Pazifikraum nicht mehr ausschließlich auf die vorgenannten Saisonzeiten eingrenzen lässt.

Taifune hinterlassen riesige Wassermassen, die die Regenwasserkanäle von Tokyo unter Umständen nicht aufnehmen und weiterleiten können. Die Stadt ist neben der normalen unterirdischen Bebauung mit sehr umfangreichen Tunnelsystemen für Versorgung und Nahverkehr quasi unterkellert. Ein Volllaufen dieser Tunnel hätte katastrophale Auswirkungen auf die Infrastruktur. Zum Schutz wurden daher verschiedene Deich und Wasserspeichersysteme angelegt. So soll eine Gefährdung der Stadt verhindert werden.

Eines dieser Schutzsysteme liegt nördlich von Tokyo in der Provinz Saitama. Es ist ein unterirdisches Drainagesystem und trägt den Namen „Shutoken Gaikaku

51: In der Stadt Kasukabe, Saitama, werden die äußeren Schutzsysteme (G-Cans) für die Stadt Tokyo überwacht und gesteuert.

Hosuiro“ (engl. Abkürzung „G-Cans“). Ein riesiges kilometerlanges Tunnelsystem mit Tanks speichert das Wasser und gibt es später kontrolliert in den Fluss Edo ab. Neben der Aufgabe als Wasserpuffer dient die Anlage bei Leerstand mit ihrer kathedralartigen Druckausgleichshalle auch als Touristenattraktion.

Vulkanische Aktivitäten

Über die Zahl der Vulkane findet man unterschiedliche Angaben. Es soll in Japan 265 Vulkanberge geben, von denen aber nicht alle als aktiv eingestuft sind. Die „Japan Meteorological Agency“ führt in ihren Listen 110 aktive Vulkane. Viele dieser Berge unterliegen einer laufenden Überwachung, um die Bevölkerung rechtzeitig warnen zu können. Es gibt einige inaktive Vulkankegel, in deren Kratern sich große Seen gebildet haben. Schöne Beispiele hierfür sind der Ashi-See

52: Am Rand des aktiven Vulkans Esan auf Hokaido

im Fuji-Hakone-Izu-Nationalpark und der Towada-See im Towada-Hachimantai-Nationalpark.

Viele der aktiven Vulkane liegen glücklicherweise abseits der stark besiedelten Zonen des Landes. Sperr- bzw. Evakuierungsmaßnahem werden normalerweise rechtzeitig eingeleitet. Leider kommt es in Abständen trotz aller Erkenntnisse der Frühwarnsysteme auch zu nicht vorhergesehenen Ausbrüchen, wobei dies sicher kein japanisches Phänomen ist. So brach z. B. der Ontake-san in der Provinz Nagano im September 2014 ohne jede Vorwarnung aus und wurde einigen Bergsteigern durch giftige Gase- und Aschewolken sowie Gesteinsbrocken zum Verhängnis.

Vulkane und die sogenannten Höllentäler mit Schwefeldämpfen und Geysiren locken durchaus Touristen an. Das gleiche gilt für die Onsen. Auch diese typisch japanischen Badeeinrichtungen mit heißen Quellen sind Bestandteil der vulkanischen Aktivitäten.

Tsunami, Erd- und Seebeben

Die Erde bebt in und um Japan eigentlich ständig. Allerdings spürt man die meisten Erdbewegungen nicht. Auch entstehende Schäden halten sich in der Regel in Grenzen.

Grundsätzlich kann man sagen, dass die Japaner im Umgang mit Erdbeben erprobt sind und wissen, wann Sie wie reagieren müssen.

Die Bauweise der Gebäude ist heute darauf ausgerichtet, auch größere Erdstöße zu verkraften. Bereits in den Schulen werden die Kinder mit den im Krisenfall erforderlichen Verhaltensmaßnahmen vertraut gemacht. Die Wirkung unterschiedlicher Erdbeben kann man in Simulatoren erfahren, was sehr beeindruckend ist. Das von der „Japan Meteorological Agency" betriebene Frühwarnsystem gilt als ausgereift. Mit modernsten Methoden, wie Smartphone-Apps, können sich die Einwohner kurz vor dem Beben warnen lassen.

Wie schon gesagt, über die täglichen kleineren Beben regt man sich kaum auf und auch bei größeren Erdbeben reagieren die Betroffen in der Regel aufgrund ihrer Erfahrungen besonnen. Es gibt in Abständen aber leider auch stärkere Erschütterungen, die das japanische Volk hart treffen. Ein Beispiel hierfür war das Kumamoto-Beben auf Kyushu im April 2016 mit einer Stärke von 6,5 und mit einem Nachbeben der Stärke 7,3. Neben Verletzten waren leider auch Todesopfer zu beklagen und die Sachschäden waren immens. Neben Gebäuden wiesen auch Schienensystem und Straßen große Schäden auf. Das gleiche gilt für das Erbeben auf Hokkaido Anfang September 2018 mit einer Stärke von 6,7 auf der JMA-Skala und seinen Nachbeben. Neben Verwüstungen gab es über 40 Todesopfer und über 600 Verletzte.

Ein weiteres tragisches Beispiel ist das Erdbeben vom 1. Januar 2024 mit einem folgenden Tsunami auf der am Japanischen Meer gelegenen Noto-Halbinsel in der Präfektur Ishikawa. Es hatte nach der Klassifizierung mit der Stufe 7 die höchste Intensität der japanischen Bebenskala und führte zu einer Veränderung der Küstenstruktur, die sich seewärts erweiterte. Da das Epizentrum relativ dicht unter der Erdoberfläche lag, kam es zu katastrophalen Folgen. Mehr als 200 Menschen starben und über 1.000 wurden verletzt. Hinzu kam die mehr oder weniger komplette Zerstörung der Infrastruktur und von über 60.000 Bauwerken.

Glücklicherweise sind derartig starke Erdbeben aber nicht die Norm und häufig liegen die Epizentren im Meer.

Tsunami

Das Wort kann man mit Welle im Hafen oder Hafenwelle übersetzen. Der Begriff wird weltweit für durch Erdbeben oder Erdrutsche unter der Meeresoberfläche ausgelöste Flutwellen benutzt. Die Pazifikküste Japans mit ihren Tiefseegräben unterliegt einer erhöhten Gefährdung durch Tsunamis. Weit im Meer sind die schnellen Wellen kaum spürbar. Erst wenn die flachen Küstenzonen erreicht werden, türmen sie sich extrem auf und werden zu gefährlichen Wasserwänden, die alles niederreißen.

53: Umgestürztes Haus nach dem Noto-Erdbeben 2024

54: Eines der Schiffe, das durch den Tsunami 2011 in Fukushima an Land gespült wurde

Die Katastrophe von Fukushima

Aber auch die Erdbewegungen unter dem Meeresgrund können zu Katastrophen mit ungeahnten Ausmaßen führen. Ein trauriges Beispiel hierfür ist das Tohoku-Erdbeben vom 11. März 2011. Das Epizentrum dieses Bebens lag rund 400 Kilometer nordöstlich von Tokyo, ungefähr auf Höhe der Stadt Sendai ca. 130 Kilometer vor der Küste im Pazifik. Das Hauptbeben hatte eine Magnitude von 9,0 und war der stärkste bis dahin in Japan gemessene Wert. Hinzu kamen dann noch einige Nachbeben.

Nicht die direkten Schäden der Erschütterung waren das Problem, sondern dass es in der Folge starker Bewegungen der Erdplatten unter dem Meeresgrund zu einem gewaltigen Tsunami kam, der mit einer zerstörerischen Monsterwelle auf weite Teile der Küste Nordjapans prallte und alles mitriss, was im Wege stand. Der Tsunami dieses bisher unbekannten Ausmaßes zeigte deutlich, dass den menschlichen Versuchen, die Naturgewalten zu beherrschen oder zu berechnen, Grenzen gesetzt sind. Über die Höhe der Welle findet man in den Medien unterschiedliche Angaben von bis zu 20 Metern und höher.

Es ist kein Wunder, dass die bestehenden Küstenschutzmaßnahmen einem Tsunami in dieser Größenordnung in keiner Form Einhalt gebieten konnten. Große Schiffe wurden ans Ufer gespült. Häuser und Brücken sowie große Teile der Infrastruktur wurden bis weit ins Land hinein vernichtet. Mehr als 18.000 Menschen verloren an der Ostküste von Honshu ihr Leben bzw. wurden vermisst. Hunderttausende wurden zumindest vorübergehend heimatlos und mussten in Notunterkünften versorgt werden.

Der Tsunami zerstörte allerdings nicht nur Häuser und Infrastruktur. Er traf auch das an der Küste gelegene Kernkraftwerk Fukushima-Dai-ichi, wo es in Folge ausgefallener Kühlung zum Super-GAU der Kernschmelze in drei der sechs Reaktorblöcken kam. Dabei gelangte radioaktive Strahlung in die Umwelt und kontaminiertes Kühlwasser floss ins Meer.

Man kann und darf sich die Frage stellen, ob die Reaktorkatastrophe vermeidbar gewesen wäre, wenn die

Magnitude

Die Magnituden- auch Richterskala genannte Wertetabelle gibt die Erdbebenstärke in einer Skala von 1 bis 10 an. Bei Betrachtung der Stärkenwerte muss man aber wissen, dass jeder nächst höhere Wert eine Steigerung um den Faktor 10 bedeutet. Also ist ein Erdbeben mit dem Faktor sieben zehnmal stärker als eines mit Faktor sechs. Somit war das die Katastrophe von Fukushima auslösende Seebeben tausendmal stärker als ein Erdbeben der Stärke sechs.

Die Japan Meteorological Agency verwendet zur Klassifizierung von Erbeben zusätzlich die 7 stufige JMA-Intensitätsskala.

55: Solarfeld an den Bahngleisen

56: Mülltrennung im EXPO '70 Gedenkpark, Osaka

Küstenschutzmaßnahmen für ein derartiges Bauwerk mit großen Gefahrenpotenzial besser gewesen wären. Hinzu kam eine nicht flutsichere Notstromversorgung des Atomkraftwerkes.

Die Auswirkungen der Ereignisse im Kernkraftwerk werden das Land noch lange belasten und beschäftigen. Häuser und Straßen usw. wurden zwar gewaschen und gereinigt. Erde wurde abgetragen und in Millionen von Plastiksäcken mit begrenzter Haltbarkeit gepackt, um später entsorgt zu werden. Evakuierungsanordnungen sind inzwischen teilweise aufgehoben und einige Gebiete werden wieder bewohnt. Umweltorganisationen weisen in ihren Berichten aber deutlich darauf hin, dass eine vollständige Dekontaminierung eines derartig riesigen Gebietes mit Bergen, Flüssen und Wäldern nicht möglich ist.

Die Entsorgung der Altlasten und der Abriss der Reaktorgebäude werden sich noch über Jahrzehnte hinziehen und verschlingen jährlich Milliardenbeträge. Probleme wie die fachgerechte Beseitigung von kontaminiertem Erdreich sowie der Umgang mit der Grundwasserbelastung durch ausgelaufenes Kühlwasser sind weit von jeglicher Lösung entfernt. Im August 2023 wurde mit Zustimmung der „Internationalen Atomenergie-Organisation IAEO“ damit begonnen, gelagertes Kühlwasser in den Pazifik zu entsorgen, was zu nationalen und internationalen Protesten führte.

Umwelt

Japaner haben als Shintoisten grundsätzlich ein gutes Verhältnis zur Natur und auch zum Umweltschutz. Es gibt wie bei uns Umweltschutzgesetze und vieles was man als vorbildlich bezeichnen kann. Aber wo Licht ist, gibt es bekanntlich auch Schatten. Auch dies ist kein rein japanisches Phänomen. Trotzdem möchte ich auf ein paar Themen hinweisen, die mir erwähnenswert erscheinen:

Atomenergie

Eigentlich ist es erstaunlich, dass sich ein Land wie Japan trotz der negativen Bekanntschaft mit den Atombomben der Amerikaner in der Stromversorgung von der Atomenergie abhängig gemacht hat. Es stellt sich mir dabei die generelle Frage, ob die Nutzung einer im Krisenfall so gefährlichen Energiequelle in einem Land mit extrem hoher Erdbeben- und Vulkanaktivität überhaupt vertretbar ist.

Die Katastrophe von Fukushima führte nicht nur bei uns zu einem Umdenken in Bezug auf die Nutzung der Atomenergie. Auch in Japan wandelte sich die Meinung in der Bevölkerung und der Regierung. Sämtliche Reaktoren gingen für gut zwei Jahre vom Netz und Energielücken wurden durch Verbrennung fossiler Stoffe, wie Kohle geschlossen. Das Wiederanfahren der Meiler und damit Festhalten der Regierung an der Atomenergie erzeugt starke Widerstände in der Bevölkerung. An die Fabel von der guten und schlechten Atomenergie glauben die meisten Japaner heute nicht mehr. Die vielen Proteste und Demonstrationen, die früher in Japan nicht vorstellbar gewesen sind, zeigen dies mehr als deutlich. Versuche, Reaktoren wieder hochzufahren führen regelmäßig zu Klagen gegen die Inbetriebnahme einzelner Atomkraftwerke.

Erneuerbare Energien gewinnen auch in Japan immer mehr an Bedeutung. Allerdings spielen Atomenergie sowie fossile Brennstoffe noch eine große Rolle. Aber auch im Inselstaat bestehen im Hinblick auf die Reduzierung der CO2-Emission Bestrebungen, sich von den bisherigen Abhängigkeiten zu lösen. Bis das Land den hohen Anteil importierter fossiler Brennstoffe signifikant reduzieren kann, wird es aber noch ein langer Weg sein. Wind, Wasserkraft und Sonnenergie und Geothermie könnten hier auf Sicht zu Änderungen führen.

Der Energiemarkt wurde geöffnet und weitere Anbieter zugelassen. Der Bezug von Strom aus erneuerbaren Energien ist inzwischen möglich und der Staat fördert die Nutzung der Sonnenergie durch Photovoltaikanlagen. Bei Fahrten durch das Land sieht man immer häufiger Felder und Dächer mit Sonnenkollektoren.

Mülltrennung und Recycling

Man findet z. B. in Tokyo kaum eine Möglichkeit, seinen Müll zu entsorgen. Nur Getränkeautomaten bieten Leergutrücknahmemöglichkeiten. Ansonsten wird alles mitgenommen und nichts landet auf der Straße. Der Umgang der Einwohner mit dem Müll ist vorbildlich. Aber auch in Japan gibt es hier noch einiges zu tun. Man arbeitet daran, die Recyclingquote zu erhöhen und die Verbrennungsmengen weiter zu reduzieren.

Eine der größten Aufgaben wird es sein, das Müllaufkommen generell zu reduzieren. Hier wird man schon beim Einkaufen fündig. Alles wird verpackt und überall gibt es noch Plastiktüten. Japans Müllaufkommen ist hoch und die Möglichkeit anderer Länder, den Müll auf Deponien verrotten zu lassen, gibt es in Japan nicht. Was das Land hat, ist ein beispielhaftes Mülltrennungs- und Recyclingsystem. Die Tiefe der vorzunehmenden Sortierungen kann regional variieren, ist aber bis ins Detail geregelt und Japans Bürger nehmen diese

Regeln ernst. Hauptziel dieser für manchen Europäer ungewöhnlichen Trennungstiefe ist, einen hohen Grad der Wiederverwendung zu erreichen.

Walfang und die Jagd auf Delfine

Trotz der bereits seit 1982 bestehenden Schutzbestimmungen der Internationalen Walfangkommission (IWC) und der seit 1986 bestehenden Fangverbote, gehen japanische Walfänger unverändert der Jagd auf die bedrohten Meersäuger nach und tragen damit zur Gefährdung des Bestandes bei. Weder internationale Proteste, Gerichtsbeschlüsse, Schutzgebiete und das Washingtoner Artenschutzabkommen beeindrucken die Walfänger. Die Bestimmungen und Maßnahmen wurden mit wissenschaftlichen Begründungen umgangen.

Im Jahr 2019 vollzog Japan den Austritt aus der Internationale Walfangkommission (IWC), um wieder den kommerziellen Walfang aufzunehmen. Umweltschutzorganisationen -wie Greenpeace - verurteilen dieses Unterfangen, da dieses Handeln den Fortbestand einiger Arten noch stärker als bisher gefährden wird.

Ein weiterer Punkt mit dem Japan regelmäßig massiv in die Kritik seitens der Tier- und Umweltschutzorganisationen gerät, sind die mit grausamen Massenschlachtungen verbundenen Treibjachten auf Delfine in der Bucht von Taiji. Aus Fairnessgründen muss man erwähnen, dass es für die Fischer um ihren Lebensunterhalt geht. Hinzu kommt, dass diese Jahrhunderte alte Tradition nicht gegen geltendes japanisches Recht verstößt. Das ändert allerdings nichts an den berechtigten Protesten. Der größte Teil der Tiere wird in der Bucht abgeschirmt von den Blicken etwaiger Zuschauer geschlachtet und färbt das Wasser rot. Ein kleiner Teil der schönsten Tiere wird gefangen und an Zoos und Aquarien verkauft. Eine traurige Berühmtheit erlangte der Fischerort weltweit mit dem Oscar ausgezeichneten Dokumentarfilm „Die Bucht“.

Japans Fischfangmengen und die Zuchtmengen in Aquakulturen sind seit Jahren rückläufig. Lagen die Gesamtmengen im Jahr 2005 noch bei rund 6,38 Milionen Tonnen, wiesen die Statistiken für das Jahr 2023 eine Zahl von 3,72 Millionen Tonnen aus

Fischzucht

Alles aus dem Meer gehört seit Urzeiten zu den Hauptnahrungsmitteln der Bevölkerung. Insofern steht Japan auch immer wieder in der Kritik, wenn es um den Fischfang geht. Sicher sind die Rückgänge der weltweiten Fischbestände kein rein japanisches Problem. Wie in anderen Ländern wird versucht, den Nahrungsbedarf der Bevölkerung zusätzlich durch Fischzucht in Aqua-Kulturen zu bedienen. Die Zucht von Fischen ist ein Weg den globalen Fischhunger zu stillen. Eine berechtigte Frage ist aber, ob dies die Meere wirklich dauerhaft schont. Futterquellen und Medikamentengaben spielen hier eine große Rolle. Es ist und bleibt eine Art von Massentierhaltung, die das ökologische Gleichgewicht im Meer durchaus gefährden kann.

Insbesondere beim Thunfisch besteht das Problem bisher darin, dass junge Fische gefangen und dann gemästet werden. Eine Entlastung der Meeresbestände findet somit nicht statt. Das Gegenteil ist eher der Fall.

57: Entwicklung der Fangmengen bei Meeresprodukten

in 1.000 Tonnen	2015	2018	2020	2023
Gesamtmenge - davon:	**4.631**	**4.427**	**4.236**	**3.724**
Fischerei Meer	***3.492***	***3.366***	***3.215***	***2.823***
Thunfisch	190	165	177	130
Bonito / Fregattenmakrele	264	260	196	167
Sardine	311	524	668	681
Makrele	530	545	390	261
Schalentiere	292	350	382	363
Krabben	29	24	21	21
Tintenfisch	167	84	82	47
Aqua-Kultur Meer	***1.069***	***1.005***	***970***	***849***
Gelbschwanzmakrele	140	138	138	123
Austern	164	177	159	146
Laver / Nori (Algen)	297	284	289	201
Wakame-Algen	49	51	54	50
Perlen (in Tonnen)	20	21	16	12
Fischerei Binnengewässer	***33***	***27***	***22***	***22***
Lachse und Forelle	13	8	7	8
Ayu (sweetfish)	2	2	2	2
Süßwassermuscheln	13	13	9	9
Aqua-Kultur Binnengewässer	***36***	***30***	***29***	***30***
Aal	20	15	17	18
Forelle	8	7	6	7
Ayu (sweetfish)	5	4	4	3

Seit einigen Jahren versuchen Forscher der japanischen Kindai-Universität nun nach Methoden, den wohl beliebtesten Speisefisch Japans vom Ei bis zum ausgewachsenen Fisch zu züchten. Der Grund hierfür liegt klar auf der Hand: Die Meeresbestände sind inzwischen - nicht nur wegen der hohen Nachfrage aus Japan - total überfischt. Insofern ein löblicher Ansatz. Aber trotz erster Erfolge ist die Umweltbilanz bisher noch kritisch zu bewerten. Die Fütterung erfolgt durch gefangene Fische (z. B. Sardinen, Makrelen usw.), was wiederum zu Lasten der Meeresfischbestände geht. Die Entwicklung von vegetarischem Futter wird zwar vorangetrieben, aber es dürfte noch ein weiter Weg sein.

Hinzu kommen bei den Jungfischen große Ausfälle durch Kannibalismus und bei den heranwachsenden Thunfischen führt eine zu enge Haltung und Futterneid zu Verletzungen bei den Schnellschwimmern. Die gefangenen Fische werden seitens der Universität zur Refinanzierung der Forschungen vermarktet. Es bleibt abzuwarten, ob sich das Projekt wirklich als bahnbrechender Erfolg erweisen wird.

58-60: Fisch gehört zu den beliebtesten Nahrungsmitteln. Große Auswahl im Isetan-Kaufhaus, Shinjuku

61: Die Burg Nijo in Kyoto, Residenz der Shogune in der Edo-Zeit

Historisches

Die nachfolgende Darstellung gibt in geraffter Form einen Überblick über die Perioden der japanischen Geschichte. Man findet in Publikationen manchmal leicht abweichende Angaben für die einzelnen Epochen. Die für dieses Buch gewählte zeitliche Einteilung der geschichtlichen Abschnitte basiert auf der Gliederung in der Zeittafel von Manfred Pohl („Geschichte Japans" – siehe Anhang). Man darf die dargestellten Zeiten der Geschichte nicht geschlossen betrachten, da alle Entwicklungen logischerweise Übergangszeiten hatten.

Frühes Japan

Die Vor- und Frühgeschichte des Landes wird durch zwei mythologische Werke belegt. Es handelt sich um das Kojiki (Aufzeichnung alter Geschehnisse) aus dem Jahr 712 und das Nihongi (Analen Japans) von 720 auch Nihon-shoki genannt. Diese beiden Überlieferungen gelten als die Grundlage der japanischen Mythologie und Geschichtsschreibung vom 7. Jahrhundert vor Chr. bis zum 7. Jahrhundert nach Christus.

Man geht heute davon aus, dass schon vor 100.000 Jahren Menschen auf dem japanischen Archipel gelebt haben und die Zuwanderungen über damals noch bestehende Landbrücken im Norden und Süden erfolgte. Die Besiedlung durch die Ainu, einer heute noch in den nördlichen Landesteilen lebenden Minderheit, kam vermutlich über die nördlichen Wege. Aus dem Süden erreichten Zuwanderer aus Zentral- und Südostasien mit einem großen Anteil aus Korea das heutige Archipel. Der südliche Strom der Zuwanderer drängte die Ainu im Laufe der Zeit immer weiter nach Norden ab. Es gibt aber keine fundierten Aufzeichnungen über die Bewohner des frühen Japans. Archäologische Forschungen in größerem Umfang begannen erst nach dem 2. Weltkrieg.

62: Ainus in traditioneller Kleidung im Ainu Museum der Stadt Shiraoi, Hokkaido

Jomon-Zeit (ca. 10.000 bis 300 v. Chr.)

Jäger und Sammler bildeten vor der Zeitenwende Höhlengemeinschaften und der Fischfang spielte eine wichtige Rolle. Zum Ende der Periode entwickelten sich erste Siedlungsgemeinschaften. Es gibt aus dieser Zeit viele Scherbenfunde von Tonwaren. Die kordelförmigen Muster dieser Funde sind ein Kennzeichen dieser Zeit.

Die Yayoi-Zeit (ca. 300 v. Chr. bis 300 n. Chr.)

Diese Zeit unterlag starker Zuwanderung vom Festland und weist Einflüsse aus Korea auf. Die gefundenen Tonprodukte hatten eine höherwertige Fertigungsqualität. Der erste Fundort dieser Keramik war Yayoi, ein Stadtteil in Tokyo. Er diente als Namensgeber dieser Epoche.

Der Anbau von Reis in Nassfeldern, die Herstellung und Benutzung von Bronze- und Eisengegenständen sowie Kontakte nach China werden dieser Periode zugeordnet. Chinesische Chroniken erwähnen für den Zeitraum um 200 n. Chr. eine japanische Königin namens Himiko aus dem Land Yamatai, die über zahlreiche Staaten geherrscht haben soll und bereits Kontakte zu Korea und China pflegte.

Archäologische Funde belegen den Bau fester Siedlungen und besondere Beerdigungsrituale für die Clanführer in Hügelgräbern.

Ein sehenswertes Beispiel für das Leben in dieser Zeit sind die Ausgrabungen von Yoshinogari-koen auf Kyushu. Die ca. 100 Hektar große archäologische Stätte soll die größte Wiederherstellung antiker Lebensformen aus der Yayoi-Zeit sein. Neben einer Ausstellung mit Artefakten geben nachgebaute Dörfer einen Einblick in das Leben früherer Zeiten. Außerdem können hier Grabstellen aus dieser Epoche besichtigt werden.

Erste Ansätze eines Zentralstaates

Kofun- oder Yamato-Zeit (ca. 300 n. Chr. bis 710 n. Chr.)

Der Name Kofun kommt von den riesigen Grabhügeln dieser Zeit, die große Steinkammern beinhalten. Diese eindrucksvollen Kulturstätten werden auch Schlüsselloch-Gräber genannt. Die alte Handelsstadt Sakai in der Nähe von Osaka ist für ihre Grabstellen aus dieser Zeit bekannt. Leider ist es nicht möglich, diese zu besichtigen. Man kann nur einen virtuellen Blick im Museum darauf werfen.

In Chroniken wird das Reich Yamato mit den Grundzügen eines Zentralstaates erwähnt. Die Yamato-Dynastie (Japanisches Kaiserhaus) aus der Kanto-Ebene

63: *Yoshinogari-koen, Präfektur Saga*

wurde immer mächtiger und vereinte viele Clans. Im 4. Jahrhundert soll im Süden Koreas die Kolonie „Mimana" gebildet worden sein und es bestanden Bündnisse mit einem der koreanischen Königshäuser. In Folge kriegerischer Auseinandersetzungen der Königshäuser in Korea sowie der Aufgabe der japanischen Kolonie kam es zur Zuwanderung vieler Koreaner. Diese beeinflussten genauso wie China stark die kulturelle Entwicklung der damaligen Zeit. Bis zum 5. Jahrhundert etablierte sich das chinesische Schriftsystem mit seinen Kanji-Zeichen. Im 6. Jahrhundert gelangte dann der Buddhismus über China und Korea nach Japan. Es war auch die Zeit, in der die Lehren des chinesischen Philosophen „Konfuzius" erste Einflüsse auf die Gesellschaft nahm, die bis in die heutige Zeit die Ethik des Zusammenlebens mitbestimmen.

Unter dem Einfluss der Soga-Familie, welche die Macht am Yamato-Hof übernahm, wurde der Buddhismus in Koexistenz mit dem Shintoismus zur Staatsreligion. Die Gesellschaftsstruktur zeichnet sich durch mächtige Familienclans und Großgrundbesitz aus. Der Machtanspruch des göttlichen Kaiserhauses blieb zwar unangetastet, die politische Macht wurde aber von den Soga ausgeübt.

64: Grab aus der Kofun-Zeit in Sakai

65: Wächterfigur im Todai-ji, Nara

Die letzte Periode dieser Zeit ab Ende des 6. Jahrhunderts wird auch **Asuka-Zeit** genannt. Erste Ansätze einer japanischen Verfassung mit 17 Artikeln entstanden durch den damaligen Prinzregenten Shotoku. Nach der Entmachtung der Soga durch ein Bündnis rivalisierender Adelsfamilien begann mit der Taika-Reform (Taika = große Wende) die Zentralisierung des Staates. Diese Reformen basierten auf chinesischem Vorbild.

In der Folge wurde alles Land unter Verwaltung des Kaisers gestellt und die Bauern wurden aus der Leibeigenschaft der Großgrundbesitzer entlassen. Alle Bewohner waren nur noch dem Kaiser unterstellt. Mit den Taiho-Erlässen im Jahr 701 endete die Neugestaltung des japanischen Kaiserreichs. Ein zentralistischer Beamtenstaat war entstanden, in dem Mitglieder aus den alten Adelsfamilien des Hofes im Namen des Kaisers regierten. Für die Finanzierung des Staatshaushaltes waren die steuerzahlenden Bauern zuständig, die ihnen zugeteiltes kaiserliches Land bewirtschafteten.

Nara-Zeit (710-794)

Namensgeber dieses Zeitabschnittes war die neue Hauptstadt Heijo-kyo, das heutige Nara. Da die Kultur der Tang-Dynastie ein großes Vorbild dieser Zeit war, wurde die Stadt nach Vorbild der geometrisch angelegten chinesischen Stadt Chang-an geplant.

Die Nara-Zeit stand für die Blüte des Buddhismus und damit für die Errichtung von Tempeln im ganzen Land. Der Tempel Todai-ji in Nara mit der großen Buddha-Statue aus dem Jahr 752 ist noch heute ein Relikt aus dieser Zeit.

Neben den Steuern hatten die Bauern viele Lasten zu tragen. Hierzu gehörte auch der unbezahlte Militärdienst. Alleine die Vertreibung der Ainu weiter in den Norden forderte unzählige Opfer unter ihnen. Die Macht des Zentralstaates wurde gefestigt. Adelsfamilien und Klöster bzw. Tempel erhielten wieder Besitzrechte und konnten ihre Macht ausbauen. Das Nebeneinander weltlicher Macht und dem stark wachsenden Buddhismus führte dazu, dass bei einigen Priestern Machtgelüste entstanden, die gerade noch abgewendet werden konnten. Um eine Trennung von weltlicher und religiöser Macht zu erreichen, zog der Hofstaat im Jahr 784 für 10 Jahre in das nahegelegene Nagaoka-kyo.

Hauptstädte und Regierungssitze

Bei einer tiefgehenden Beschäftigung mit der japanischen Geschichte wird man feststellen, dass sich die Hauptstädte oder besser gesagt die Sitze des Kaiserhauses sehr oft änderten. Manche Kaiser wechselten selbst während ihrer Amtszeiten ihre Residenzen, was oft auch mit einer Ortsverlegung einherging. Auch die Glaubensvorstellung, dass ein Todesfall den Ort verunreinigte, war Grund für Verlegungen.

Nara, als erste feste Hauptstadt geplant, sollte die Abkehr von diesem Brauchtum werden. Nach rund 80 Jahren traten hier aber durch die starke Ausbeutung der Agrargebiete im Umfeld der damaligen Großstadt mit ca. 200.000 Einwohnern Versorgungsengpässe auf. Dies führte zum Bau von Heian-kyo, welches ab 794 für rund tausend Jahre Hauptstadt bzw. Sitz des Kaiserhauses blieb, was aber nicht immer gleichbedeutend mit dem Sitz der politischen Macht war.

Heian-Zeit (794-1185)

Auch die neue Hauptstadt Heian-kyo (heutiges Kyoto) wurde schachbrettartig nach chinesischem Vorbild angelegt. Es begann ein Zeitalter des Wohlstandes und eine Fortführung der in der Nara-Zeit begonnenen kulturellen Blüte des Landes. Vom Ausland übernommene Kulturgüter wurden japanisiert. Hierzu gehörte auch die Ergänzung des chinesischen Schriftsystems mit den japanischen Silbenschriften Hiragana und Katakana. Der Hofadel (Kuge) lebte in seiner eigenen Welt und nahm die Bevölkerung kaum wahr. Es war eine Zeit von Dichtung, Literatur und anderen Künsten.

Am Anfang dieser Periode lag alle politische Macht noch beim Kaiser, bis das Geschlecht der Fujiwara sich zum führenden Clan entwickelte, der 858 mit seiner Regentschaft die

66: Todai-ji, Nara

Kontrolle über das Kaiserreich übernahm. Zum Ende dieser Periode wurde die Macht der Fujiwara immer schwächer. Grund hierfür war der Widerstand eines Kaisers, der 1068 den Thron bestieg und nach seiner Abdankung, wie auch einige seiner Nachfolger, das Land aus einem Kloster heraus regierte.

Die Verwaltung und Verteidigung des Landes erfolgte in der Heian-Periode durch eingesetzte Gouverneure und den Provinzadel. Auch die private Landnutzung nahm wieder zu. Mehr oder weniger unbemerkt vom Hofadel und Kaiserhaus wurde der schwerttragende Landadel immer stärker und mächtiger. Führende Familien dieses Kriegerstandes waren die Familien Taira (Heike-Sippe) und Minamoto (Genji-Sippe). Aus langen Machtkämpfen ging 1185 der Clan der Minamoto als Sieger hervor und Minamoto Yoritomo wurde vom Kaiser zum Shogun ernannt.

67: Samurai der Kamakura-Zeit aufgenommen im Samurai Museum in Shinjuku/Tokyo

Die Blütezeit der Samurai beginnt

Kamakura-Zeit (1185 -1333)

Yoritomo übernahm den Verwaltungsapparat und etablierte 1192 den Sitz seiner Militärregierung in dem kleinen

Fischerdorf Kamakura (nahe dem heutigen Tokyo). Von hier übte er die Macht über Land und Kaiserhaus aus und legte den Grundstein für eine rund 700 Jahre lange Herrschaft von Militärregierungen. Der Sitz des Kaisers in Kyoto war nur noch ein machtloser Hofstaat.

Die Samurai dieser Zeit ließen sich durch die klaren Strukturen des Zen-Buddhismus inspirieren. In Kamakura gibt heute noch Zeugnisse über den in unterschiedlichen Ausprägungen stark wachsenden Buddhismus. Mit seinen Kulturgütern aus dieser Epoche, wie zum Beispiel dem Daibutsu, einer über 13 Meter hohen bronzenen Buddha-Statue, ist die Stadt heute ein beliebtes Touristenziel.

1219 erlangte der befreundete Hojo-Clan für rund 100 Jahre die Herrschaft über das Shogunat. Verwaltet wurde das Land durch eingesetzte Gouverneure. Diese wurden, nach dem Eingehen von Verbindungen mit Besitzern der Ländereien, zu einem neuen Ritterstand Japans. Diese Großgrundbesitzer (Daimyo) waren innerhalb des Schwertadels, der Samurai, so etwas wie Fürsten.

Nach einer langen Zeit des Friedens kam es 1274 und 1281 zu Invasionsversuchen der Mongolen, denen Japan trotz starker Gegenwehr vermutlich nicht gewachsen gewesen wäre. Beide mongolischen Invasionen scheiterten letztlich an Taifun-Stürmen, welche die feindlichen Truppen aufrieben und große Teile ihrer Flotte vernichteten. Diese Stürme wurden Kamikaze (Götterwinde) genannt. Diese Begrifflichkeit kam später in der neuzeitlichen Geschichte des Landes nochmals zu einer unschönen Glorifizierung.

Trotz der hilfreichen Stürme hatten die Invasionsversuche dem Land Kraft gekostet. Hinzu kam, dass keine Möglichkeit bestand, die siegreichen Kämpfer angemessen zu belohnen. Es kam zu Unruhen und durch den aus dem Exil agierenden Kaisers Go-Daigo kam es 1333 zum Sturz des Shogunats durch Truppen der Familien Nitta und Ashikaga.

Shogun

Der vollständige Titel lautet „Seii-tai-shogun" und bedeutet so ungefähr „großer, die Barbaren unterwerfender Feldherr". Vor Minamoto Yoritomo wurde dieser Titel an Feldherren verliehen, die erfolgreiche Feldzügen gegen die Ainu geführt hatten.

Der Begriff „Shogunat" steht für die Verwaltungsstruktur des Shoguns.

Man stößt in der historischen Literatur auch oft auf den Begriff „Bakufu" (Zelt-Regierung) für den feudalen Staatsapparat.

Muromachi-Zeit (1333-1568)

Die Hoffnungen von Go-Daigo, eine neue kaiserliche Verwaltung aufzubauen, scheiterten durch Ashikaga Takauji, der

68: Eine der Tempelhallen des Enryaku-ji

ein neues Shogunat mit Sitz in Heian-kyo im Stadtteil Muromachi etablierte. In der Folge musste der Kaiser Heian-kyo verlassen. Durch die Einsetzung eines den Ashikaga genehmen Kaisers kam es zu einer Spaltung in ein nördliches und südliches Kaiserreich. Diese endete 1392 durch den Verzicht des Südkaisers auf die Thronansprüche.

Die erste Zeit des Muromachi-Shogunats war durch eine kulturelle Blüte des Landes und einem wachsenden Buddhismus geprägt. Nach dem Tod von Takauji verlor das Bakufu und die Sippe der Ashikaga immer mehr Einfluss. Im „Onin-Krieg" (1467-1477) stritten zwei Clans um die Macht der Ashikaga und legten die Hauptstadt in Schutt und Asche, ohne allerdings einen eindeutigen Sieg zu erringen.

Es begann eine Zeit der Bürgerkriege, die Japan rund 100 Jahre erschütterten. Auch Klöster unterhielten eigene Kampftruppen zur Festigung ihrer Macht. Dieser unter dem Namen **Sengoku-jidai (Zeit der streitenden Länder)** bekannte Abschnitt der japanischen Geschichte führte das Land aber nicht in den wirtschaftlichen Ruin, da der Binnen- und der Außenhandel mit China blühte.

Zum Ende der Muromachi-Ära brach die Macht des Einheitsstaates ein. Daimyo (bedeutet: „Großer Name") und örtliche Kriegsherren übten die Macht aus. Es ist auch die Zeit, in der Portugiesen und erste Feuerwaffen Japan erreichten und die christliche Missionierung begann.

Enryaku-ji

Zu Zeiten des Kriegsherrn Oda Nobunaga soll der 788 gegründete Tempel an den östlichen Hängen des Berges Hiei-zan ca. 3.000 Gebäude gehabt haben. Die Tempel- und Klosteranlage liegt nahe dem Biwa-See und der Stadt Kyoto und gehört sowohl historisch als auch heute noch zu den wichtigsten buddhistischen Zentren Japans. Nach der Zerstörung durch Oda Nobunaga 1571 wurde der Tempelkomplex wieder aufgebaut, erreichte aber nie wieder seine ehemalige Größe. Seit 1994 gehört er zum UNESCO-Weltkulturerbe „Historisches Kyoto".

Momoyama-Zeit (1568-1600)

Die Ereignisse dieser kurzen Periode beeinflussten die Geschichte des Landes für die nächsten 300 Jahre maßgeblich. Besonders erwähnenswert sind in diesem Zusammenhang die Namen der drei Einiger des Landes:

Die drei Einiger Japans:

- Oda Nobunaga, 1534 - 1582
- Toyotomi Hideyoshi, 1537 - 1598
- Tokugawa Ieyasu, 1543 - 1616

Der Daimyo Oda Nobunaga eroberte große Teile des Landes und ging Bündnisse mit anderen Fürsten ein, hierzu zählte auch Tokugawa Ieyasu. Zu seinen Gegnern gehörte die riesige Streitmacht der Kriegermönche des Klosters „Enryaku-ji" auf dem Berg Hiei bei Kyoto. 1571 schlug Oda die sich in politische Angelegenheiten einmischenden Mönche vernichtend und brannte die Tempel nieder. Er beendet 1573 das Ashikaga-Shogunat und führte die Einigung des Landes fort.

69: Oda Nobunaga

1582 wurde Oda von einem abtrünnigen Gefolgsmann ermordet. Sein wichtigster Vertrauter, Toyotomi Hideyoshi führte den Kampf fort und vereinte Japan. Neben seiner Streitmacht setzte Toyotomi auch sein großes Verhandlungsgeschick ein. Da er sich vom Bauern zum Feldherrn hochgearbeitet hatte, konnte er nicht zum Shogun ernannt werden. Der Kaiser verlieh ihm den Titel eines Regenten. 1588 ordnete er an, dass nur noch die Samurai das Recht haben, zwei Schwerter zu tragen und machte sie damit zu einer privilegierten Bevölkerungsschicht.

70: Toyotomi Hideyoshi

Nach seinem Rücktritt 1591, mit dem er seine Regentschaft an einen Neffen abgab, wurde er zum „Taiko" und übte als Alleinherrscher die Macht eines Shoguns aus.

Um 1590 war das Land vereint und Toyotomi schaffte Verwaltungsstrukturen. Seine Versuche, asiatische Nachbarländer zu erobern, scheiterten in zwei erfolglosen Korea-Feldzügen (1592 und 1597). Oda Nobunaga sah in den christlichen Missionaren einen Gegenpol zu den kriegerischen und mächtigen buddhistischen Orden und ließ die Missionare gewähren. Toyotomi verhielt sich anfangs ebenso. Als ihm zum Ende des 16. Jahrhunderts die Zahl der zum Christentum konvertierten Japaner zu groß wurde, begann er den neuen Glauben zu bekämpfen. Nach der Ausweisung von Missionaren und Appelle an japanische Christen, diesem neuen Glauben abzuschwören, nicht den gewünschten Erfolg brachten, ließ er am 5. Februar 1597 in Nagasaki 26 Christen kreuzigen.

1598 starb Toyotomi Hideyoshi und Tokugawa Ieyasu griff nach der Macht.

71: Tokugawa Ieyasu

72: Bildnis der Schlacht von Sekigahara

Das Tokugawa Shogunat

Edo-Zeit (1600-1868)

Der Taiko hatte testamentarisch verfügt, dass das Land bis zur Volljährigkeit seines Sohnes von fünf Regenten aus dem Kreis der Daimyo regiert werden sollte. Dies widersprach den Bestrebungen des mächtigen Tokugawa Ieyasu. Als sich Widerstand gegen ihn formierte, schlug er seine Gegner 1600 in der Schlacht von Sekigahara und wurde 1603 vom Kaiser zum Shogun ernannt. Seinen Regierungssitz verlegte er in das Fischerdorf Edo, dem heutigen Tokyo.

Bereits 1605 gab er den Titel an seinen Sohn ab, lenkte aber das Land aus dem Hintergrund weiter. 1615 löschte er die letzten Toyotomi nach der Eroberung der Burg von Osaka aus.

William Adams (1564 - 1620)

Als Navigator eines holländischen Handelsschiffes strandete der englische Seemann nach Stürmen im April des Jahres 1600 vor der Küste von Kyushu. Von portugiesischen Priestern der Piraterie beschuldigt, wurden Adams und die Crew des Schiffs verhaftet und nach Osaka gebracht. Tokugawa Ieyasu übernahm persönlich das Verhör und war von Adams seemännischen Kenntnissen sowie den sonstigen Informationen über Europa beeindruckt. Er fand Gefallen an dem Engländer.

Adams klärte den künftigen Shogun über das Machtstreben der Portugiesen und den „Vertrag von Tordesillas" aus dem Jahr 1494 auf, indem sich die Seemächte Spanien und Portugal die Welt aufgeteilt hatten und Japan den Portugiesen zugesprochen worden war. Vermutlich waren diese Informationen mit ausschlaggebend für die künftige Haltung der Tokugawa zum Christentum in Japan.

Adams erhielt nach der Freilassung den Auftrag, auf der Izu-Halbinsel im Ort Ito seetüchtige Schiffe zu bauen. Später erhob der Shogun ihn in den Samurai-Stand und zum persönlichen Berater mit dem Titel „Hatamoto" und dem japanischen Namen „Miura Anjin". Miura bezieht sich auf das vom Shogun erhaltene Lehen und Anjin entspricht der Bedeutung „Navigator". Adams bleibt bis zu seinem Tod in Japan.

Das Leben von William Adams in Japan diente James Clavell als Grundlage für seinen Roman „Shogun", der auch verfilmt wurde.

Ende des 16. und in den ersten Jahren des 17. Jahrhunderts profitierte Japan vom starken Außenhandel unter Lizenz des Shogunats. Die Pläne zur Abschottung des Landes reiften bereits zu Lebzeiten von Ieyasu. Kurz vor seinem Tod verfügte er erste Maßnahmen zur Eindämmung des Christentums, die seine Nachfolger fortführten. In diesem Zusammenhang ist die Geschichte des Engländers William Adams erwähnenswert.

Als Ieyasu 1616 starb, hatte er die Grundlage für eine rund 250-jährige Macht der Tokugawa-Dynastie und eine fast genauso lange andauernde Zeit des Friedens geschaffen. Grundlage dieser für Japan langen Periode mit innerer Stabilität war ein Machtmodell, dass alle gesellschaftlichen Ebenen dem System verpflichtete.

Tenno und Hofadel

Die Bewegungsfreiheit beschränkte sich auf das Umfeld des Kaiserhofes in Kyoto. Dem Kaiser blieben ohne jegliche politische Macht im goldenen Käfig lediglich religiöse Aufgaben und das Recht, den Shogun zu ernennen.

73: Statue von William Adams in Ito

Schreine und Klöster

Sie wurden der Verwaltung und damit der Kontrolle des Bakufu unterstellt.

Daimyo

Bereits unter Toyotomi Hideyoshi bestand für die Fürsten alle zwei Jahre eine Residenzpflicht. Das Tokugawa-Shogunat hatte bereits frühzeitig erkannt, dass die Gruppe der Daimyo eine Gefahr für ihr Machtgefüge darstellte. Sie zählten zum sogenannten Schwertadel. Zum Schutz der eigenen Dynastie erhielten die Adelsfamilien, die den Tokugawa nahestanden bzw. freundschaftlich gesonnen waren, ihre Han (Lehen) näher an der Hauptstadt und bildeten so einen Schutzwall um die Machtzentrale. Zusätzlich zu regelmäßigen Anwesenheitspflichten mussten die Fürsten in Edo Residenzen errichten, in denen sich quasi als Geiseln ständig ein Teil der Familien aufhalten musste. Jeder Daimyo durfte nur eine Burg unterhalten und Truppen nicht in Gebiete außerhalb seiner Provinz führen. Es gab Verbote zum Bau großer Schiffe und dem direkten

74: Stadtleben in der Edo-Zeit, Modell im Edo-Tokyo-Museum, Tokyo

Kontakt zum Kaiserhof sowie dem Ausland. Um neue Machtbündnisse der Daimyo zu verhindern, wurde zur Heirat die Zustimmung des Shoguns benötigt.

Standessystem

Über das Volk wurde eine strenge Standesordnung nach konfuzianischem Muster gelegt. Je nach Herkunft oder Beruf gab es vier Stände. Über den Ständen standen Kaiserhof, Adel und Angehörige der religiösen Berufe. Weit unterhalb der Ordnung der vier Stände befanden sich die Gruppen der Hinin und Eta. Sie wurden als Burakumin bezeichnet.

Innerhalb der Stände gab es in den Wohnvierteln und Dörfern eine Art von Einheitenbildung. Mehrere Häuser wurden zu Gemeinschaften zusammengefasst und einer Form der Selbstverwaltung unterstellt. Für die Verfehlungen eines Einzelnen wurde oft die ganze Gruppe bestraft.

Die Samurai nahmen in der Rangordnung die oberste Stelle ein. Es folgten Bauern, Handwerker und am Ende standen die Kaufleute. Die Stände waren erblich. Ein Wechsel durch Heirat oder Adoption war unter Umständen jedoch möglich. Die Stände lebten innerhalb der Städte in getrennten Vierteln bzw. die Bauern in ihren Dörfern (Mura). Trotz ihrer hohen

Burakumin

Der Oberbegriff für diese beiden japanischen Paria-Gruppen leitet sich von dem Wort „Buraku" für abgegrenzte oder besondere Wohngebiete ab. Die Ausgrenzung dieser Menschen hatte nichts mit ihrer genetischen Volkszugehörigkeit zu tun. Sie waren genauso Japaner, wie die Menschen in den anderen Ständen.

Die Gruppe der Hinin (Nicht-Menschen) waren Ausgestoßene und außerhalb der Gesellschaft angesiedelte Gruppen. Zu ihnen zählten z. B. Angehörige des Wandervolkes, Huren und Bettler sowie Verbrecher.

Die Eta (voller Schmutz) übten Berufe aus, die aus religiöser Sicht als unrein galten und innerhalb der Familie weitergegeben wurden. Hierzu zählten beispielsweise Schlachter, Gerber, Henker oder Leichenbestatter.

Bereits 1871 wurden die Burakumin offiziell zu „normalen" Bürgern des Landes. Dies beendete aber nicht ihre Diskriminierung. Sie waren offiziell keine Burakumin mehr, konnten aber dadurch, dass ihnen der Begriff „Neubürger" zugeordnet wurde, weiter erkannt werden. Hinzu kommt, dass es bereits seit dem Mittelalter Melderegister gab, in denen auch die im Standessystem erblichen Berufe vermerkt waren.

Dies ist auch heute noch so. Zwar hat es diverse Erlasse und auch Bemühungen der betroffenen Gruppen gegeben, hier ein Umdenken zu erreichen. Aber für diese Bürger Japans ist auch heute z. B. der berufliche Aufstieg schwer. Firmen verfügen teilweise über schwarze Listen mit den alten Registerangaben. Bedauerlicherweise versuchen Eltern, aus anderen Gesellschaftsschichten manchmal, Eheschließungen ihrer Kinder mit Abkömmlingen der ehemaligen Burakumin zu verhindern.

Stellung innerhalb der Gesellschaftsordnung hatten die Bauern kaum Rechte. Die Kaufleute an unterster Stelle hingegen hatten wesentlich mehr Freiheiten und gelangten, im Gegensatz zu den Samurai, denen wirtschaftliche Betätigungen untersagt war, relativ schnell zu Wohlstand. Im Laufe der Jahre des Friedens wurden die Samurai immer mehr zu Beamten und Verwaltern des Landes.

Die Zeit der Abschottung

Das stärker werdende Auftreten der europäischen Mächte im Handel und der Christianisierung leitete die Abschottung des Landes ein. Ende 1637 kam es zu einem letzten Aufstand der Christen, der 1638 in der Schlacht von Shimabara (Kyushu) sein blutiges Ende fand. Wer in dieser Zeit der Christenverfolgung dem Glauben nicht öffentlich abschwor, wurde hingerichtet.

Ungefähr um 1640 war die Abschottung Japans (Sakoku) umgesetzt und Auslandsreisen waren verboten. Neben einer Handelsniederlassung chinesischer Händler in Nagasaki durften lediglich noch holländische Kaufleute Nagasaki ansteuern und auf der kleinen künstlich aufgeschütteten Insel Dejima vor der Stadt eine Faktorei unterhalten.

Die Kaufleute der „Niederländischen Ostindien-Kompanie" wurden für rund 200 Jahre Japans einziges Tor zum Westen. Alle Portugiesen und Spanier waren des Landes verwiesen worden. Der Vorteil der Holländer lag darin, dass sie nie versucht hatten, missionarisch tätig zu sein. Aber auch der Aufenthaltsort der Kaufleute in Japan war, abgesehen von einer jährlichen Residenzpflicht beim Shogun, auf Nagasaki begrenzt. Die Zugänge zur künstlichen Insel wurden streng bewacht. Der direkte Kontakt zu den Bürgern war ihnen außerhalb der

75: Modell der Insel Dejima in Nagasaki

Handelsabwicklung nicht gestattet. Eine Ausnahme bildeten lediglich Prostituierte. Trotz der Abgeschlossenheit des Landes blühten Wirtschaft und die Kultur in der langen Friedenszeit auf. Bereits Anfang des 18. Jahrhunderts hatte Edo über eine Million Einwohner. In der über 200-jährigen Geschichte der niederländischen Faktorei hat es auch einige deutsche Niederlassungsleiter gegeben.

Nachdem anfangs jegliche Fremdeinflüsse verboten waren, wurden durch die regelmäßige Residenzpflicht des Leiters der Handelsniederlassung beim Shogun, an der auch der jeweilige Faktoreiarzt teilnahm, ein erstes Interesse an wissenschaftlichen Erkenntnissen aus dem Westen geweckt. Man spricht heute drei deutschen Medizinern hieran einen maßgeblichen Anteil zu. Ab Anfang des 18. Jahrhunderts durften die Holländer erste wissenschaftliche Werke und andere in Japan nicht bekannte Güter einführen. In der folgenden Zeit wurde das generelle Einfuhrverbot für Bücher weiter gelockert und es entstanden die sogenannten holländischen Studien (Rangaku). Insbesondere die ersten westlichen Medizinbücher

Die deutschen Ärzte der Faktorei Dejima

Um es vorwegzunehmen, deutsche Ärzte waren auf der künstlichen Insel in der langen Zeit der Abschottung die Ausnahme. Aber sie sollten trotzdem die medizinische Entwicklung des Landes mit beeinflussen. Insoweit einige Kurzinformationen zu den drei Ärzten:

Caspar Schamberger (1623 - 1706)

Der Chirurg hielt sich im Auftrag der Ostindien-Kompanie von 1649 bis 1651 in Japan auf und soll das erste Interesse des Shoguns an der westlichen Medizin geweckt haben. Dies führte dazu, dass die Ärzte der Faktorei auch künftig das Interesse des Shogunats und der japanischen Wissenschaftler hatten.

Engelbert Kaempfer (1651 - 1716)

Auch er gehörte zum Kreis der Residenzpflichtausübenden beim Shogun. Den zweijährigen Aufenthalt auf Dejima vom September 1690 bis Oktober 1692 nutze er genauso wie seine Reisen nach Edo dazu, um Informationen über das Land zu sammeln. Seine später veröffentlichten Aufzeichnungen bildeten für lange Zeit die Grundlage für das Wissen der Europäer über Japan.

Philipp Franz Balthasar von Siebold (1796–1866)

Der Arzt und Forscher ist vermutlich der heute noch bekannteste Mediziner aus der damaligen Zeit. Nach Dejima kam er 1823 und befasste sich ausgiebig mit dem Land und hatte schnell gute Beziehungen zu den Wissenschaftlern. Er sammelte viele Informationen. Dazu gehörten nicht nur die Flora und Fauna, sondern auch Karten und andere Gegenstände, deren Ausfuhr durch das Bakufu streng verboten waren. Während seines Aufenthaltes lebte er mit einer Japanerin zusammen, mit der er ein gemeinsames Kind hatte.

Als er am Ende seiner Dienstzeit das Land verlassen wollte, musste er Frau und Kind zurücklassen, da Japanern die Ausreise nicht erlaubt war. Aber es kam noch schlimmer: Durch einen Sturm strandete sein Schiff und die Ladung musste geborgen werden. Dabei wurde bemerkt, dass er versucht hatte, verbotene Dinge auszuführen. Er wurde daraufhin 1829 Zeit seines Lebens aus Japan verbannt. Erst als Japan begann, sich dem Westen zu öffnen, durfte Siebold 1858 wieder einreisen.

stießen auf reges Interesse der Wissenschaft und wurden später auch übersetzt.

Im Laufe der Jahre hatte sich das Standessystem zwar nicht verändert, aber die Verhältnisse entsprachen schon lange nicht mehr der zugrunde liegenden Philosophie der Wertigkeiten. Der Großteil der Bevölkerung waren die Bauern. Das Land gehörte aber inzwischen Großgrundbesitzern. Der niedrigste Stand, die Händler, hatten die wirtschaftliche Macht des Landes und große Teile der Elite (Samurai und Fürsten) waren bei ihnen verschuldet.

Anfang des 19. Jahrhunderts begann der Niedergang der Tokugawa-Herrschaft. Aufgrund von Ernteausfällen und der nicht mehr tragbaren Steuerlast der Landbevölkerung kam es zu Bauernaufständen und zum Verfall der Währung. Gleichzeitig wollten die westlichen Mächte Einfluss nehmen. Das Shogunat versuchte, das Einlaufen westlicher Schiffe in japanische Häfen aufzuhalten und es kam zu einzelnen Gefechten.

Die Öffnung

Neben inneren Unruhen war das Eintreffen der sogenannten „Schwarzen Schiffe“ das Ereignis, welches den letzten Abschnitt des Tokugawa-Epoche einleitete. Obwohl das Shogunat durch die Holländer immer gut über den

Westen informiert war, hatte man es nicht für nötig gehalten, die technische Entwicklung des Landes voranzutreiben. So war Japan waffentechnisch und auch im Schiffsbau dem westlichen Fortschritt weit unterlegen.

Im Juli 1853 steuerten erstmals amerikanische Kriegsschiffe den Hafen von Uraga in der Bucht von Edo (heute Tokyo) an. Sie standen unter dem Kommando von Matthew Perry. Er überbrachte ultimativ die Wünsche seiner Regierung zur Aufnahme von diplomatischen- und Handelsbeziehungen. Der Shogun bat um Bedenkzeit. Perry machte unmissverständlich klar, dass er mit einer größeren Flotte wiederkäme, um sich die Zusage abzuholen. Im März 1854 kam Perry, wie angedroht zurück. Da das Bakufu der demonstrierten Kraft der stark bewaffneten Dampfschiffe mit ihrer enormen Feuerkraft nichts entgegensetzen konnte, kam der Shogun den Wünschen der Amerikaner nach. Mit dem Vertag von Kanagawa endete 1854 die über 200-jährige Politik der Isolation Japans. Die Häfen von Shimoda in der Bucht von Tokyo sowie Hakodate auf Hokkaido wurden als erste für den Handel geöffnet. Weitere Verträge mit anderen Nationen folgten.

76: Matthew C. Perry (1794 – 1858)

In der Folge kam es zu Spannungen und Kämpfen zwischen Gegnern der Öffnung sowie Reformern. Die fremdenfeindlichen kriegerischen Handlungen einiger Samurai, die auch kurz vom Kaiserhaus unterstützt wurden, endeten schnell, nachdem westliche Kriegsschiffe japanische Häfen bombardierten. Was blieb war die Unzufriedenheit und der Kampf gegen das Shogunat. 1867 verzichtete der letzte Shogun, dessen Macht zerbrochen war, auf die Regierungsgewalt zugunsten des Kaiserhauses und die Ära der Tokugawa endete.

Japanisches Kaiserreich (1868 bis 1945)

Meiji-Zeit (1868-1912)

Mit der Meiji-Restauration 1868 wurde der 1852 geborene Tenno Mutsuhito zum Staatsoberhaupt Japans.

Er war Sohn des Kaisers Komei und der Hofdame Nakayama Yoshiko, einer Konkubine des Kaisers. Wie im damaligen Japan üblich, war er als offizielles Kind des Kaiserhauses anerkannt worden und folgte seinem Vater im Februar 1867 auf den Kaiserthron. Die meisten Fürsten erkannten seine Herrschaft uneingeschränkt an und die Reise in eine neue Zeit begann. Der Sitz des Kaiserhauses wurde von Kyoto nach Edo verlegt und der ehemalige Regierungssitz des Shogunats wurde in Tokyo (östliche Hauptstadt) umbenannt. Die Lehen der Daimyo wurden als Präfekturen unter eine zentrale Verwaltung von Gouverneuren gestellt. Diese Positionen nahmen die ehemaligen Lehensherren ein und wurden damit zu Beamten der Regierung. Ein neues 5-stufiges Adelssystem nach europäischen Vorbildern löste das bisherige System des Hofadels und der Feudalherren (Daimyo) ab. Es folgten viele Reformen zur Neuordnung des Landes. Das Steuer- und Rechtssystem wurden erneuert. Die allgemeine Wehrpflicht, die freie Berufswahl sowie die Schulpflicht wurden eingeführt.

77: Satsuma-Samurai während des Boshin-Krieges (1868–1869)

78: Samurai in historischer Rüstung, ca. 1880

Ein besonderer Einschnitt war die Abschaffung des bisherigen Standessystems, in deren Verlauf die Samurai ihre bisherigen Privilegien verloren. Es gab neben dem Adel nur noch das normale Volk. Die ehemaligen Stände der Samurai, Bauern, Handwerker und Kaufleute wurden mit den bisher außerhalb der Gesellschaft stehenden Burakumin vereinigt. Dem ehemaligen Kriegerstand wurde untersagt, weiterhin zwei Schwerter und ihre traditionelle Frisur mit dem Haar-Zopf zu tragen. 1877 kam es mit der Satsuma-Rebellion zu einem letzten Aufstand gegen die Meiji-Regierung, der durch die neue Armee des Kaiserreiches schnell niedergeschlagen wurde. Die Geschehnisse dieser Zeit und der Aufstand dienten dem Film „Last Samurai“ mit Tom Cruise und Ken Watanabe als historische Grundlage. Mit der Neuordnung entfiel die bisherige finanzielle Versorgung der Samurai durch ihren Daimyo. Anfangs erhielten sie noch geringe staatliche Bezüge, mussten sich dann aber anderen Berufen zuwenden. Für viele bedeutete dies einen großen Ehrverlust.

Kaiser und Reformregierung hatten von Anfang an das Ziel, Japan zu einer dem Westen ebenbürtigen Wirtschafts- und Militärmacht und damit zur Weltmacht zu entwickeln. Auch sollten die im Rahmen der Öffnung geschlossenen und für Japan nachteiligen Verträge revidiert werden. Dies alles setzte eine starke Orientierung an den Westen voraus. Ausländische Militärberater und andere Fachleute kamen in das Land, japanische Regierungsmitglieder und Wissenschaftler reisten in das Ausland und junge Japaner begannen, an westlichen Universitäten zu studieren.

79: Der Meiji-Tenno (1852 - 1912), im Jahr 1873

Die bekannteste Exkursion dieser Art dürfte die im Dezember 1871 gestartete Iwakura Mission gewesen sein. Mitglieder dieser Gesandtschaft unter der Führung von Iwakura Tomomi waren Politiker und Wissenschaftler sowie Studenten. Die Länder der westlichen Welt, wie die USA und einige europäische Länder, wurden aufsucht, um Erkenntnisse über diesen Teil der Welt zu sammeln. Teilweise blieben Studenten länger in den besuchten Ländern, um besondere Kenntnisse zu erwerben.

Deutschland wurde 1873 besucht und inspirierte Japan 1889 bei der ersten japanischen Verfassung, die in großen Teilen Inhalte der preußischen Verfassung widerspiegelte. Allerdings wurde darauf geachtet, dass in dieser konstitutionellen Monarchie dem gottgleichen Tenno weitgehende Machtbefugnisse vorbehalten blieben. Mit Inkrafttreten der Meiji-Verfassung im November 1890 kam es dann zur Bildung des ersten japanischen Parlamentes.

Auch andere Bereiche, wie zum Beispiel die Medizin und damit das Ärztewesen unterlagen relativ schnell starken Einflüssen aus Deutschland. Das Vokabular der Ärzte in dieser Zeit bestand aus deutschen Begriffen, von denen einige - trotz der Amerikanisierung nach dem 2. Weltkrieg - bis in die heutige Zeit überlebt haben. Obwohl er nicht der erste deutsche Arzt in Japan war, hatte Erwin Otto Eduard Bälz (1849 - 1913) einen maßgeblichen Einfluss auf die Entwicklung der westlichen Medizin in Japan. Er lebte als Universitätsprofessor und kaiserlicher Leibarzt fast 30 Jahre im Land der aufgehenden Sonne.

80: Kaiser Meiji (1852-1912) in den 1890er-Jahren

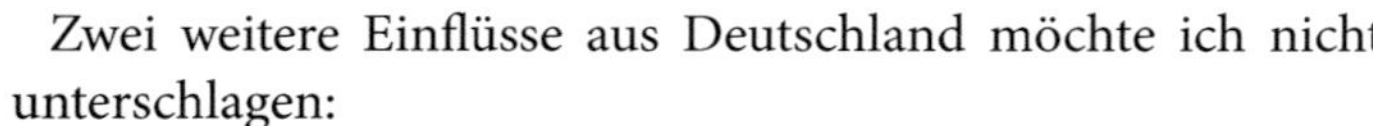

Zwei weitere Einflüsse aus Deutschland möchte ich nicht unterschlagen:

Der Japaner Nakagawa Seibe (1848 - 1916) wurde in der Fürstenwalder Niederlassung einer Berliner Brauerei 1875 zum Bierbraumeister ausgebildet. Zurück in Japan, begann er mit dem Bierbrauen in Sapporo und legte damit den Grundstein für das heute beliebte Sapporo-Bier. Aber auch Länder, wie z. B. die USA hatten Einfluss auf die Entwicklung der japanischen Bierproduktion.

Der Aufbau des japanischen Polizeiwesens wurde von dem heute weitgehend unbekannten Friedrich Wilhelm Höhn – einem Berliner Polizeihauptmann - maßgeblich geprägt. Nach dem er bereits japanische Polizisten in Deutschland betreut hatte, wirkte er von 1885 bis 1891 in Japan als Ausbilder und Berater.

81: Friedrich Wilhelm Höhn (1839 -1892)

Japan schaffte es in dieser Periode, quasi von einem Entwicklungsland zu einer imperialistischen Großmacht mit einer gut aufgestellten Armee aufzusteigen. Es entstanden mächtige Großkonzerne. Diese unter dem japanischen Begriff „Zaibatsu" (siehe Erläuterung im Kapitel „Wirtschaft") bekannten Konglomerate wuchsen schnell und nahmen Einfluss auf politische Entscheidungen.

Die neue wirtschaftliche Stärke und militärische Macht des Landes wurde außenpolitisch zur Vergrößerung des Einflusses in Ostasien genutzt.

Es folgt ein Überblick über die Expansionsbestrebungen der Meiji-Zeit und daraus resultierende Auseinandersetzungen:

- 1874 Entsendung eines Truppenkommandos auf die chinesische Insel Formosa (Taiwan), welches sich nach kurzer Zeit aber wieder zurückzog.
- 1875 vertragliche Übernahme der noch russischen Kurilen-Inseln nördlich von Etorofu. Im Gegenzug verzichtete Japan auf die Besiedlung von Sachalin.

- 1876 Japan zwang Korea zum Abschluss des „Japanisch/Koreanischen Freundschaftsvertrages“ mit dem Zweck der Öffnung koreanischer Häfen und dem Handel mit Japan. In den folgenden Jahren war Japan bestrebt, seine Macht in Korea auszubauen.
  Annektierung der rund 1.000 Kilometer südöstlich von Honshu gelegenen Bonin-Inseln. Die Inselgruppe ist heute unter der japanischen Bezeichnung Ogasawara-Inseln Teil der Präfektur Tokyo.
- 1879 erfolgte die Besetzung der seit Anfang des 17. Jahrhunderts unter japanischer Mitverwaltung stehenden Ryukyu-Inseln und deren Eingliederung in das japanische Staatsgebiet.
- 1894/95 kam es zum ersten Chinakrieg. Nach kurzer Zeit sind die chinesischen Truppen geschlagen und Chinas Einfluss in Korea entscheidend geschwächt. Taiwan wurde von 1895 bis 1945 zur japanischen Kolonie.
- 1900 beteiligte Japan sich mit sieben westlichen Nationen an der Niederwerfung des „Boxeraufstandes“ in China, der sich gegen den westlichen und japanischen Imperialismus richtete.
- 1904/05 besiegten Japans Land- und Seestreitkräfte im „Russisch-Japanischen Krieg“ die russische Streitmacht in Ostasien. Die Mandschurei wurde offiziell wieder ein Teil des chinesischen Kaiserreiches. Japan erhielt die Herrschaft auf der Liaodong-Halbinsel, zu der Kwantung und der Hafen von Port Arthur gehörte.
- 1906 gründete Japan die Südmandschurische Eisenbahn- Aktiengesellschaft. Diese stand unter dem Schutz der sogenannten Kwantung-Armee, einer japanischen Heereseinheit, die im japanischen Pachtgebiet Kwantung stationiert war.
- 1910 wurde Korea, nachdem es bereits seit 1905 unter japanischem Protektorat stand, bis 1945 zur Kolonie des japanischen Kaiserreiches.

Taisho-Zeit (1912-1926)

Nach dem Tod des Meiji-Kaisers im Juli 1912 bestieg Kronprinz Yoshihito den Thron. Der Taisho-Tenno war krank und hatte nicht den Machteinfluss seines Vorgängers, was innenpolitisch zu unruhigen Zeiten führte. Ab 1921 vertrat sein Sohn und künftiger Thronanwärter Hirohito den Tenno als Regent.

Im Ersten Weltkrieg (1914-1918) wurde Japan Kriegsgegner Deutschlands mit dem Ziel sein Einflussgebiet in China zu erweitern und die deutschen Kolonien zu übernehmen. Aus deutscher Sicht ist hier die Eroberung von Tsingtau (Qingdao), der Hauptstadt der deutschen Kolonie Kiautschou auf der Shandong-Halbinsel,

82: Lagerkommandant Matsue Toyohisa (1871–1955)

erwähnenswert. Die Eroberung führte zur Gefangennahme von rund 4.700 Soldaten der deutschen Truppen, die in japanischen Lagern interniert wurden.

1918 versuchten japanische Truppen auf amerikanische Initiative, über Wladiwostok in Sibirien Fuß zu fassen. Parallel kam es zu Versorgungsengpässen, die zu den sogenannten Reisunruhen mit einem bisher nicht bekannten Widerstand der Bevölkerung führten.

Nachdem die Truppen der Verbündeten bereits 1920 abgezogen waren blieben die japanischen Streitkräfte. Erst nach internationalem Druck seitens der USA und Großbritanniens endete das Sibirien-Abenteuer 1922 mit dem Abzug der japanischen Truppen.

1923 kostete das großes Kanto-Erdbeben über 140.000 Menschen das Leben und eine Feuersbrunst zerstörte große Teile der Städte Tokyo und Yokohama.

Bando

Eine besondere Bedeutung wird heute dem Lager Bando im gleichnamigen Ort in der Gemeinde Naruto auf der Hauptinsel Shikoku zugesprochen. An diesem Ort wurden von 1917 bis 1918 rund 1.000 Kriegsgefangene aus drei Lagern der Insel zusammengefasst. Dieser neue Internierungsort zeichnete sich erstaunlicherweise durch die humane Führung des Kommandanten Matsue Toyohisa aus. Er zeigte viel Verständnis für die Situation der Gefangenen. Sie durften Sportplätze anlegen sowie Ackerbau und Handel betreiben. Handwerkliche Fähigkeiten konnten eingebracht werden und es gab eine Lagerzeitung sowie Theater- und Musikgruppen.

Auch Kontakte zur japanischen Bevölkerung und Ausflüge wurden zugelassen. Eine besondere Berühmtheit erlangte das Lager durch die erste Aufführung der 9. Symphonie von Beethoven in Japan im Juni 1918. In diesem Zusammenhang ist der aus Schleswig-Holstein stammende Hermann Richard Hansen (1886 - 1927) zu erwähnen, der Dirigent dieser Darbietung. Bei uns kaum bekannt, wird er von japanischen Liebhabern dieses Musikstückes verehrt. Die „Ode an die Freude" ist heute überall in Japan bekannt und aus dem kulturellen Leben nicht mehr wegzudenken.

Im Februar 1920 wurde das Lager geschlossen und die Gefangenen durften in ihre Heimat zurück. Ein Teil der Gefangenen blieb nach der Freilassung in Japan, um dort zu leben.

1972 wurde zum Gedenken in Bando das „Deutsche Haus" als Museum eingerichtet. Im Laufe der Jahre erwies es sich als zu klein und am heutigen Standort wurde 1993 ein Neubau errichtet. Naruto und Lüneburg sind seit 1974 Partnerstädte.

2006 entstand über das Lager und das Leben der Kriegsgefangenen der deutsch/japanische Film „Ode an die Freude", der auch bei uns in den Kinos und im Fernsehen lief.

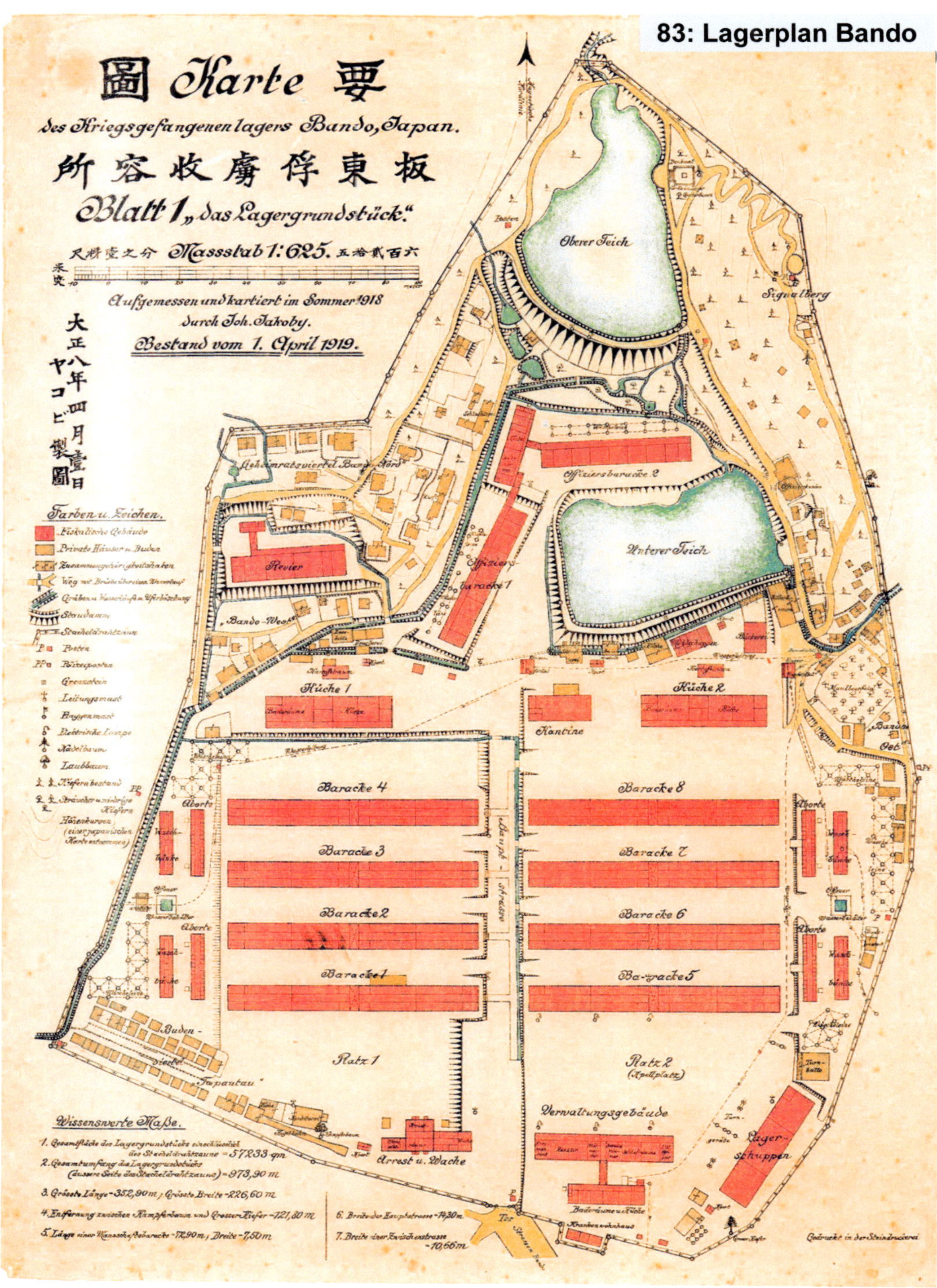

83: Lagerplan Bando
圖 Karte 要
des Kriegsgefangenenlagers Bando, Japan.
所容收虜俘東板
Blatt 1 „das Lagergrundstück."
尺拾壹之分 Masstab 1:625. 五拾貳百六
Aufgemessen und kartiert im Sommer 1918
durch Joh. Jakoby.
Bestand vom 1. April 1919.
大正八年四月壹日
ヤコビ製圖
Farben u. Zeichen.
Fiskalische Gebäude
Private Häuser u. Buden
Stacheldrahtzaun
Posten
Grenzstein
Leitungsmast
Flaggenmast
Elektrische Lampe
Nadelbaum
Laubbaum
Kiefernbestand
Höhenkurven (einer japanischen Karte entnommen)
Oberer Teich
Signalberg
Offiziersbaracke 2
Unterer Teich
Offiziersbaracke 1
Revier
Bando-Werk
Küche 1
Küche 2
Kantine
Baracke 4
Baracke 3
Baracke 2
Baracke 1
Baracke 8
Baracke 7
Baracke 6
Baracke 5
Aborte
Hauptstrasse
Buden-viertel „Tapautau"
Platz 1
Platz 2 (Appellplatz)
Verwaltungsgebäude
Arrest u. Wache
Baderäume u. Küche
Krankenwohnhaus
Lagerschuppen
Tor
Wissenswerte Maße.
1. Gesamtfläche des Lagergrundstücks einschliesslich des Stacheldrahtzaune = 57233 qm
2. Gesamtumfang des Lagergrundstücks (äussere Seite des Stacheldrahtzauns) = 973,90 m
3. Grösste Länge = 352,90 m ; Grösste Breite = 226,60 m
4. Entfernung zwischen Kampferbaum und Grosser Kiefer = 121,80 m
5. Länge einer Mannschaftsbaracke = 72,90 m ; Breite = 7,50 m
6. Breite der Hauptstrasse = 14,30 m
7. Breite einer Zwischenstrasse = 10,66 m

84: Der Showa Tenno Hirohito (1901 - 1989) nach der Krönungszeremonie

Die Taisho-Ära war durch Demokratisierungsbestrebungen und die Bildung von Parteien gekennzeichnet. Ab 1925 wurde das aktive Wahlrecht für Männer über 25 eingeführt.

Showa-Zeit (1926-1989)

Nach dem Tod des Taisho-Kaisers bestieg 1926 sein Sohn Hirohito als 124. Tenno den Thron. Seine Regierungszeit bis zu seinem Tod 1989 war damit die längste eines japanischen Monarchen und begleitete bedeutende Veränderungen in Japan. Ihm wird grundsätzlich eine pazifistische Haltung zugeschrieben, was der Name dieser Ära Showa (leuchtender Frieden) widerspiegelt. Leider wurde diese Zeit in den folgenden Jahren bis 1945 ihrem Namen nicht gerecht.

Die erste allgemeine Wahl 1928 stand bereits unter dem Zeichnen großer wirtschaftlicher Probleme, die zu inneren Unruhen führten. In der Folge der Geschehnisse und der Weltwirtschaftskrise verlor die zivile Führung immer mehr Macht an das national geprägte Militär, welches unverändert eine Expansionspolitik verfolgte. Insbesondere das an Rohstoffen reiche China lag im Fokus von Militär und nationalistischen Geheimbünden.

1931 besetzte die Kwantung-Armee ohne Abstimmung mit der japanischen Regierung nach einem vermutlich provozierten Zwischenfall die Mandschurei. Es folgte die Errichtung des japanischen Marionettenstaates „Kaiserreich Mandschukuo" mit dem ehemaligen chinesischen Kaiser Puyi als Staatsoberhaupt. China konnte den Truppen Japans nichts entgegenstellen und musste sich mit der Annektierung abfinden. Nach kritischen Äußerungen des Völkerbundes kündigte Japan 1933 seinen Austritt an.

Während der nächsten Jahre gab es immer wieder Gefechte zwischen japanischen und chinesischen Truppen. Im Jahr 1937 kam es zum sogenannten „Zwischenfall an der Marco-Polo-Brücke". Obwohl die Ursache dieser Schüsse historisch nur durch Vermutungen belegt ist, wurden sie für Japan zum Vorwand für den zweiten Japanisch-Chinesischen Krieg.

Japan tritt in den 2. Weltkrieg ein

Die politische Macht lag inzwischen vollständig in Händen des Militärs mit dem gottgleichen Tenno Hirohito als höchstem Repräsentanten des Landes. Es begann ein unaufhaltsamer Weg, der katastrophal endete:

- 1939 kam es an der Grenze der Mandschurei zu schweren Auseinandersetzungen mit der russischen Armee, die den Japanern keine Erfolge bescherten. Der Ausbruch des 2. Weltkrieges in Europa ermunterte Japan zur Fortführung seiner Expansionsbestrebungen in Südostasien mit der sogenannten Großostasiatischen Wohlstandssphäre nach dem Motto „Asien den Asiaten". Aber unter der Herrschaft Japans.
- 1940 startete Japan die Eroberung Südostasiens. Mit Deutschland und Italien wurde ein Dreimächtepakt geschlossen, in dem Japan sich den offiziellen Eintritt in den 2. Weltkrieg noch vorbehielt.
- 1941 schloss Japan mit Russland ein gegenseitiges Neutralitätsabkommen ab und setzte die Eroberungsfeldzüge fort, was die USA zu harten wirtschaftlichen Sanktionen veranlasste.
  Am 7. Dezember 1941 griffen japanische Streitkräfte ohne Vorwarnung in Pearl Harbor auf Hawaii die amerikanische Pazifikflotte an und fügten ihr große Verluste zu. Wenige Tage nach dem aktiven Eintritt Japans in den 2. Weltkrieg folgte die offizielle Kriegserklärung der USA an Japan. In der folgenden Zeit konnte nichts den Siegeszug der kaiserlichen Armee aufhalten.
- 1944 war Japan die absolute Herrschermacht im Pazifikraum. Aber die Amerikaner hatten sich erholt und begannen mit der Gegenoffensive. Die besetzten Gebiete wurden nach und nach

Kamikaze

Der Begriff setzt sich aus Kami (Bezeichnung für Shinto-Götter) und Kaze (Wind) zusammen und stammt aus dem 13. Jahrhundert, als die Invasionsversuche mongolischer Flotten zweimal durch starke Taifune scheiterten. Diese wurden damals als Götterwinde bezeichnet.

Im allgemeinen Sprachgebrauch wird der Begriff Kamikaze heute aber mit den japanischen Selbstmord-Piloten des 2. Weltkrieges gleichgesetzt. Diese Spezialtruppe der kaiserlichen Armee bestand aus mehr oder weniger Freiwilligen.

Die Militärführung benutzte zur Rekrutierung und Überzeugung der überwiegend jungen Kämpfer sicher nicht nur aus meiner Sicht den Ehrenkodex der Samurai, der das heldenhafte Dienen bis in den Tod für den Herrn, also in diesem Fall den Kaiser, als Ehre beinhaltet und die Gefangennahme oder Flucht als Schande sieht. Außerdem kam der militärischen Propaganda ein weiteres Merkmal der japanischen Lebensart zu gute. Man bewegt sich systemkonform innerhalb der Gruppe, also auch in der Militäreinheit.

Eine Verweigerung des Opfertodes und damit der Kriegspflicht für das Vaterland hätte unweigerlich die eigene Ehre und auch die der Familie in der Gesellschaft stark geschädigt. Abgekürzt könnte man es auf folgende Formel bringen:
„Lieber sterben, als die Ehre zu verlieren".

zurückerobert. Als letztes Aufbäumen der Japaner kamen die unter dem Begriff „Kamikaze“ bekannten Piloten zum Einsatz, die sich mit ihren Flugzeugen oder als Führer bemannter Mini-Torpedo-U-Boote selbstmörderisch auf gegnerische Schiffe stürzten.

Japanische Kapitulation und Besetzung der Alliierten

1945 waren viele Japanische Städte durch die Bombardierungen der Amerikaner zerstört und der Krieg faktisch verloren. Aber erst nach den zwei Atombombenabwürfen der USA auf Hiroshima am 6. August 1945 und Nagasaki am 9. August 1945 und der überraschenden Kriegserklärung der Sowjetunion sprach Kaiser Hirohito gegen den Willen von Teilen des Militärs die bedingungslose Kapitulation aus, um das Land vor dem totalen Niedergang zu bewahren.

Am 15. August 1945 informierte der Kaiser das japanische Volk in einer Radiobotschaft und am 02.09.1945 erfolgte an Bord des amerikanischen Kriegsschiffes „USS-Missouri“ in der Bucht von Tokyo die Unterzeichnung der Kapitulation. Der Traum des japanischen Großreiches in Asien war vorbei und das Land wurde von den alliierten Streitkräften unter dem Oberkommando von General Douglas MacArthur (1880 - 1964) „SCAP - Supreme Commander Allied Powers“ besetzt und verwaltet. Sein Auftrag war es, das Land zu entmilitarisieren und zu demokratisieren sowie der Wiederaufbau der japanischen Wirtschaft. Hierfür nutzte er weitgehend die noch vorhandenen Verwaltungs- und Regierungsstrukturen.

MacArthur erkannte schnell die Wichtigkeit des Kaisers als Symbol für das japanische Volk und sorgte dafür, dass er im Gegensatz zu Angehörigen der Armee und Politikern nicht vor ein Kriegsverbrechertribunal kam. Allerdings musste der Kaiser öffentlich Abstand von der eigenen „Göttlichkeit“ nehmen. Dies änderte allerdings nichts an den alten Überlieferungen und der Einstellung der Bevölkerung gegenüber dem Tenno.

Es gab Landreformen und die Frauen erhielten mehr Rechte. In der von MacArthur vorgelegten Verfassung spielte der Kaiser nur noch eine symbolische Rolle. Die Amerikaner sahen inzwischen aufgrund des „Kalten Krieges“ zwischen West- und Ostmächten sowie dem 1950 beginnenden Koreakrieges in Japan einen wichtigen strategischen Partner.

Der Weg in das heutige Japan

Bereits im September 1951 wurde der „Friedensvertrag von San Francisco“ und nachfolgend ein gegenseitiger Sicherheitsvertrag mit den USA geschlossen. Allerdings stimmten China und Russland den Friedensverträgen nicht zu.

Mit der Volksrepublik China kam es 1978 zum Abschluss eines Friedens- und Freundschaftsvertrages. Mit Russland bestehen zwar diplomatische Beziehungen, aber ein Friedensvertrag wurde bis heute nicht geschlossen. Erst im September 2018 wurden zwischen den beiden Ländern wieder Gespräche aufgenommen. Diese haben aber im Hinblick auf die Kurilen-Frage bisher noch keine erkennbare Annäherung ergeben.

Mit Inkrafttreten der Verträge von San Francisco am 28. April 1952 erhielt Japan die Souveränität zurück. Die Rolle als Nachschubbasis der Amerikaner wurde zum ersten Erfolgsfaktor für das Wiederaufleben der japanischen Wirtschaft.

85: General MacArthur und Kaiser Hirohito

1956 trat Japan den Vereinten Nationen bei und 1960 erfolgte der erneute Abschluss eines gegenseitigen Sicherheitsvertrages mit den USA. Japan erhielt Okinawa zurück und stimmte der weiteren Stationierung von US-Truppen auf der Insel zu, was sich bis heute trotz starker Proteste der Bevölkerung nicht geändert hat.

Der Showa-Tenno Hirohito starb 1989, sein Sohn Akihito bestieg den Thron und die Heisei-Zeit begann. Seine Ära endete am 30.04.2019 durch Abdankung.

86: Sanja Matsuri-Festival in Asakusa, Tokyo

Aus Kultur und Leben

Fleißige Menschen und volle Bahnen zur Rushhour, aus denen sich ameisenartig in geordneten Linien Menschenströme ergießen, um ihren Arbeitsplatz zu erreichen, skizzieren in der Regel unser Klischee des Landes. Hinzu kommen vielfältige für uns manchmal schwer verständliche Regeln und Umgangsformen.

87: Awa Odori Tanzfestival in Koenji, Tokyo

Natürlich erhält man als Besucher des Landes keinen Einblick in die Privatsphäre der Bevölkerung. Man wird kaum die Möglichkeit haben, einen Blick in private Wohnräume zu werfen. So ist es auch für mich schwer, die Frage zu beantworten, wie Japaner in ihren eigenen vier Wänden leben. Obwohl ich bisher zweimal das Glück einer privaten Einladung hatte, lassen sich hieraus keine belastbaren Erkenntnisse ableiten. Das eine Mal war es ein traditionell eingerichtetes altes Haus auf dem Land und das andere ein kleines Wohnhaus im Großraum Tokyo. Hier gab es dann eine Mischung aus westlichen und traditionellen Elementen, wobei die einzelnen Räume des Hauses nicht besonders groß waren.

Historische Einflüsse auf Kultur und Gesellschaft

Betrachtet man die geschichtliche Entwicklung, kommt man unweigerlich zu der Erkenntnis, dass die kulturelle Entwicklung des Landes stark durch China und Korea beeinflusst wurde. Man muss aber hinzufügen, dass nicht einfach nur kopiert wurde. Es erfolgte in fast allen Bereichen immer eine Anpassung an die eigenen Bedürfnisse. Das Schriftsystem und der Buddhismus seien an dieser Stelle nur beispielhaft erwähnt.

Historisch war Japan von klaren Hierarchie- und Standesebenen geprägt, aus denen man nicht ausbrechen konnte und die vielfach mit der gemeinsamen Verantwortung innerhalb der Gruppe einherging. Die Blüte der Samurai mit ihrem Verhaltenskodex wurden zum festen Bestandteil der japanischen Kultur und viele der heutigen Moralvorstellungen stehen im Einklang mit diesen Regeln.

Schnell nach den ersten Berührungen mit dem Westen, die aus Missionaren und Händlern bestanden, folgte dann Mitte des 17. Jahrhundert die totale Isolierung des Landes. Die dann Mitte des 19. Jahrhunderts erzwungene Öffnung des Landes prägte Japans Einstellung zu den ausländischen Mächten zumindest bis zum 2. Weltkrieg.

Die Meiji-Zeit brachte im Rekordtempo eine radikale Änderung des Systems, in dem viele Werte des Westens übernommen und die alte Ordnung abgeschafft wurde. Es war eine Zeit mit einschneidenden Änderungen für Land und Leute. Ein Beispiel hierfür ist die große Gruppe der Samurai, die quasi über Nacht per Dekret ihre Jahrhunderte alten Privilegien und Lebensgrundlage verloren.

Der nächste große kulturelle Schock war der verlorene 2. Weltkrieg und die folgende Zeit der Besatzung, die erneut im Rekordtempo in eine völlig veränderte Welt führte. In großen Teilen entsprach die Außendarstellung nicht mehr der Wertestruktur der Vergangenheit. Trotzdem habe ich in Japan immer das Gefühl, dass viele Japaner ihren Traditionen treu geblieben sind und nicht die Werte und Normen der Vergangenheit völlig über Bord geschmissen haben.

Der Chrysanthemen-Thron

Das japanische Kaiserhaus, die Yamato-Dynastie, wird allgemein als die älteste Monarchie der Welt bezeichnet. In den bereits erwähnten Chroniken „Kojiki“ und „Nihongi“, die in der Nara-Zeit entstanden, wird von den damaligen Herrschern die direkte Abstammung des Kaiserhauses von der Sonnengöttin Amaterasu-Omikami belegt.

88: *Blick auf den Kaiserpalast in Tokyo*

Sieht man von mythologischen Erklärungen der Abstammung ab, in der 660 v. Chr. „Jimmu" als legendärer Begründer der kaiserlichen Dynastie gilt, gibt es durchaus Stimmen, welche die Wurzeln des Kaiserhauses mit Einflüssen aus Korea in Zusammenhang bringen. Dies ist aber aus japanischer Sicht kein Thema, über das man diskutieren kann.

Der japanische Thron ist auch unter dem Begriff Chrysanthemen-Thron bekannt. Dieses kommt auch im kaiserlichen Siegel, einer stilisierten Chrysanthemen-Blüte, zum Ausdruck.

Der japanische Kaiser wird als Tenno („himmlischer Herrscher") bezeichnet. Die offizielle Anrede ist „kaiserliche Majestät" und nicht sein Eigenname. Nach seinem Tod erhält er den Namen seines Amtsmottos. Also wird der bei uns unter dem Namen Hirohito bekannte Kaiser heute Showa-Tenno genannt.

Nachdem der Showa-Tenno auf Druck der Besatzungsmächte von der „Göttlichkeit" offiziell Abstand genommen hatte, ist der Kaiser heute gemäß der japanischen Verfassung von 1947 ein „Symbol der Einheit des Volkes" ohne politische Macht. Neben dieser Rolle gilt er auch als religiöses Oberhaupt der alten japanischen Volksreligion Shinto.

Bis zum Ende der Meiji-Zeit war es durchaus üblich, dass Kinder von Konkubinen des Kaisers den Thron besteigen konnten. Der Meiji-Tenno ist hierfür ein Beispiel. Erst Hirohito hob das System der Konkubinen am Kaiserhof auf.

89: Hochzeitszeremonie zwischen Kronprinz Naruhito (Seiner Majestät dem Kaiser) und Kronprinzessin Masako (Ihrer Majestät der Kaiserin) am 9. Juni 1993

Die heutige gesetzliche Grundlage sieht ausschließlich eine Erbfolge über die männlichen Nachkommen der kaiserlichen Familie vor, obwohl es in der langen Geschichte Japans auch Kaiserinnen gegeben hat. Auch Adoptionen sind untersagt. Männliche Nachkommen eines Kaisers behalten nach der Heirat mit einer Bürgerlichen ihre Thronansprüche. Anders ist es bei den kaiserlichen Prinzessinnen, sie verlieren bei der Heirat außerhalb der alten Adelsgeschlechter ihre Zugehörigkeit zum Kaiserhaus.

Ob diese Systematik auf Dauer Bestand haben wird ist fraglich. Neben dem amtierenden 126. Tenno hat die kaiserliche Familie mit Kronprinz Akishino und dessen Sohn Prinz Hisahito zurzeit nur noch zwei männliche Mitglieder, die den Thron besteigen könnten.

Der Tenno Akihito war in unmittelbarer Folge der Erbmonarchie der 125. Kaiser. Im Jahr 1959 hatte der damalige

Kronprinz die bürgerliche Shoda Michiko geheiratet, was einen Bruch mit der bisherigen Tradition bedeutete. Im Gegensatz zu seinen Vorgängern war er sehr volksnah und dadurch sehr beliebt.

Im Jahr 2016 äußerte der 1933 geborene Tenno, dass es ihm immer schwerer fallen würde, aufgrund seines fortgeschrittenen Alters die Kraft für seine Tätigkeit aufzubringen. Da das „Gesetz über den kaiserlichen Haushalt" keine Abdankung vorsah, musste die japanische Regierung für den Wunsch des Kaisers erst eine gesetzliche Grundlage schaffen, was im Laufe des Jahres 2017 auch geschah. Am 1. Mai 2019 bestieg sein Sohn Naruhito den Chrysanthemen-Thron und wurde damit auch zum Hüter der japanischen Throninsignien. Auch er ist mit einer Bürgerlichen, der ehemaligen Diplomatin Owada Masako verheiratet.

Japans Throninsignien

Bereits in den alten mythologischen Chroniken Japans aus der Nara-Zeit werden die Insignien erwähnt. Es handelt sich demnach bei den von der Göttin Amaterasu-Omikami als Machtsymbole erhaltenen drei heiligen Gegenständen um:

- das Schwert „Kusanagi no tsurugi", welches sich im Atsuta-Schrein in Nagoya befinden soll
- das Krummjuwel „Yasakani no magatama", vermutlich ein Edelstein oder eine Kette, die im Kaiserpalast in Tokyo sein soll
- den Spiegel „Yata no kagami", der im Ise-Schrein verwahrt werden soll

Nachweise außer der vorgenannten Erwähnung existieren nicht. Seitens des Kaiserhauses werden keine Informationen über Aussehen oder Beschaffenheit gegeben. Weder Forschern noch der Öffentlichkeit sind die Artefakte zugänglich. Lediglich auf Grund vorzeitlicher Funde bzw. Grabbeigaben aus den Kulturen der Jomon-, Yayoi- und Kofun-Zeit existieren Vorstellungen, wie die Insignien aussehen könnten.

Kalender und Zeitrechnung

Eigentlich ist es für den Reisenden in Japan heute genauso wie bei uns, der Tag hat 24 Stunden und das Jahr hat 12 Monate. Auch die Einteilung der Monatstage entspricht unserer Zeiteinteilung. Grund hierfür ist die Abschaffung des Mondkalenders und die Einführung des gregorianischen Kalenders im Jahr 1873. Zuerst wurde das Jahr 660 v. Chr., in dem „Jimmu" das Kaiserhaus begründete, als Beginn der Kalenderrechnung festgelegt. Erst nach dem Ende des 2. Weltkrieges begann auch in Japan die Zählweise ab Christi Geburt. Die Woche beginnt anders als bei uns aber mit dem Sonntag und endet demzufolge mit dem Samstag.

90: Gengo-Datum

Die Grafik zeigt mit den beiden oberen Zeichen die Devise des Tenno Akihito: Heisei (1989-30.04.2019).

Das 3. und 4. Zeichen sind 10 und 5, das darunter bedeutet Jahr. Also das 15. Jahr in der Heisei-Zeit.

Das 6. Zeichen ist eine 1, das darunter bedeutet Monat.

Das 8. und 9. Zeichen sind 2 und 10, das letzte bedeutet Tag. Das ganze Datum ist der 20. Januar 2003.

Es gibt aber weitere Zeitrechnungen, mit denen man als Tourist eigentlich nicht direkt in Berührung kommt.

Im Jahr des Tenno

Gleichwertig zum gregorianischen Kalender steht die traditionelle Zählung nach der „Ära- oder Regierungsdevise" eines Kaisers. Diese Einteilungsart stammt ursprünglich aus China und wurde Nengo genannt. Der heute übliche Name in Japan ist aber Gengo.

In früheren Zeiten wechselten die Kaiser während ihrer Amtszeiten auch ihre Regierungsdevisen. Heute beginnt die modifizierte japanische Version dieser Zählweise jeweils im Jahr der Thronbesteigung eines Kaisers und bleibt bestehen bis ein neuer Tenno auf den Thron steigt. Die Festlegung des Mottos einer neuen imperialen Ära erfolgt durch das Kabinett.

Es muss aus zwei Kanji-Zeichen bestehen, und eine positive Aussage haben und leicht zu schreiben und zu lesen sein. Es darf weder ein häufig verwendetes Wort noch ein schon benutzter Epochenname sein.

Da Beginn und Anfang einer Ära meistens nicht mit dem Kalenderjahr übereinstimmt, kann ein Jahr durchaus zwei Epochen beinhalten. Also entsprach das Jahr 2019 bis zum Abtreten des Kaisers Akihito am 30.04. dem 31. Jahr der Heisei-Devise mit der Bedeutung „Frieden erreichen". Mit der Inthronisierung des Kronprinzen Naruhito als 126. Tenno begann am 1. Mai 2019 das erste Jahr der Reiwa-Ära.

Wie man einer Meldung der japanischen Botschaft im April 2019 entnehmen konnte, wurden die Gengo bisher der klassischen chinesischen Literatur entliehen. Dieses Mal wurde ein Gedicht aus einem der ältesten Werke der japanischen Literatur, der Sammlung Manyoshu als Grundlage gewählt. Sie soll vor über 1.200 Jahren zusammengestellt worden sein.

Die Bedeutung der Kanji-Zeichen führt im Zusammenhang mit der gewählten Textstelle zu folgender Übersetzung: 令 „Rei" bedeutet „schön" und 和 „Wa" „Harmonie". Die Aussage wäre somit „schöne Harmonie". Die japanische Botschaft führte hierzu aus, dass der Ära-Name darüber hinaus folgende

Bedeutung beinhaltet:

„Kultur wird begründet und gedeiht, wenn Menschen ihre Herzen in schöner Weise zusammenführen.

Sechzigjahres-Kalender

Dieser Kalender enthält nicht die in unseren Gefilden üblichen nach Geburtsmonaten benutzten Widder oder Wassermänner für die Sternenkonstellation am Tag der Geburt. Im Gegensatz zu China ist der japanische Tierkreiszeichen-Kalender an den gregorianischen Kalender angepasst und beginnt im Januar eines Jahres. Er besteht, wie sein chinesisches Vorbild, aus einer Kombination der 5 Elemente (Holz, Feuer, Erde, Metall und Wasser) und der 12 Tiere (Ratte, Büffel, Tiger, Hase, Drache, Schlange, Pferd, Schaf, Affe, Hahn, Hund und Schwein), welche die 60 Kombinationsmöglichkeiten ergeben.

91: Prinzip der japanischen Zahlen		
一	1	ichi
二	2	ni
三	3	san
四	4	yon
五	5	go
六	6	roku
七	7	nana
八	8	hachi
九	9	kyu
十	10	ju
十一	11	juichi
三十八	38	sanju-hachi
百	100	hyaku
千	1000	sen
万	10000	man

Japans Krieger

Bei den Kriegern Japans denkt man sicher zuerst an die legendären Samurai. Aber es gab noch eine zweite Kämpferelite, die Schattenkrieger Ninja. Hinzu kommen noch die Sohei, die Kampfmönche der Tempel.

Vom Bushi zum Samurai

Ursprünglich trugen die Mitglieder des Kriegerstandes die Bezeichnung „Bushi“, welche auch noch heute verwendet wird. Während „Bushi“ sprachlich mit der Bedeutung Krieger gleichgesetzt werden kann, ist Samurai vom Begriff für „Dienen“ abgeleitet. Ihre ruhmreiche Zeit begann im 12. Jahrhundert und endete erst mit den Meiji Reformen Ende des 19. Jahrhunderts.

Vom Soldaten der kaiserlichen Armeen stiegen die Kämpfer zum Schwertadel (Buke) auf und wurden zu den eigentlichen Herrschern des Landes. Ihren kämpferischen Fähigkeiten hatte der Hofadel nichts entgegen zu setzen. Sie bildeten über Jahrhunderte die Elite des Landes. Das Kriegshandwerk übten, bis auf wenige Ausnahmen, nur die männlichen Samurai aus. Aber auch für die Frauen war der Umgang mit Waffen und Kampftechniken wichtig, um Haus und Hof verteidigen zu können. Erziehung und Ausbildung waren hart und sollten bereits kleine Kinder auf ihren Weg als Kämpfer vorbereiten. Neben der kämpferischen Ausbildung kamen auch kulturelle Gesichtspunkte, wie z.B. Dichten und Kalligrafie, hinzu.

In der langen Zeit des Friedens während der Tokugawa Ära wurden die kämpferischen Fähigkeiten zwar kaum noch benötigt, blieben aber trotzdem Bestandteil des Lebensweges eines Samurai. Sie sind heute gemeinsam mit dem Bushido Grundlage vieler auch bei uns praktizierter Kampfsportarten.

Die Samurai und ihr Ehrenkodex

92: Samurai in voller Montur (um 1860)

Die unter dem Begriff „Bushido“ - der „Weg des Kriegers“ bekannten Tugenden und Verhaltensgrundsätze der Samurai waren durch Shintoismus, Konfuzianismus und Zen-Buddhismus geprägt. Lektionen dieser Ehrenphilosophie sollen bereits unter dem Begriff „Hagakure“ Anfang des 18. Jahrhunderts von einem ehemaligen Samurai und Zen-Mönch niedergeschrieben worden sein.

Die erste, dem Westen zugängliche Form der Zusammenfassung dieses Kodex erfolgte 1899 von Nitobe Inazo unter dem Titel „Bushido: The Soul of Japan“. Er zeigt in seinem Werk neben den kämpferischen Anforderungen die erforderlichen moralischen Fundamente der Samurai auf. Dabei führt er Vergleiche zu westlichem Gedankengut an und erläutert die Gültigkeit der Umgangsformen außerhalb des Samurai-Standes.

Es geht um Tugenden, wie Redlichkeit und Gerechtigkeit, Mut, Milde und Mitempfinden, Höflichkeit, Aufrichtigkeit und Wahrhaftigkeit, Ehre und die Pflicht zur Loyalität. Man stößt in der Literatur auch auf den Begriff „Giri“, der mit der Bedeutung einer moralischen Verpflichtung einhergeht, seinem Herrn ehrenvoll – ggf. bis in den Tod – zu dienen oder zu folgen. Dies ging außerhalb des Schlachtfeldes so weit, dass ein Mitglied des Samurai-Standes bei Verfehlungen oder Pflichtverletzungen Seppuku beging oder zu begehen hatte. Diese Art der rituellen Selbsttötung durch das Aufschlitzen des Bauchraumes ist bei uns auch unter dem Begriff „Harakiri" bekannt.

Man darf bei dieser Betrachtung nicht außer Acht lassen, dass die Regeln des Bushido einen glorifizierten Idealzustand beschreiben, der sicher nicht immer dem Verhalten der etablierten Klasse entsprochen hat. Aber dies ist kein rein japanisches Problem beim Umgang mit Moralvorstellungen.

Als Beispiel für die Ehre und die moralische Verpflichtung wird gerne die Geschichte der 47 Ronin herangezogen. Als Ronin werden Samurai bezeichnet, die herrenlos geworden waren. Es geht in der mehrfach verfilmten Geschichte um die Samurai eines Fürsten, der durch eine Intrige seine Güter verlor und Seppuku begehen musste. Von seinen Gefolgsleuten beschlossen 47 Getreue, trotz der für sie zu erwartenden Strafe, den Tod ihres Fürsten zu rächen, was ihnen auch gelang. Da sie einerseits gegen bestehende Gesetze verstoßen, aber andererseits im Sinne des Bushido gehandelt hatten, wurden sie nicht hingerichtet, sondern der Shogun erlaubte ihnen den „ehrenvollen Tod" durch Seppuku. Ihre Gräber befinden sich im der Öffentlichkeit zugänglichen Sengakuji-Tempel in Tokyo.

Als einer der berühmtesten Samurai gilt Miyamoto Musashi (1584-1645). Sein Leben diente als Grundlage für Filme und Romane. Nachdem er als junger Mann diverse Zweikämpfe siegreich bestritten und einen eigenen Kampfstil kreiert hatte, indem er Kurz- und Langschwert gleichzeitig benutzte, wandte er sich künstlerischen und meditativen Betätigungen zu. Sein Buch „Gorin no Sho" (Das Buch der Fünf Ringe) ist mehr als ein Lehrbuch des Schwertkampfes. Die Strategien und Lebensweisheiten haben wie der Zen-Buddhismus Einfluss auf heutige Managementstrategien genommen.

93: Musashi, Holzschnitt von Kuniyoshi, um 1850

94: Meister Munechika schmiedet das Schwert ko-kitsune-maru („kleiner Fuchs") und wird dabei von einem Fuchsgeist unterstützt. Holzschnitt von Ogata Gekkō, 1873

95: Kopie einer Rüstung von Hideyoshi Toyotomi im Samurai-Museum in Shinjuku, Tokyo

Ein Beweis dafür, dass es die Haltung der japanischen Krieger zumindest bis ins 20. Jahrhundert geschafft hat, könnte das Ausharren einiger japanischer Soldaten sein, die das Ende des 2. Weltkrieges nicht mitbekommen hatten. Abgeworfene Flugblätter und ähnliche Maßnahmen wurden als Propaganda des Feindes angesehen und brachten sie nicht dazu, von den ihnen erteilten Befehlen Abstand zu nehmen. Sie hielten ihre Stellungen und führten den Kampf im Dschungel der Philippinen oder Inseln im Pazifikraum fort. Leutnant Onoda Hiro war wohl der bekannteste dieser befehlstreuen Soldaten. Er soll gemäß einem auf „welt.de" am 17.01.2014 anlässlich seines Todes veröffentlichten Berichtes erst zur Aufgabe bereit gewesen sein, nachdem sein ehemaliger Vorgesetzter ihm im März 1974 persönlich den Befehl gab, die Waffen niederzulegen.

Das Schwert, die Seele des Samurai

Die zwei Schwerter waren der wertvollste Besitz eines Samurai und für Jahrhunderte das Symbol für die Macht des Schwertadels. Seit dem Ende des 16. Jahrhunderts bis zur Meiji-Ära waren nur die Mitglieder des Schwertadels berechtigt, das Schwerterpaar „Daisho" zu tragen. Es besteht aus „Katana" und dem kürzeren „Wakizashi". Die Klingen der handgeschmiedeten japanischen Schwerter, insbesondere des Katana, zeichneten sich sowohl durch Härte als auch Elastizität verbunden mit extrem hoher Schnittkraft aus. Heute gibt es nur sehr wenige Meister, die noch diese Schwertschmiedekunst beherrschen. Auch die Offiziere der japanischen Armee im 2. Weltkrieg trugen Schwerter, welche aber in der Regel aus industrieller Fertigung stammten.

Von der durch MacArthur nach dem 2. Weltkrieg angeordneten Entwaffnung waren auch historisch wertvolle Schwerter betroffen. Ein Teil dieser Schwerter sollen zur Stahlgewinnung eingeschmolzen worden sein, andere gingen verloren. Viele wanderten vermutlich auch als Souvenirs der Besatzer mit in die Heimat. Einer „ZDF-Info" Dokumentation konnte man vor einiger Zeit entnehmen, dass unter den verschwundenen Schwertern auch eines der geschichtlich wertvollsten Schwerter Japans ist. Es handelt sich um das legendäre „Honjo

Masamune". Es wurde ungefähr im 13. Jahrhundert gefertigt und später zum Machtsymbol der Tokugawa-Dynastie. Über Generationen wurde es innerhalb der Familie weitergegeben. Der Verbleib dieses 1939 zum Nationalschatz Japans erklärten Schwertes ist bis heute ungeklärt. Fest steht lediglich, dass die Tokugawa Ende 1945 ihre wertvolle Schwertsammlung, unter der sich auch das berühmte „Honjo Masamune" befand, den Besatzern übergaben.

Japans Schattenkrieger

Wer gerne Samurai-Filme sieht oder sich mit historischer japanischer Literatur beschäftigt, hat vermutlich schon mal die Begriffe Ninja oder Shinobi gehört. Es gab auch weibliche Ninja, sie hießen Kunoichi. Ansehen und Stand dieser im Verborgenen arbeitenden Elitekämpfer lag weit unter dem des Samurai. Trotzdem nahmen z. B. Daimyo, Shogunat und Heerführer ihre Dienste in Anspruch. Sie führten die Aufträge aus, die nicht zum Stand der Kriegerelite passten. Beispielhaft sind hier Spionagetätigkeiten, Mordaufträge und andere, als unehrenhaft geltende Aufgaben zu verstehen. Vor der Edo-Zeit wurden sie auch als Söldner angeworben. Es gab verschiedene Hochburgen der Shinobi, die bekanntesten waren die Clans der Iga und Koga.

Ihre Bedeutung verloren die Ninja, nachdem sie in einen Konflikt mit dem Kriegsherrn Oda Nobunaga gerieten. Nachdem sie ein erstes Gefecht mit der Armee von Oda gewannen, verloren sie einen zweiten Angriff 1581 und wurden weitgehend vernichtet. Ein Teil der Überlebenden fand zu Anfang der Tokugawa-Ära Anstellung in den Geheimdiensten des Shogunats. Vieles aus der Geschichte der Ninjas ist nicht bekannt und bietet bis heute Raum für Spekulationen.

Sohei

Sohei, die Kriegermönche der buddhistischen Klöster, sind im Westen eher unbekannt. Ihr Ursprung geht ca. auf das 10. Jahrhundert zurück. Sie hatten die Aufgabe, die Klöster bei Streitigkeiten zu beschützen. Unklar ist, ob es sich bei den Sohei ausschließlich um Mönche gehandelt hat oder ob die Truppen auch Söldner enthielten. Mit dem Wachsen der Macht der Klöster und deren politischen Einflussnahme wurden sie zu Störfaktoren für die Daimyo und wurden bekämpft. Mit der Friedenszeit der Tokugawa-Ära ab 1603 verliert sich ihre Bedeutung.

Japans Kampfkünste, das Erbe der Krieger

Hinweise über die Wurzeln der Kampfkünste im frühen Japan sind nur schwer zu finden. Man kann aber davon ausgehen, dass die Ursprünge der Kampfstile aus

96: Kano Jigoro (1860-1938)

anderen asiatischen Ländern beeinflusst wurden. Eine wichtige Rolle spielt hier die Nähe zu China.

Viele der heutigen modernen Kampfsportarten oder Kampfkünste wurden aus dem ehemaligen Bujutsu, den Kampf- oder Kriegskünsten der japanischen Krieger entwickelt. Es gab und gibt auch noch heute in vielen dieser Kampfstile unterschiedliche Ausprägungen mit ähnlichen Inhalten, die in Ryu (Schule/Stil) von den Meistern unterrichtet wurden und werden. Hinzu kommen regionale Besonderheiten. Ein Beispiel hierfür sind die von den südlichen Ryukyu-Inseln stammenden Verteidigungssysteme, deren Entstehung lagebedingt durch etwas andere Einflüsse geprägt wurden. Heute wird üblicherweise „Budo“ als Sammelbegriff für all diese Sportarten verwendet.

Auch während der langen Zeit des Tokugawa-Shogunats übten die Samurai unverändert ihre kämpferischen Fähigkeiten. Allerdings stand schon hier weniger das Töten von Feinden, sondern die Vervollkommnung der eigenen Fähigkeiten im Vordergrund.

Erst die Meiji-Restauration, verbunden mit dem Verbot für die Samurai ihre Schwerter zu tragen, bedeutete einen Einschnitt. Andererseits wurden aber auch von der Regierung in das Land geholte westliche Experten gelegentlich auf die Kampfkünste aufmerksam. In dieser Zeit entstanden auch neue Formen, wie zum Beispiel, die vermutlich weltweit bekannteste japanische Kampfform „Judo“. Ihr Begründer Kano Jigoro schuf aus dem waffenlosen Jiu-Jitsu (sanfte/nachgebende Kunst) ein neues angepasstes Wettkampf- und Selbstverteidigungssystem. Bereits in den ersten Jahren des 20. Jahrhunderts begann der sanfte Weg des Judo seine Reise um die Welt. Bei den olympischen Spielen 1964 in Tokyo durften erstmals Judokas antreten und seit 1972 ist Judo fester Bestandteil der Olympiaden. Die Deutschen hatten erstmals 1906 anlässlich eines Freundschaftsbesuches von Einheiten der japanischen Marine in Kiel die Gelegenheit, Judo kennenzulernen.

97: Ueshiba Morihei (1883-1969) als Mittfünfziger

Ein weiteres Beispiel für die Weiterentwicklung der Kampfkünste ist das heutige Aikido. Es wurde von Ueshiba Morihei Anfang des 20. Jahrhunderts entwickelt und enthält Elemente verschiedener Stilrichtungen, die

98: Aikido-Meister in Aktion

Ueshiba beherrschte. Ein Hauptbestandteil sind angepasste Techniken eines alten Systems namens Daito-ryu Jujutsu. Obwohl Aikido in seiner praktischen Anwendung eine Form der Selbstverteidigung darstellt, ist die philosophische Basis die Idee der Harmonie mit dem Angreifer. Er soll so beeinflusst werden, dass er die Sinnlosigkeit seines Handels erkennt. Die Silben des Namens haben übersetzt folgende Bedeutung: Ai = Harmonie, Ki = geistige und körperliche Kraft und Do = der Weg. Das wettkampffreie Aikido erreichte Deutschland erst in den 60er Jahren des letzten Jahrhunderts und erfreut sich bei uns wachsender Beliebtheit.

Mit der Zeit wandelten sich nicht nur die Inhalte, sondern auch die Namen einiger alter Kampfformen. Aus „Jutsu“ (Kunst) wurde dann oft „Do“ (Weg). So wurde zum Beispiel aus der Kunst des Schwertes „Ken-Jutsu,“ der Weg des Schwertes „Kendo“ und die Kunst des Schwertziehens (Iai-Jutsu) wurde zum Iaido. Ging es beim Iai-Jutsu um das schnelle Ziehen des Schwertes, um den Gegner kampfunfähig zu machen, steht beim heutigen Iaido das perfekte Ausführen standardisierter Bewegungen mit dem Schwert im Vordergrund.

Während der amerikanischen Besatzung wurde die Ausübung der Kampfkünste für einige Zeit verboten. Aber mit der Zeit begannen sich die Besatzer für Karate und andere Kampfformen zu interessieren. In den 50ziger und 60ziger Jahren fanden viele Kampfsportsysteme den Weg in die westliche Welt. Die bekanntesten Sportarten aus Japan bei uns sind sicher Aikido, Judo und Karate. Hinzu kommen Künste wie

99: Sumo-Ringer in Tokyo

z. B. Jiu-Jitsu, Iaido, Kendo, Ninjutsu und eine Vielzahl weiterer Formen. Falls Sie in dieser Aufzählung das bei uns bekannte Ju-Jutsu vermissen, ist dies völlig richtig. Diese moderne Selbstverteidigungs- und Wettkampfsportart ist ein bei uns entwickeltes System und gilt als sehr effektiv. Es enthält Elemente aus verschiedenen Systemen, die nicht nur aus Japan stammen.

Sumo

Zum Schluss noch ein paar Anmerkungen zur traditionellen Form des Ringkampfes in Japan. Die Ursprünge dieser Kämpfe sollen im 7. Jahrhundert liegen und beinhalten vermutlich Einflüsse aus dem chinesischen Kulturraum. Sumo ist in Japan ein Kulturgut und die Turniere sind ausgesprochen beliebt. In der restlichen Welt stellt Sumo allerdings nur eine Randsportart dar. Wie bei anderen Kampfsportarten gibt es unterschiedliche Rangstufen bei den Ringern. Der höchste Rang eines Kämpfers (Rikishi) ist der eines Yokozuna.

Bei den Turnieren des Nationalsports mit zeremoniellen Elementen geht es darum, einen Gegner zu Fall zu bringen oder aus einem Kreis zu drängen. Wer nach Kampfbeginn den Ringboden mit einem anderen Körperteil außer mit den Fußsohlen berührt oder den Kreis verlässt hat verloren. Gekämpft wird mit bloßen Händen, wobei die Ringer lediglich einen Lendenschurz (Mawashi) tragen. Auf einer erhöhten Fläche aus gestampftem Lehm, in die ein Ring aus Stroh eingebettet ist, stehen sich die Kämpfer gegenüber. Nachdem die Kontrahenten den Ring mit einem Durchmesser von 455 Zentimetern betreten haben, werfen sie Salz auf den Boden. Mit dieser Zeremonie soll der Boden gereinigt und Böses vertrieben werden. Es folgen weitere traditionelle Handlungen und Bewegungen, bevor es beginnt. Wenn man sich einen Kampf ansieht, stellt man schnell fest, dass die Ringer eine Vielzahl von Techniken benutzen, um den Gegner zu besiegen. Meistens sind die Kämpfe der Kolosse schnell und eindeutig entschieden. Direkt danach erhält der Sieger sein Preisgeld in einem Umschlag.

Woran glauben Japaner

Sieht man sich die Statistiken der „Agency for Cultural Affairs“ an, bemerkt man sofort, dass die Zahlen der Anhänger der einzelnen Glaubensrichtungen wesentlich höher als die Bevölkerungszahlen sind.

Dies hat auch seine Richtigkeit. Die meisten Japaner sind sowohl ihrer Ursprungsreligion, dem Shintoismus, als auch dem Buddhismus zugewandt. Diese beiden Religionen bilden schon seit Jahrhunderten eine friedliche Koexistenz. Dies geht soweit, dass Shinto-Schreine und buddhistische Tempel oft nahe beieinander und manchmal sogar auf dem gleichen Gelände stehen.

Die Japaner sind, genauso wie bei anderen Dingen, auch in Sachen Religion sehr pragmatisch. Es ist daher nicht verwunderlich, dass auch christliche Bräuche oder Rituale, wie eine Hochzeit in „Weiß“ eine Rolle spielen. Ein einfaches Beispiel zeigt, wie die Religionen zusammenspielen können. Die Ehe wird neben der amtlichen Registrierung traditionell nach Shinto-Zeremonien geschlossen, um sie dann später nochmals nach christlicher Art zu feiern.

Frauen und Sumo

*Selbstredend gibt es im Amateurbereich auch in Japan Sumo-Kämpferinnen.
Völlig anders sieht dies aber bei den Profis aus. Als zahlende Zuschauer sind Frauen willkommen, aber die Regeln verbieten ihnen, den Fuß in den Ring zu setzen. Das geht soweit, dass selbst hochrangige Politikerinnen ihre Reden - im Gegensatz zu ihren männlichen Kollegen, die im Ring stehen dürfen – neben der Kampffläche halten müssen.*

Spätestens seit April 2018 ist über das Thema Frauen im Sumo-Ring eine nationale Debatte ausgebrochen, welche die Verantwortlichen derartig in Bedrängnis brachten, dass sie sich nachträglich öffentlich entschuldigten. Was war passiert? Während einer Rede im Ring, brach der örtliche Bürgermeister mit einem Herzinfarkt zusammen. Unter den zur Hilfe Eilenden befanden sich auch Frauen mit medizinischen Kenntnissen. Eine Krankenschwester begann sofort mit der lebensrettenden Herzdruckmassage. Als die Frauen nach Lautsprecherdurchsagen den Ring nicht verließen, wurden sie von Ordnern verscheucht. Kaum zu glauben! Im Fernsehen gezeigte Videos lösten berechtigterweise eine Welle der Empörung aus.

100: Entwicklung der Religionszugehörigkeit (in Tsd.)						
Jahr	Shintoisten	Buddhisten	Christen	Sonstige	Gläubige	Einwohner
2010	102.756	84.653	2.773	9.435	199.617	128.057
2015	89.526	88.719	1.928	8.719	188.892	127.095
2022	83.964	70.759	1.263	7.005	162.991	124.947

Einige Hotels bieten den Rahmen für eine Hochzeit nach westlichem Vorbild an, mit allem was dazu gehört. Das bedeutet in der Regel jedoch nicht, dass ein christlicher Geistlicher eine Trauung vornimmt. Beerdigungsrituale und Totenmessen hingegen unterliegen buddhistischen Abläufen.

Einfach dargestellt, ist der Shintoismus eine Religion zum Leben. Der Tod spielt keine besondere Rolle. Daher ist für viele Japaner glaubenstechnisch der Buddhismus die ideale Ergänzung für das „Jenseits". In japanischen Wohnungen kann man sowohl buddhistische Hausaltäre als auch kleine Schreine finden.

Die statistischen Zahlen der Hauptreligionen zeigen, dass die Bevölkerungsanteile in den beiden größten Glaubensgruppen stark gesunken sind. Im Jahr 2010 sahen sich ca. 80% der Japaner als Shintoisten und ca. 66% als Buddhisten. 2022 lag der Anteil der Shintoisten nur noch bei rund 67 % und der Anteil der Buddhisten bei etwas unter 57%.

Viele der sonstigen Glaubensrichtungen werden oft als „Neue Religionen" bezeichnet. Hierzu zählen auch viele Sekten, deren Ausrichtungen durchaus Elemente klassischer japanischer Ideologien beinhalten können. Der Islam spielt in Japan keine Rolle und auch das Christentum ist glaubenstechnisch nicht nennenswert. Dies hält die Japaner aber nicht davon ab, bereits ab Mitte November bis ca. Ende Februar landesweit Parks und Straßen und vieles mehr mit farbenprächtigen Winter- und Weihnachtsilluminierungen zu verschönern.

Shintoismus

Den Begriff „Shinto" kann man mit „Weg der Götter" übersetzen. Es ist eine Religion ohne Dogmen und tief mit der japanischen Mythologie verwurzelt. Einen Gründer, der verehrt wird, sowie Gebote und eine heilige Schrift gibt es nicht. Die Götter (Kami) sind neben den Urgöttern, wie z. B. die Sonnengöttin „Amaterasu-Omikami", auch verstorbene Menschen, Tiere, aber auch Naturphänomene (Gewitter, Sturm, Regen usw.) und vieles mehr. Die shintoistischen Rituale und regelmäßigen Volksfeste (Matsuri) dienen der guten Beziehung zwischen Kami und Menschen und dem Streben nach Reinheit. Insofern spielen Reinigungsrituale eine zentrale Rolle. Dies beginnt bereits beim Betreten eines Schreins. Der

101: Grab von Jesus Christus im Dorf Shingo

Wie schon gesagt, hat das Christentum in Japan keine besondere Bedeutung. Allerdings gibt es da eine Ausnahme, ein Dorf mit dem Namen Shingo. Es hat ca. 2.500 Einwohner und liegt im Norden des Landes nahe dem Towada-See in der Präfektur Aomori.

Nun geht es hier nicht um den Glauben, da ist man ganz japanisch, also Shintoismus und Buddhismus sind hier die erste Wahl. Nein, der Ort rühmt sich der Besonderheit, dass sich hier das Grab von Jesus Christus befinden soll.

Erstmals aufmerksam geworden bin ich auf diese seltsam anmutende Behauptung durch einen Artikel auf der Webseite des Online-Magazins „Japandigest". Beim weiteren Recherchieren findet man durchaus einige Hinweise über den Ort, der früher den Namen Hirai trug, und die angeblich dieser Behauptung zu Grunde liegende Geschichte.

Dieses Kuriosum soll Anfang der dreißiger Jahre des letzten Jahrhunderts von einem Shinto-Priester beim Studieren alter Schriftrollen entdeckt worden sein. Demnach starb nicht Jesus, sondern sein Bruder "Isukiri" am Kreuz. Jesus gelang die Flucht und kam über Umwege wieder nach Japan. Hier soll er schon als junger Mann ca. ab dem 21. Lebensjahr für rund 12 Jahre gelebt und seine Studien betrieben haben. Einer seiner damaligen Aufenthaltsorte war Hirai. Nach seiner Rückkehr nach Japan soll er hier dann eine Bauerntochter geheiratet haben, mit der er mehrere Kinder hatte. Im Alter von 106 Jahren soll er gestorben sein und wurde im Ort beerdigt.

Heute präsentiert die örtliche Verwaltung den Besuchern zwei Grabstellen. Eine für Jesus und eine weitere für das Ohr seines Bruders und einer Haarlocke seiner Mutter „Maria". Außerdem gibt es ein kleines Museum, in welchem man weitere Erklärungen zu dieser Geschichte finden kann.

102: Kasuga Schrein in Nara

103: Tanuki-Fugur

Besucher nutzt die vorhandenen Wasserbecken zur Reinigung von Händen und Mund. Wobei die bereitliegende Schöpfkelle aber nicht mit dem Mund berührt wird. Auch die regelmäßige Erneuerung der Schreine steht im Hinblick auf die Abgängigkeit der Materialien mit dem Reinigungsgedanken im Zusammenhang.

Shintoistische Riten nimmt man für den Alltag und freudige Ereignisse oder Anlässe wie die Geburt eines Kindes, die Hochzeit (seltener gibt es auch buddhistische Trauungen) sowie die Begrüßung des neuen Jahres in Anspruch. Der Ise-Schrein gilt als der wichtigste Schrein des Landes. Im inneren Hauptbereich soll der heilige Spiegel der Sonnengöttin verwahrt werden.

Schreine (erkennt man oft an der Endung jinja oder jingu) sind die Orte der Glaubensausübung und Verehrung der Götter im Shintoismus. In den Schreinen werden heilige Gegenstände aufbewahrt, die quasi die Seelen oder Wohnorte der Kami symbolisieren. Der Weg in einen Schrein führt durch ein Eingangstor (Torii), welches oft eine zinnoberrote Farbe hat. Es ist üblich, Opfergaben z. B. Speisen bzw. ein paar Yen abzulegen oder sich kleine Glücksbringer zu kaufen.

Sowohl Frauen als auch Männer können das Priesteramt ausüben. Sie dürfen auch verheiratet sein und Kinder haben. Das Abhalten von Ritualen und nicht belehrendes Predigen steht im Vordergrund. Die Priester werden oft von jungen Frauen unterstützt, die man „Miko“ nennt. Man erkennt sie an dem roten Hakama, einer Art Hosenrock. Die Zeremoniengewänder der Priester ähneln den Gewändern der Hofbeamten früherer Zeiten.

In Japan stößt man oft auf Figuren oder Statuen, die im Zusammenhang mit dem Shintoismus stehen. Ein Beispiel hierfür ist der Fuchs, der als Bote der Gottheit Inari (Gottheit für den Reis und damit auch für den japanischen Reiswein) angesehen wird. Auch der Tanuki ist so ein Symbol. Aber hiermit ist nicht der scheue und nachtaktive Marderhund gemeint, der auch optische Ähnlichkeiten mit dem Waschbären hat, sondern seine mythologische Ausgabe in Form übergroßer Figuren vor Lokalen und anderen Orten. Aber auch Bäume oder Felsen haben eine Göttlichkeit in dieser Religion. Man findet sie an spirituellen Orten mit Götterseilen aus Reisstroh (Shimenawa) umwickelt.

104: Dreistöckige Pagode „Sanjunoto“ im Kofukuji, Nara

105: Jizo-Figuren im Hasedera-Tempel, Kamakura

Buddhismus

Im Gegensatz zum Shintoismus ist der Buddhismus aufgrund seiner Verbreitung als Weltreligion zu sehen. Er kam im 6. Jahrhundert überwiegend durch chinesische Einflüsse ins Land und erreichte in der Nara-Zeit seine Hochblüte. Schnell fand eine Verquickung mit den Göttergedanken des Shinto statt und die Einflussnahme der buddhistischen Orden wurde immer größer. Dies führte dazu, dass auch Klöster eigene Armeen unterhielten. Während es im Shinto keine Klöster gibt, gehören sie im Buddhismus zum religiösen Leben. Die Tempel werden überwiegend von Mönchen geführt. Die buddhistischen Geistlichen unterliegen nicht dem Zölibat und dürfen heiraten. Sie tragen Gewänder in Gelbtönen und die Köpfe sind in der Regel rasiert. Dies

106: Die Amida-Statue Im Hasedera-Tempel, Kamakura

führt dazu, dass man sich manchmal etwas schwer damit tut, zu erkennen, ob eine Nonne oder ein Mönch vor einem steht.

Gesetzlich wurde die Vermischung der ursprünglich getrennten Religionen in der Meiji-Ära wieder aufgehoben. Dieser angeordnete Staats-Shintoismus passte ideologisch gut mit der Verehrung und gottgleichen Stellung des Kaisers und erstarkenden nationalen Ausrichtung der Politik zusammen. Nach dem 2. Weltkrieg wurde Shinto dann wieder zum reinen Volksglauben.

Der Begriff Tempel (erkennt man oft an der Endung tera/dera oder ji) wird in Japan für buddhistische Einrichtungen benutzt, wobei es sich bei einer Tempelanlage durchaus auch um ein Kloster handeln kann. Vor Tempelanlagen stehen oft große Eingangstore mit Tempelwächterfiguren und auf dem Gelände findet man oft auch Pagoden.

Wenn es um das Wohlergehen oder traurige Anlässe, wie eine Beerdigung geht, ist der Buddhismus für den Japaner das Maß aller Dinge. Der Buddhismus sieht alles Irdische auf dem Weg zur Erleuchtung als vergänglich an. Es geht um Karma und Wiedergeburt und gute Taten werden belohnt. Wobei sich gute oder schlechte Handlungen durchaus erst im nächsten Leben auswirken können.

In Tempeln findet man oft Areale von kleinen Statuen mit roten Lätzchen. Sie haben das Aussehen eines kindlichen Mönches. Es handelt sich um Jizo. Er ist ein Bodhisattva, was so etwas wie ein erleuchtetes Wesen bedeutet. Er begleitet die Seelen der Verstorbenen auf ihrem Weg ins Jenseits. Die vorgenannten Figuren sind den sogenannten „Wasserkindern" (Mizuko) gewidmet, die Jizo als Seelenwächter auf ihrem schwierigen Weg durch die Unterwelt führt. Wasserkinder sind ungeborene (also auch abgetriebene) oder totgeborene Kinder.

Eine der verschiedenen Stilrichtungen ist der Zen-Buddhismus. Er fand Mitte des 12. Jahrhunderts den Weg zu den Eliten des Landes. Mit seinen meditativen Elementen und der Ausrichtung auf Selbstdisziplin traf er genau die Bedürfnisse der Samurai und breitete sich schnell aus. Die verschiedenen Wege, wie Meditation und Konzentrationsübungen unterstützten die Samurai in ihrem Handwerk. Die Zen-Ideologie hat ihren Weg in Kampfsportarten sowie westliche Managementtrainings der heutigen Zeit gefunden. Aber auch die Wiege vieler japanischer Künste liegen im Zen. Beispiele hierfür sind u. a. die Teezeremonie, Ikebana (die Kunst des Arrangierens von Blumen) sowie die Gestaltung japanischer Gärten. Einer der bekanntesten Zen-Gärten ist der Steingarten des Tempels „Ryoan-ji“ in Kyoto.

Sprache und Schrift

Die Frage nach der Herkunft der japanischen Sprache (nihongo) ist genauso schwer zu beantworten, wie die genetische Verwandtschaft der Japaner mit anderen Völkern. Man findet beim Recherchieren verschiedene Hinweise, die aber immer Vorbehalte enthalten. Hierzu gehören z. B. gewisse Gemeinsamkeiten mit den altaischen Sprachfamilien und mit der koreanischen Sprache.

Als gesichert gilt hingegen, dass es in Japan kein Schriftsystem gab, bevor die chinesischen Kanji-Zeichen in der Zeit vom 3. bis zum 5 Jahrhundert ihren Weg in das Land fanden. Allerdings passten diese Schriftzeichen weder phonetisch noch grammatikalisch zur japanischen Sprache. So kam es später zu Ergänzungen des Schriftsystems um zwei Silbenschriften (Kana).

Zur schriftlichen Darstellung werden heute die Kanji-Zeichen sowie die beiden Silbenschriften Hiragana und Katakana gemeinsam verwendet. Geschrieben wird normalerweise rechts beginnend in Spalten von oben nach unten. Es gibt aber auch die Variante, Zeichen nach westlichem Vorbild in Reihen von links nach rechts zu benutzen. Zahlen werden entweder nach dem arabischen Ziffersystem oder mit Kanji dargestellt.

Neben regionalen Dialektformen kommen noch verschiedene Sprach- oder Höflichkeitsformen hinzu. So spricht man mit Kindern anders als mit Erwachsenen. Aber auch Frauen sprechen etwas anders als Männer. Hinzu kommt, dass auch die Hierarchien der Gesprächspartner Einfluss auf die gewählten Worte haben. Aber das gibt es ja auch bei uns.

107: Hiragana Grundlaute				
a	i	u	e	o
あ	い	う	え	お
ka	ki	ku	ke	ko
か	き	く	け	こ
sa	shi	su	se	so
さ	し	す	せ	そ
ta	chi	tsu	te	to
た	ち	つ	て	と
na	ni	nu	ne	no
な	に	ぬ	ね	の
ha	hi	fu	he	ho
は	ひ	ふ	へ	ほ
ma	mi	mu	me	mo
ま	み	む	め	も
ya		yu		yo
や		ゆ		よ
ra	ri	ru	re	ro
ら	り	る	れ	ろ
wa				(w)o
わ				を
n				
ん				

Japanologen und Sprachwissenschaftler mögen mir dem, der keine japanischen Sprachkenntnisse aufweisen kann - die stark vereinfachte Darstellung verzeihen. Das gilt auch für die folgende Kurzbeschreibung der in Japan benutzten Schriftsysteme.

Kanji

Die chinesischen Zeichen, von denen es Zigtausende gibt, sind nur ein Teil des japanischen Schriftsystems. Im Laufe der Zeit wurden Zeichen teilweise vereinfacht bzw. ergänzt oder neue hinzugefügt. Sie entsprechen damit nicht mehr unbedingt der chinesischen Darstellung. Im Japanischen finden sie in der Regel als Substantiv und Adjektiv sowie als Stamm von Verben Verwendung. Japanische Schüler müssen ungefähr 2.000 dieser Schriftzeichen lernen. Für das spätere Berufsleben kommen dann noch etliche hinzu.

Einfach ausgedrückt könnte man sagen, dass Kanji bildhafte Symbole sind, die Gegenstände oder Begriffe darstellen. Es gibt auch zusammengesetzte Zeichen. Kanji können je nach Aussprache oder Verbindung mit anderen Zeichen auch verschiedene Bedeutungen haben. Es gibt verschiedene Aussprachen für eine Bedeutung. Um zur vollständigen Verwirrung beizutragen: Für ein gesprochenes Wort kommen durchaus unterschiedliche Kanji mit verschiedenen Bedeutungen in Frage. Es kommt eben auf die dargestellten Zusammenhänge an. Ich hoffe, man versteht jetzt etwas, warum ich alle Versuche zum Erlernen der japanischen Sprache inzwischen aufgegeben habe.

Hier drei sehr einfache Beispiele für Kanji-Zeichen:

山 = Berg – kann yama oder san ausgesprochen werden
木 = Baum　林 = kleiner Wald/Hain　森 = Wald
田 = Reisfeld　力 = Kraft/Macht　男 = Mann

Kana: Hiragana und Katakana

Beide Schriften entstanden in der Heian-Zeit und enthalten heute je 46 Silben und 25 Ergänzungszeichen. Hinzu kommen Hinweise zur Betonung. Wie schon gesagt, werden die Kana gemeinsam mit den Kanji-Zeichen verwendet. Hiragana sieht rund und weich aus während Katakana eher hart und eckig wirkt. Ursprünglich war Hiragana die Schrift der adeligen Frauen.

Kinder in Japan beginnen in der Regel bereits im Vorschulalter damit, Hiragana-Silben zu lernen. Grundsätzlich könnte man mit dieser Schrift alles in Japanisch schreiben, was z. B. in Kinderbüchern auch so gemacht wird. Aber eigentlich dient Hiragana heute dazu, grammatikalische Strukturen und ggf. rein japanische Begriffe im Text abzubilden.

Katakana dient hauptsächlich der Darstellung von Fremd- oder Lehnwörtern. Wobei es sich um eine lauthafte Umsetzung anderssprachlicher Wörter handelt.

Bereits in der Meiji-Zeit haben es einige deutsche Wörter geschafft, in die japanische Sprache aufgenommen zu werden. Aber auch viele Begriffe aus anderen Ländern haben ihren Weg in den japanischen Sprachschatz gefunden. Mit etwas Suchen findet man bei Wikipedia & Co. viele Hinweise. Vermutlich wird man die Wörter im fließend gesprochenen Japanisch kaum wahrnehmen, da die Aussprache an die Silben angepasst ist.

Deutsche Wörter in der japanischen Sprache

Rechts stehen einige Beispiele von Wörtern aus dem deutschen Sprachraum in Katakana (es gibt teilweise auch abweichende Schreibweisen).

Erklärung zur Tabelle:

**) ー Dehnungszeichen nach Vokalen*

***) ッ kleingeschriebenes „tsu" für scharfe Aussprache vor Doppelkonsonanten*

108: Deutsche Wörter in der japanischen Sprache						
Allergie: アレルギー „arerugī"						
ア	レ	ル	ギ	ー		
a	re	ru	gi	*)		
Arbeit, als Nebentätigkeit oder Gelegenheitsjob: アルバイト „arubaito"						
ア	ル	バ	イ	ト		
a	ru	ba	i	to		
Aspirin: アスピリン „asupirin"						
ア	ス	ピ	リ	ン		
a	su	pi	ri	n		
Frankfurt: フランクフルト „furankufuruto"						
フ	ラ	ン	ク	フ	ル	ト
fu	ra	n	ku	fu	ru	to
Kontrabass: コントラバス „kontorabasu"						
コ	ン	ト	ラ	バ	ス	
ko	n	to	ra	ba	su	
Karte/Krankenakte: カルテ „karute"						
カ	ル	テ				
ka	ru	te				
Autobahn: アウトバーン „autobān"						
ア	ウ	ト	バ	ー	ン	
a	u	to	ba	*)	n	
Rucksack: リュックサック „ryukkusakku" oder ルックサック „rukkusakku"						
リ	ユ	ッ	ク	サ	ッ	ク
ri	yu	**)	kku	sa	**)	kku
ル	ッ	ク	サ	ッ	ク	
ru	**)	kku	sa	**)	kku	
Sauerkraut: ザワークラウト„zawākurauto"						
ザ	ワ	ー	ク	ラ	ウ	ト
za	wa	*)	ku	ra	u	to
Weinglas: ワイングラス „waingurasu"						
ワ	イ	ン	グ	ラ	ス	
wa	i	n	gu	ra	su	

Rōmaji

Berührungen mit den „römischen Zeichen" gab es schon Mitte des 16. Jahrhunderts, als die ersten westlichen Missionare die japanischen Inseln betraten. Erneute Bedeutung erlangte Rōmaji mit Japans

109: Katakana Grundlaute				
a	i	u	e	o
ア	イ	ウ	エ	オ
ka	ki	ku	ke	ko
カ	キ	ク	ケ	コ
sa	shi	su	se	So
サ	シ	ス	セ	ソ
ta	chi	tsu	te	to
タ	チ	ツ	テ	ト
na	ni	nu	ne	no
ナ	ニ	ヌ	ネ	ノ
ha	hi	fu	he	ho
ハ	ヒ	フ	ヘ	ホ
ma	mi	mu	me	mo
マ	ミ	ム	メ	モ
ya		yu		yo
ヤ		ユ		ヨ
ra	ri	ru	re	ro
ラ	リ	ル	レ	ロ
wa				(w)o
ワ				ヲ
n				
ン				

Öffnung in der Meiji-Ära. Heute ist das westliche Schreibsystem für die internationalen Kontakte und Handelsbeziehungen Japans unerlässlich.

Durch den Englischunterricht lernen die Schüler automatisch das lateinische Alphabet. Auch wird es in Japan zur zusätzlichen Beschilderung z. B. auf Straßen und Bahnhöfen verwendet.

Es gibt verschiedene Transkription-Systeme, mit leichten Abweichungen in der Darstellung. Die Umschreibung japanischer Texte oder Wörter erfolgt in westlichen Büchern normalerweise unter Verwendung von Dehnungs- bzw. Betonungszeichen, da es sonst zu Fehlinterpretationen kommen kann.

Selbst bei Verwendung dieser Zeichen gibt es zusätzliche Vokalkombinationen, in denen z. B. die Buchstaben „i“ und „u“ sprachlich nicht mehr hörbar verwendet werden. Ein Beispiel hierfür ist das häufig benutzte „so desu“ (so ist es), bei dem man in der Aussprache das „u“ nicht mehr wahrnimmt.

Namensstempel

Es ist in Japan nicht üblich, Dokumente mit seiner Unterschrift zu unterzeichnen. Stattdessen werden Namensstempel (Hanko oder Inkan) benutzt, die in der Regel individuell hergestellt werden. Je nach Wichtigkeit gibt es unterschiedliche Stempelklassen.

- Die höchste Wertigkeit hat der „Jitsu-in“, der behördlich registriert ist. Er ist das offizielle Siegel des Besitzers.
- Für Bankgeschäfte wird in der Regel der „Ginko-in“ verwendet, der bei dem Kreditinstitut registriert wird und der Freizeichnung von Bankaufträgen dient.
- Der einfache Stempel „Mitome-in“ ist, wie sein Name schon andeutet, für nicht so wichtige Unterschriften gedacht und wird auch nicht registriert. Obwohl die Japaner handgefertigte Stempel bevorzugen, können „Mitome-in“ mit den häufigsten japanischen Namen vorgefertigt gekauft werden.

Für den Japanurlaub benötigt man keinen Stempel. Da es aber absolut unüblich ist, Dokumente zu unterschreiben, wird man bei einem längeren Aufenthalt nicht um die Anfertigung eines entsprechenden Stempels herumkommen.

Japan und Deutschland

110: Philipp Franz Balthasar Siebold (1796-1866)

Die Einflüsse deutscher Mediziner in der Edo-Zeit in das Beziehungsgeflecht Japan/Deutschland einzubeziehen, wäre sicher etwas weit hergeholt. Trotzdem scheinen diese ersten Begegnungen Spuren hinterlassen zu haben. So ehrten z. B. sowohl die deutsche als auch die japanische Post 1996 den 200. Geburtstag von Philipp Franz Balthasar von Siebold durch die Herausgabe einer Sondermarke.

Bereits 1861, als sich das Land öffnete, schloss Japan mit dem damaligen Preußen Freundschafts- und Handelsverträge. Wie bereits erwähnt, wurde während der Meiji-Zeit insbesondere im medizinischen und im rechtlichen Umfeld vieles aus Deutschland adaptiert.

Da das Deutsche Reich mit seiner Einflussnahme in China Japans Expansionsdrang störte, begannen sich Ende des 19. Jahrhunderts die Beziehungen zu trüben. In der Folge wurden dann aus befreundeten Nationen im 1. Weltkrieg Gegner.

Erst in den dreißiger Jahren des letzten Jahrhunderts festigten sich die bilateralen Verbindungen wieder. Diese Entwicklung, verbunden mit dem Abschluss des Dreimächtepakts (Deutschland, Italien und Japan), führte beide Länder in die Katastrophe des 2. Weltkrieges. Nachdem sie ihre Selbstständigkeit wiedererlangten, wurden erneut diplomatische Beziehungen zwischen der Bundesrepublik und später auch mit der DDR aufgenommen.

Heute sind die Länder wichtige Wirtschafts- und Handelspartner und in das internationale politische Netzwerk eingebunden. Sowohl auf sportlicher, kultureller, wissenschaftlicher, politischer und wirtschaftlicher Ebene bestehen gute Beziehungsgeflechte. So bieten beispielsweise auch die Industrie- und Handelskammern Austauschprogramme an. Die japanische Botschaft unterstützt die Teilnahme von Hochschulabsolventen am „Japan Exchange and Teaching Programme" (JET), um das gegenseitige Verständnis zu fördern.

In Deutschland gibt es heute viele Deutsch-Japanische Gesellschaften und andere Einrichtungen, die den kulturellen Austausch unterstützen. In Japan sind hier die Standorte des

111: Deutsches Haus in Naruto

Goethe-Institutes (Tokyo, Osaka, Kyoto und Yokohama), die Deutsche Gesellschaft für Natur- und Völkerkunde Ostasiens (OAG) in Tokyo und das Deutsche Haus Naruto zu nennen. Ein weiteres Merkmal der guten Beziehungen sind viele Partnerschaften auf den Ebenen Bundesland/Präfektur und Stadt.

Interessant in diesem Zusammenhang ist meines Erachtens, dass in Deutschland im Jahr 2023 rund 42.000 Japaner zumindest länger als drei Monate ihren ständigen Aufenthalt hatten. Einen dauerhaften Wohnsitz hatten davon ca. 18.000 Japaner. Die größte japanische Gemeinde in Deutschland befindet sich in Düsseldorf. Hier lebten 2023 ungefähr 6.700 Japaner und es gibt in der Region eine große Ansammlung japanischer Firmen. Für den gleichen Zeitraum nennt das „Statistics Bureau, Ministry of Internal Affairs and Communications" eine Zahl von ca. 8.400 in Japan lebenden Deutschen.

Mögen Japaner Deutsche?

Um es vorwegzunehmen: Ich meine, diese Antwort mit einem klaren „Ja" beantworten zu können. Man hört oder liest zwar schon mal, dass Japaner gegenüber Ausländern Vorbehalte haben sollen. Dies mag zum Teil auch richtig sein, richtet sich nach meinen Erfahrungen eher gegen andere Asiaten. Diese Aussage basiert auf wenigen persönlichen Wahrnehmungen bei Gesprächen in Lokalen und sollte keinen Raum für Verallgemeinerungen bieten. Direktes diskriminierendes Verhalten haben wir bisher nicht bemerkt. Meine Frau und ich sind auf den ersten Blick als „Westler" zu erkennen und wurden immer freundlich und hilfsbereit behandelt. Sobald feststand, dass wir aus Deutschland kommen, hatten wir immer das Gefühl, besonders willkommen zu sein. Ich kann mich in diesem Zusammenhang in den vielen Jahren nur an positive Erlebnisse erinnern und davon gab es sehr viele.

Auf deutsche Wörter in der japanischen Sprache hatte ich bereits hingewiesen. Man stößt schon mal völlig unerwartet auf deutsche Begriffe. Manchmal ist es ein Aufdruck auf einem Shirt oder ein Werbeslogan in einem Kaufhaus.

Staats- und Politiksystem

Nach Beendigung des 2. Weltkrieg wurde Japan mit der von den Besatzern stark beeinflussten Nachkriegsverfassung von 1947 zu einer parlamentarischen Monarchie. Der Tenno verlor seine Machtbefugnisse und ist als Symbolfigur nur noch für repräsentative und formelle Aufgaben zuständig. Die Neufassung der ehemaligen Meiji-Verfassung enthielt die rechtliche Gleichstellung von Frau und Mann. Somit erhielten Frauen auch erstmals das Wahlrecht.

Die Verfassung garantiert die Menschenrechte und gibt dem Volk die Macht, sowohl die Mitglieder der nationalen Regierung als auch die Repräsentanten der Kommunalparlamente zu bestimmen. Sie enthält eine Friedensklausel und den Verzicht auf die Anwendung militärischer Gewalt. Allerdings dürfen sogenannte Selbstverteidigungsstreitkräfte unterhalten werden. Diese entsprechen heute de facto einer Armee und sind auch Bestandteil der Bündnispolitik mit den USA.

Das Parlament als legislatives Organ besteht aus Ober- und Unterhaus (auch Repräsentanten- und Abgeordnetenhaus genannt), wobei das größere Unterhaus das Mächtigere ist. Beide Häuser können Gesetzesvorlagen einbringen und sind auch zur Beschlussfassung erforderlich.

Die exekutive Rolle der staatlichen Gewaltenteilung hat der Premierminister mit dem Kabinett und den unterstellten Ministerien inne. Er ernennt und entlässt die Minister. Seine Wahl erfolgt durch das Parlament und wird vom Kaiser bestätigt.

Die höchste Institution der unabhängigen Judikative ist der Oberste Gerichtshof. Den Obersten Richter ernennt der Kaiser auf Vorschlag des Kabinettes. Die restlichen Mitglieder werden vom Kabinett bestimmt.

112: Gebetshalle des Yasukuni Schreins in Tokyo

Die lokale Verwaltung ist zweistufig und gliedert sich in Präfekturen und Gemeinden. Die Gouverneure der Präfekturen bzw. die Bürgermeister der Gemeinden werden gewählt.

Obwohl es verschiedene Parteien in der politischen Landschaft gibt, wird das Land, von kurzen Unterbrechungen absehen, seit Jahrzehnten von der LPD (Liberaldemokratische Partei) alleine oder mit Koalitionspartnern regiert.

Als eine der führenden Industrienationen ist Japan international vernetzt und in allen wichtigen internationalen Zusammenschlüssen, wie z. B. UNO, IWF, WTO und OECD vertreten. Es wird Entwicklungshilfe betrieben und die japanischen Selbstverteidigungskräfte beteiligen sich an internationalen „Friedensmissionen".

Mit Nachbarländern, wie China und Korea, bestehen wirtschaftliche und politische Beziehungen. Aufgrund der Gräueltaten der japanischen Armee und der Thematik der sogenannten Trostfrauen (Umschreibung für Zwangsprostituierte aus den besetzten Ländern während des Krieges), die von der japanischen Seite nie richtig aufgearbeitet wurden, gibt es gegen Japan aber durchaus Vorbehalte in diesen und anderen Ländern Asiens. Diese werden zusätzlich dadurch genährt, wenn japanische Politiker offiziell den Yasukuni-Schrein in Tokyo aufsuchen. Hier wird den in Kriegen gefallenen Japanern gedacht, unter denen sich auch einige hochrangige Kriegsverbrecher des 2. Weltkrieges befinden. Hinzu kommt, dass die Kriegsverbrechen innenpolitisch eher (z. B. in Schulbüchern) verharmlost werden. Eine weitere Belastung der Beziehungen stellen die im Kapitel „Inseln und Meere" erwähnten territorialen Probleme dar.

Innenpolitisch stellen der demografische Wandel mit sinkenden Geburtsraten und die zunehmende Überalterung der Gesellschaft sowie Landflucht und Energiepolitik hohe Anforderungen an Japans Politiker. Hinzu kommt eine extreme Staatsverschuldung. Übrigens, das Haushalts- und Wirtschaftsjahr in Japan läuft abweichend von unseren Gepflogenheiten vom 1. April eines Jahres bis zum 31. März des Folgejahres.

Wirtschaft

Nach dem 2. Weltkrieg lag die Wirtschaft des Landes am Boden. Die mächtigen Konzernführer blieben trotz ihrer Beteiligung an den kriegerischen Auseinandersetzungen weitgehend von Repressalien der alliierten Besatzer verschont. Allerdings wurde versucht, die mächtigen Zaibatsu des 19. Jahrhunderts zu zerschlagen. Die Industrieanlagen waren weitgehend zerstört und der Schwarzmarkt blühte. Hinzu kam, dass das Land kaum über Rohstoffe, wie z. B. Gas, Öl oder Erze, verfügt und nach dem Krieg von seinen bisherigen Rohstoffvorkommen in den ehemals besetzten Ländern abgeschnitten war. Selbst bei der

Zaibatsu und Keiretsu

Der Begriff Zaibatsu stand seit der Meiji-Restauration für Verflechtungen von Firmen unter Führung vermögender Familien. Die Wurzeln dieser Aktivitäten reichten teilweise bis in die Edo-Zeit zurück und waren der Motor des Handels und der Industrialisierung eines sich öffnenden Japans. Es waren Mischkonzerne, die entscheidend in die Maschinerie der japanischen Kriege eingebunden waren. Im Zuge der Besatzung wurde daher versucht, diese Konglomerate aufzulösen. Das gelang zumindest auf dem Papier. Die Unternehmen wurden zwar strukturell entflochten, allerdings bestanden persönliche Verbindungsgeflechte und die Firmen als solche weiter. Nach Abschluss der Friedensverträge lockerten sich die Bestimmungen wieder, da die japanische Industrie und Wirtschaft gebraucht wurden.

Die sich nun neuformierenden Mischkonzerne mit ihren Überkreuzbeteiligungen - zu denen grundsätzlich Kreditinstitute gehören - trugen den Namen Keiretsu. Diese Unternehmen sind wirtschaftlich voneinander abhängig aber juristisch selbstständig. Die Verflechtungen und Kapitalbeteiligungen der Unternehmensgruppen können horizontal und vertikal sein. Aktivitäten über unterschiedliche Branchen bezeichnet man als horizontal. Als vertikal gelten Vernetzungen innerhalb einer Branche, wie z. B. in der Automobilindustrie. Vereinfacht dargestellt: Von Zulieferfirmen über die Herstellung bis zum Vertrieb existieren gemeinsame Planung, Qualitätssicherung und Wertschöpfung. In der Presse findet man in diesem Zusammenhang den Hinweis bzw. Vorwurf auf die sogenannte „Japan AG", die sich auf diese Art vor der internationalen Konkurrenz unabhängig machen will.

Bruttoinlandsprodukt (BIP) (engl. Gross Domestic Product (GDP)

Das BIP beschreibt die jährliche oder periodische Wirtschaftskraft eines Staates. Es gilt heute als die wichtigste Größe zur Beurteilung des Wirtschaftswachstums in einer Volkswirtschaft. Es beinhaltet alle im Inland erwirtschafteten Güter und Leistungen. Erbrachte Vorleistungen werden abgezogen, um Doppelerfassungen zu eliminieren. Es werden also nur Endprodukte einbezogen. In einigen Statistiken findet man auch die Angabe BIP pro Kopf als Maß für den Wohlstand der Bevölkerung.

Ernährung der Bevölkerung brauchte das Land die Unterstützung der Siegermächte.

Erst als die USA begannen, in Japan einen künftigen strategischen Partner zu sehen und Japans Wirtschaft für die Nachschubversorgung des Koreakrieges benötigt wurde, ging es Anfang der fünfziger Jahre des 20. Jahrhunderts wirtschaftlich wieder bergauf. Es entstanden schnell neue branchenübergreifende Unternehmenskooperationen mit dem Namen Keiretsu und das japanische Wirtschaftswunder begann. Im Jahr 1951 erfolgte die Gründung des Ministeriums für Internationalen Handel und Industrie (MITI - Ministry of International Trade and Industry), das heutige METI (Ministry of Economy, Trade and Industry). So sollten Industrie und Wirtschaft gezielt gestärkt und dem Ausland gegenüber konkurrenzfähig gemacht werden. Das schnell einsetzende Wachstum bescherte dem Land aber auch eine Reihe von Umweltskandalen.

Mit den Ölkrisen in den 1970er Jahren begann sich die Energieversorgung aufgrund des hohen Ölanteils massiv zu verteuern. Mit den bisherigen Wachstumsraten war es im rohstoffarmen Japan erst mal vorbei. Japan begann sich stärker auf die Technologieentwicklung und das Wachstum von Maschinenbau und Elektroindustrie, sowie in den folgenden Jahrzehnten die Elektronikentwicklung zu fokussieren. Das gelang auch und führte dazu, dass sich technische Produkte aus dem Land der aufgehenden Sonne bis heute einer weltweiten Beliebtheit erfreuen.

Ab 1985 kam es durch in- und ausländische Immobilien- und Aktienspekulationen nach einer auf Drängen der USA vorgenommenen Aufwertung des Yen zur sogenannten Bubble Economy. Die Unternehmensgewinne waren immens und die Grundstückspreise stiegen rapide an. Viel Geld floss in den Aktien- und Immobilienmarkt und führten zu einer Überbewertung.

Anfang der 90er platze die Blase und die Kaufkraft brach ein. Japan erholte sich in den folgenden Jahren langsam wieder von Rezession und Bankenkrisen. Die weltweiten Auswirkungen des Zusammenbruches der amerikanischen Investmentbank „Lehmann Brothers“ hinterließ 2008 erneut Spuren

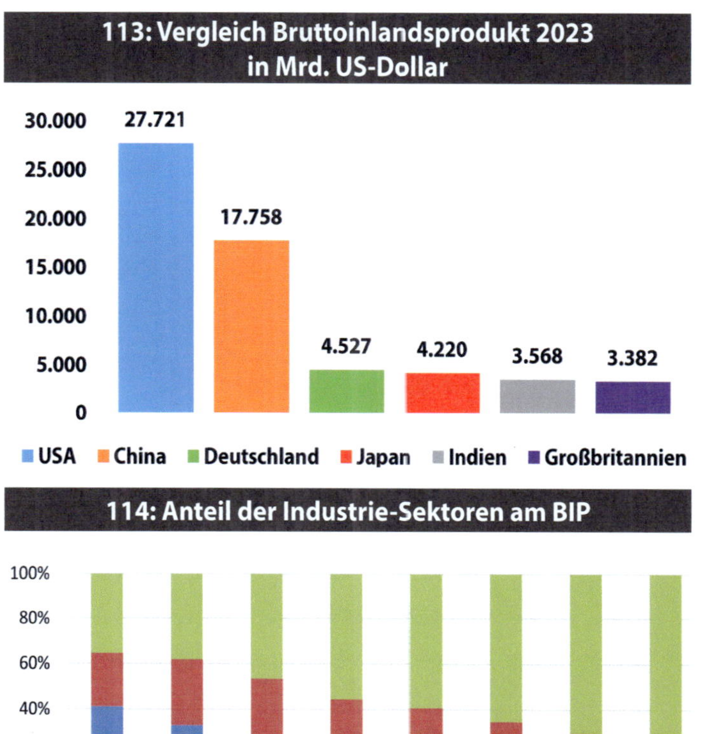

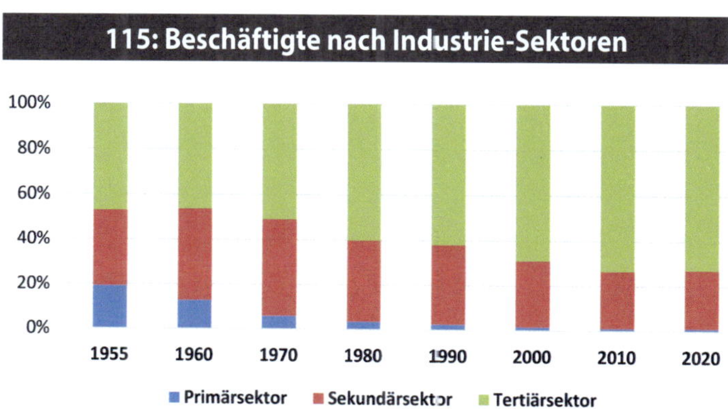

Aufteilung der Wirtschaftszweige

Die in den japanischen Statistiken verwendete Gliederung der Betriebe entspricht der üblichen volkswirtschaftlichen Darstellung der wirtschaftlichen Tätigkeiten. Sie wird auch „Drei-Sektoren-Hypothese" genannt.

Primärsektor

Der Primärsektor bildet die Urproduktion ab. Zur Rohstoffindustrie zählen in der Regel die Land- und Forstwirtschaft sowie Fischerei und Jagd.

Sekundärsektor

Im industriellen Sektor werden die produzierenden und verarbeitenden Betriebe dargestellt. Der Bergbau wird üblicherweise mit im Sekundärsektor abgebildet.

Tertiärsektor

Dieser Sektor beinhaltet die Dienstleistungen wie z. B. Handel, Verkehr, Banken, Versicherungen, Medizin und vieles mehr.

116: Entwicklung der Arbeitslosenquote

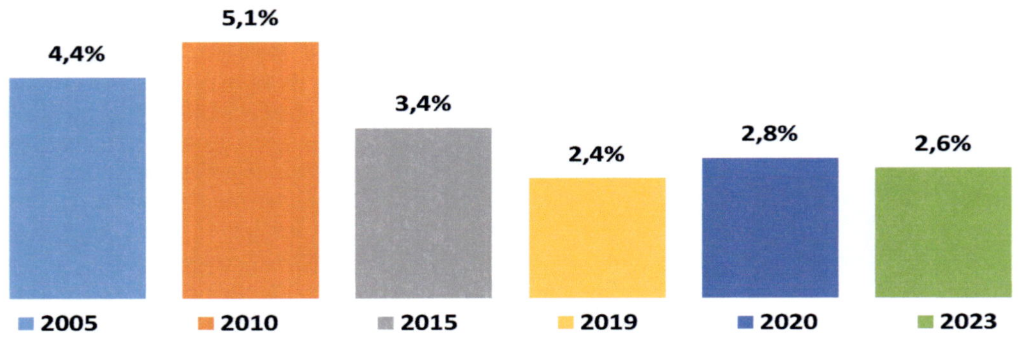

4,4%
5,1%
3,4%
2,4%
2,8%
2,6%
2005
2010
2015
2019
2020
2023

117: Importgüter 2022

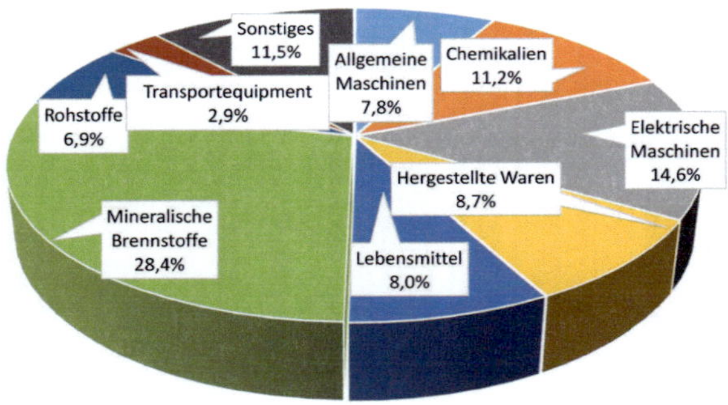

Sonstiges 11,5%
Allgemeine Maschinen 7,8%
Chemikalien 11,2%
Transportequipment 2,9%
Rohstoffe 6,9%
Elektrische Maschinen 14,6%
Hergestellte Waren 8,7%
Mineralische Brennstoffe 28,4%
Lebensmittel 8,0%

118: Exportgüter 2022

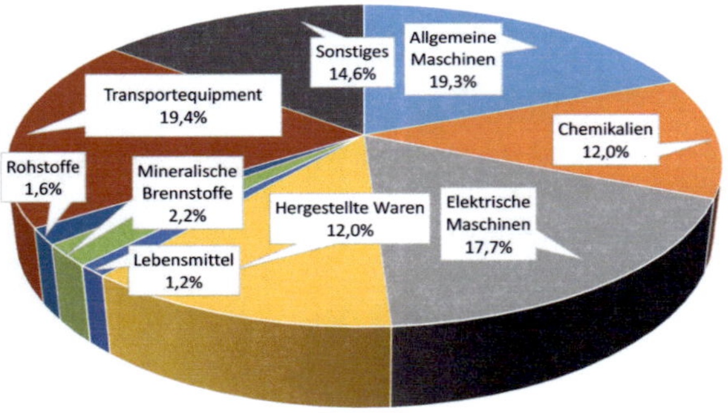

Sonstiges 14,6%
Allgemeine Maschinen 19,3%
Transportequipment 19,4%
Chemikalien 12,0%
Rohstoffe 1,6%
Mineralische Brennstoffe 2,2%
Hergestellte Waren 12,0%
Elektrische Maschinen 17,7%
Lebensmittel 1,2%

119: Handelsabilanz 2023 in Mrd. US-Dollar

3.168,5
2.018,5
3.379,7
2.556,8
822,9
717,9
751,8
1.697,4
1.469,3
228,1
431,4
672,1
520,8
791,4
USA
China
Japan
Deutschland
Indien
Großbritannien
-1.150,0
-33,9
-240,7
-270,6
Exporte
Importe
Handelsbilanz

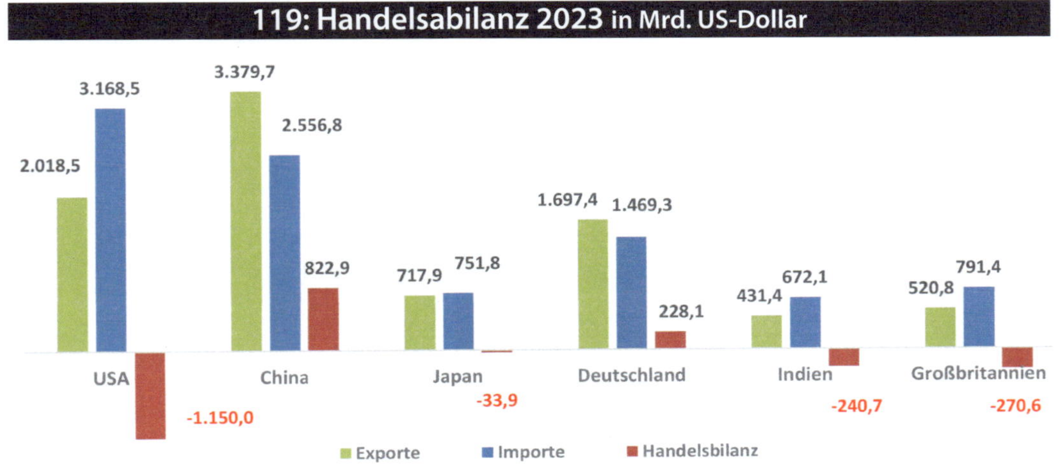

120: Japans Außenhandel mit wichtigen Handelsregionen 2022 (in Billion Yen)									
	Total davon	USA	EU	Mittlerer Osten	Ozenien	Asien *davon*	*China*	*Rep. Korea*	*Taiwan*
Exporte	98.174	18.255	9.358	2.782	2.816	55.406	*19.004*	*7.106*	*6.857*
Importe	118.503	11.759	11.446	15.608	12.693	53.401	*24.850*	*4.417*	*5.109*

der Rezession in der sich gerade erholenden Wirtschaft. Das letzte Jahrzehnt des 20. sowie das erste Jahrzehnt des 21. Jahrhunderts werden auch als die zwei verlorenen Dekaden bezeichnet.

Aber die japanischen Unternehmen fanden mit zusätzlicher Unterstützung der Regierung nach dieser Krise wieder in den internationalen Wettbewerb zurück. Nach der Katastrophe von Fukushima 2011 und dem Abschalten von Kernkraftwerken wurde die Energieerzeugung durch Kosten für erhöhte Rohstoffimporte belastet. Dies führte dazu, dass die Nutzung von Wind- und Sonnenenergie sowie die Wasserstoffnutzung einen höheren Stellenwert bekam und gefördert wurde.

Ab 2013 versuchte die Regierung mit den sogenannten „Abenomics", die Wirtschaft zu fördern. Die Maßnahmen in der Geld- und Fiskalpolitik waren durchaus umstritten, gaben der Wirtschaft aber Impulse.

Von der Nachkriegszeit bis heute haben sich die industrielle Struktur des Landes und damit die Anteile an der Erwirtschaftung des Bruttoinlandsprodukts (BIP) signifikant verändert. Das gleiche gilt für die Zahl der Beschäftigten in den jeweiligen Wirtschaftszweigen.

Das „Statistical Handbook of Japan 2024" nennt für 2021 eine Zahl von rund 5,2 Millionen Betrieben (ohne nationale Regierungsdienste und Kommunalverwaltungen sowie Unternehmen, deren Betriebsdetails nicht bekannt sind) mit 57,9 Millionen Beschäftigten.

Die verarbeitende Industrie hat zur Senkung der Produktionskosten Teile ihrer Fertigungsstätten ins Ausland verlagert. Die Zahl dieser verbundenen Unternehmen lag 2021 bei ca. elftausend Tochtergesellschaften. Für die Zukunft wird erwartet, dass weitere Betriebe der verarbeitenden Industrie planen, Produktionsaktivitäten nach Indien, China, Vietnam oder in die USA zu verlagern.

Staatsschuldenquote

Zum Vergleich der Staatsschulden unterschiedlicher Länder wird die Summe der Schulden jedes Landes ins Verhältnis zum BIP gesetzt.

Abenomics

Die Wortschöpfung Abenomics setzt sich aus dem Namen des japanischen Premierministers „Shinzo Abe" und dem englischen Wort für Wirtschaftswissenschaft „Economics" zusammen. Mit einem dreistufigen Strategieprogramm wollte Abe nach seiner Wahl und Ernennung Ende 2012 mit der Regierung die Konjunktur des Landes in Schwung bringen. Den Bestrebungen lagen eine aggressive Geldpolitik sowie eine flexible Fiskalpolitik verbunden mit einer die privaten Investitionen fördernden Wachstumspolitik zu Grunde.

Wie in anderen Ländern bereitet der aufgrund der demografischen Entwicklung vorhandene bzw. zu erwartende Fachkräftemangel der Industrie Sorgen. Das spiegelt auch Japans im Vergleich mit anderen Industrienationen geringe Arbeitslosenrate wider. Seit geraumer Zeit wird daher versucht, Fachkräfte aus dem Ausland anzuwerben.

Japans Staatsschuldenquote im Verhältnis zum Bruttoinlandsprodukt ist seit Jahren im Vergleich zu anderen großen Industrieländern hoch. Lag sie 2023 in Deutschland bei rund 65%, zeigt der BMF-Monatsbericht im Februar 2024 (Staatsschuldenquoten im internationalen Vergleich) für Japan eine Größenordnung um die 250 % auf. Das einzig Positive an dieser Misere ist, dass sie größtenteils von inländischen Kapitalgebern gehalten und nicht vom Ausland finanziert wird.

Japan gehört zu den großen Industrienationen der Welt. Insbesondere im technologischen Bereich hatte es das Land geschafft, eine Vorreiterrolle zu übernehmen. Japan galt lange Zeit als die drittgrößte Volkswirtschaft der Welt. Im Jahr 2023 tauschte das Land aber seinen Rang mit Deutschland und lag mit einem Bruttoinlandsprodukt von 4.213 Mrd. US$ auf den vierten Platz. Die Gründe hierfür sind vielschichtig. Hierzu tragen unter anderem aber der schwächelnde Yen und der Rückgang des privaten Konsums bei.

Ein großer Teil des Außenhandels wird mit asiatischen Ländern abgewickelt. Betrachtet man die Menge der Im- und Exporte, ist China der bedeutendste Handelspartner Japans. Es folgen auf Platz zwei die USA und danach die Europäische Union.

Kriminalität

Japan gilt als sehr sicher und hat im Gegensatz zu vielen anderen Ländern der Welt eine relativ niedrige Kriminalitätsrate. Die Statistiken der nationalen Polizeibehörde weisen seit dem Jahr 2016 weniger als eine Million registrierte Straftaten aus.

Es ist leider schwer, aktuelles und direkt miteinander vergleichbares Statistikmaterial zu finden. Die dargestellten Vergleichszahlen wurden jeweils den offiziellen Statistiken der Polizeiorganisationen entnommen. Sie können aber u. U. aufgrund unterschiedlicher Zuordnungskennziffern ein

121: Entwicklung der registrierten Straftaten

Straftaten	2016	2021	2022	2023
Japan	996.120	568.104	601.331	703.351
Deutschland	6.372.526	5.047.860	5.628.584	5.940.667

122: Straftaten im Jahr 2022		
	Japan	Deutsch-land
Einwohner ca.	125 Mio	84 Mio
Erfasste Straftaten	601.331	5.628.584
davon aufgeklärt	250.350	3.226.935
Aufklärungsquote	41,6%	57,3%
Vergleich einiger Deliktarten		
Mord und Totschlag	**853**	**2.236**
davon aufgeklärt	817	2.098
Aufklärungsquote	95,8%	93,8%
Raub	**1.148**	**38.195**
davon aufgeklärt	1.060	22.897
Aufklärungsquote	92,3%	59,9%
Vergewaltigung/sexueller Übergriff	**1.655**	**11.896**
davon aufgeklärt	1.401	9.960
Aufklärungsquote	84,7%	83,7%
Körperverletzung	**19.514**	**399.699**
davon aufgeklärt	15.845	360.249
Aufklärungsquote	81,2%	90,1%
Schwere Körperverletzung	**27.849**	**144.663**
davon aufgeklärt	23.313	117.022
Aufklärungsquote	83,7%	80,9%
Diebstahl	**407.911**	**1.780.783**
davon aufgeklärt	148.122	531.149
Aufklärungsquote	36,3%	29,8%

leicht verzerrtes Bild zeigen. Trotzdem ist m. E. eine sehr klare Tendenz zu sehen.

Eine eindeutige Erklärung für die niedrige Zahl der Verbrechen in Japan ist schwer zu finden. Fest steht aber, dass die Polizeipräsenz sehr hoch ist. So gibt es z. B. quasi an jeder Ecke einen Polizeiposten (Koban). Oft sind es in den Städten nur kleine Boxen, in denen die Beamten den Bürgern hilfreich zur Verfügung stehen.

Das Land hat strenge Waffen- und Drogengesetze, was auch für ausländische Touristen gilt. Verbrechen werden in Japan konsequent verfolgt und geahndet. Japan ist auch eines der Länder, in denen es noch die Todesstrafe gibt.

Trotz der erfreulich niedrigen Kriminalitätszahlen Japans sollte man bei einer Reise die nötige Vorsicht walten lassen. Besondere Achtsamkeit ist wie überall auf der Welt, in den Amüsier- und Rotlichtvierteln der Großstädte angebracht. Die Statistik hilft leider nicht, wenn man selbst betroffen ist.

Yakuza

Der Name leitet sich von einer wertlosen Zahlenkombination in einem japanischen Kartenspiel ab. Sie wird bei uns in den Medien gerne als japanische Mafia bezeichnet. Die Wurzeln dieser Bandenorganisationen sollen bis ins 17. Jahrhundert in die Edo-Zeit zurückreichen. Die Gruppen waren über Jahrhunderte Partner der Mächtigen und konnten ihren Geschäften mehr oder weniger ungehindert nachgehen. Nach dem

123: Pachinko-Halle in Akihabara, Tokyo

2. Weltkrieg kooperierten sie schnell mit der Besatzungsmacht und beherrschten den Schwarzmarkt. Die Nachkriegszeit bescherte ihnen Wachstum und Zulauf.

War einst das Glückspiel der Hauptgeschäftszweig, wird heute die ganze Palette der Unterweltaktivitäten abgedeckt, wie zusätzlich z. B. Prostitution, Drogen- und Waffenhandel sowie Schutzgelderpressung. Aber auch das Eintreiben von Schulden, die Erpressung von Unternehmen, Versicherungsbetrug und Wirtschaftsdelikte gehören dazu. Sie versuchen das politische und wirtschaftliche Geschehen in ihrem Sinne zu korrumpieren. Hierzu gehören z. B. Bestechungen oder andere Methoden, um in der Immobilien- und Baubranche Geld zu verdienen. Parallel werden Gewinne aus mehr oder weniger legalen Geschäften gezogen. Für die heutigen Yakuza sind unternehmerische Fähigkeiten wichtig.

Ein Grund, warum die Yakuza bei der Bevölkerung einen gewissen Beliebtheitsgrad hat oder hatte, liegt z. B. darin, dass sie die Kleinkriminalität wie Raub oder Taschendiebstahl in ihrem Einflussbereichen unterbanden. Diese Aktivitäten führen in der Bevölkerung zur Unruhe und erhöhter Aufmerksamkeit bei der Polizei. Weitere PR-Maßnahmen waren

Hilfsmaßnahmen bei Katastrophen größeren Ausmaßes, wie z. B. beim Kobe-Erdbeben. Hier waren die straff hierarchisch organisierten Banden dem Staatsapparat überlegen.

Die Statistiken der Behörden weisen seit Jahren rückgängige Zahlen für die Yakuza aus. Die weitere Entwicklung bleibt abzuwarten. Schließlich ist es ihnen bisher immer gelungen, sich an neue Verhältnisse anzupassen. Entstehende Lücken könnten sich ggf. durch neue Gruppierungen oder andere mafiöse Strukturen aus asiatischen Nachbarländern schließen.

Offiziell werden die Yakuza heute von den Behörden als Boryokudan („gewalttätige Gruppen“) bezeichnet. Im März 1992 wurde das sogenannte Boryokudan-Gesetz verabschiedet, was zu einem gezielten Vorgehen gegen die kriminellen Vereinigungen führte. Die offiziellen Reporte der „National Police Agency“ zeigen seit Jahren sinkende Mitgliederzahlen der Boryokudan. Waren es 1963 noch rund 184.000 Yakuza, sank die Zahl bis 2016 auf ca. 39.100 und erreichte Ende 2020 einen Stand von etwa 25.900 Mitgliedern, die sich in 24 Gruppierungen über das Land verteilten.

An der Spitze eines Yakuza-Klans steht der Oyabun. Er ist die Vaterfigur der Familie, dem die Mitglieder bedingungslosen Gehorsam leisten müssen. Sie rekrutieren sich zum Teil aus diskriminierten Minderheiten, wie z. B. die soziale Randgruppe der Burakumin oder auch in Japan lebende Koreaner. Die Mitglieder sind dafür bekannt, dass sie ihre Körper großflächig mit Tätowierungen verschönern. Die Gruppen haben eigene Loyalitätsregeln. Verstöße gegen den Ehrenkodex oder andere Verfehlungen führen u. a. dazu, dass sich die Betroffenen die Fingerkuppe des kleinen Fingers abtrennen und als Zeichen der Ehrerbietung und Entschuldigung ihren Vorgesetzten übergeben. Diese Art der Wiedergutmachung soll immer noch praktiziert werden. Alte Regeln und „Tugenden“ gelten heute aber nicht mehr unbedingt. Eine neue Generation von Yakuza und ausländische Einflüsse werden das organisierte Verbrechen vermutlich an internationale Standards anpassen.

Pachinko und Glücksspiel

Beim Pachinko handelt es sich um ein Automatenspiel, das in großen Spielhallen gespielt wird. In ihnen herrscht ein ohrenbetäubender Lärm und die Luft ist total verqualmt. Man findet diese Spielsalons im ganzen Land. Oft liegen sie im Bahnhofsumfeld. Ihre Zahl soll leicht rückläufig sein. In der Presse findet man unterschiedliche Angaben, was auch für die

Koreanische Minderheit

Zainichi nennt man die in Japan lebende koreanische Minderheit. Man findet unterschiedliche Angaben mit Größenordnungen zwischen 400.000 bis hin zu 700.000 Menschen.

Viele haben offiziell die Süd-Koreanische Staatszugehörigkeit und ein Teil ist staatenlos. Der größte Teil der Zainichi lebt schon seit mehreren Generationen im Land und spricht teilweise kein Koreanisch mehr. Obwohl sie die Anforderungen für eine Einbürgerung erfüllen, zögern viele, um ihre Wurzeln nicht zu verlieren.

Beginnend mit der Kolonialisierung der koreanischen Halbinsel ab 1910 wurden die Koreaner zu japanischen Staatsbürgern. Viele verschlug es nach Japan, zuerst freiwillig aus eigenem wirtschaftlichen Interesse und später im Rahmen der beginnenden kriegerischen Auseinandersetzungen mit China sowie danach im 2. Weltkrieg auch unter Zwang.

Nach Beendigung des Krieges erhielt Korea seine Souveränität zurück und die Koreaner verloren ihre japanische Staatszugehörigkeit. Der Großteil von ihnen ging damals in die ehemalige Heimat zurück.

Ein Teil der Koreaner, der sich im Laufe der Jahre entweder stark assimiliert hatte oder unsicher war, was die Zukunft Koreas anging, blieb aber lieber in Japan.

Nach dem Ende des Koreakrieges und der Teilung des Landes in Nord- und Südkorea waren die Zainichi quasi staatenlos geworden. Während den Menschen mit Herkunft aus dem südkoreanischen Teil eine Rückkehr relativ schnell möglich war, eröffnete sich dies für aus Nordkorea stammende Familien erst später. Hinzu kam, dass auch die Entscheidung, welches Korea es nun sein sollte, nicht leicht war. Sicher nicht ganz uneigennützig unterstützte das nordkoreanische Regime die Zainichi, was dazu führte, dass es heute noch nordkoreanische Schulen gibt. Ein Teil der Koreaner sympathisiert daher mit dem Norden.

Nicht unerwähnt sollte bleiben, dass die koreanische Minderheit bis Mitte der 70er Jahre des letzten Jahrhunderts einer starken Diskriminierung unterlag. Hier ist im Laufe der Jahre ein Wandel eingetreten, dennoch gibt es noch Gruppierungen, die mit der Akzeptanz der Koreaner Probleme haben. Vermutlich hängt die in den letzten Jahren kontinuierlich steigende Zahl von Einbürgerungen aus dieser Bevölkerungsschicht damit zusammen, dass die Zainichi nach Erhalt der japanischen Staatsbürgerschaft weniger auffallen, da im Zusammenhang mit der Einbürgerung auch eine Anpassung ihrer Namen an das japanische Schriftsystem erfolgt.

Spielumsätze gilt. Ein Großteil der Pachinko-Hallen ist in koreanischen Händen. Was dazu führen soll, dass ein Teil der Erträge in Nordkorea landet.

Einfach dargestellt werden Kugeln, die der Spieler erwerben muss, in den Spielgeräten durch ein Labyrinth aus Klappen, Stiften und Löchern gelenkt. Irgendwie ähnlich, wie unsere Flipperautomaten, allerdings nicht in der Waagerechten, sondern in Reihen senkrecht mit Sitzgelegenheit davor aufgestellt. Erreicht eine Kugel die Gewinnzone des Gerätes wird ähnlich wie in Spielautomaten, die man bei uns in Gaststätten findet, ein Rollmechanismus mit Zahlen bzw. Symbolen in Bewegung gesetzt, der bei gleichen Symbolen dann Stahlkugeln als Gewinn ausgibt.

Es soll eine stattliche Zahl von Berufsspielern geben und selbstverständlich birgt dieses Spiel ein hohes Suchtpotenzial. Millionen Japaner aus allen Bevölkerungsschichten spielen regelmäßig Pachinko.

Pachinko ist kein Glückspiel. Zumindest wird es offiziell so dargestellt, denn Glücksspiele sind oder besser gesagt waren bis auf wenige Ausnahmen, wie z. B. Pferdewetten bisher illegal. Nach Beendigung des Spiels tauscht der Spieler die gewonnenen Stahlkugeln gegen einen Sachpreis ein. Glücklicherweise gibt es nach dem Verlassen der Spielstätte in der Nähe dann ein Geschäft, welches sich darauf spezialisiert hat, diese Sachpreise in Geld umzutauschen.

Im Juli 2018 hat das japanische Parlament einen Gesetzentwurf zur Legalisierung von Glücksspielen zugestimmt. Dies wird dazu führen, dass in absehbarer Zeit im Land die ersten Kasino-Lizenzen erteilt werden. Inwieweit sich dies auf die bisherige Handhabung beim Pachinko auswirkt, bleibt abzuwarten.

Geisha und Wassergewerbe

Das Geschäft mit dem Sex wird in Japan mit dem Begriff Wassergewerbe (Mizushobai bedeutet Wasserhandel) bezeichnet. In Japan wurde 1956 ein Anti-Prostitutions-Gesetz beschlossen, welches formal 1958 in Kraft trat. Das bedeutet aber nicht, dass es keine sexuellen Dienstleistungen mehr gab. Da sich das Verbot lediglich auf die entgeltliche Ausübung des vaginalen Geschlechtsverkehrs bezog, gab es den Betreibern des Sexgewerbes ausreichende Freiräume, um ihre Geschäfte fortzuführen. Allerdings findet einiges eben nicht mehr offiziell statt.

Tokyo mit seinen Rotlichtvierteln soll zu den größten Sexmärkten der Welt zählen, auf dem man sich für Geld alle Wünsche erfüllen lassen kann. Das bekannteste ist „Kabukicho“ im Stadtteil Shinjuku. Sehr beliebt sollen die sogenannten „Soap-Lands“ sein. Hier lassen sich Männer von Frauen unter anderem mit Körpereinsatz einseifen und waschen.

Kabukicho und andere Vergnügungsbezirke der Stadt bieten neben Sex und Spielhöllen auch Kinos, Karaoke-Bars und andere Unterhaltung. Es ist in diesen Zusammenhang auch interessant, dass es immer mal wieder Berichte über die angebliche Sexmüdigkeit japanischer Ehepaare in den Medien gibt. Betrachtet man die Bevölkerungspyramide könnte das durchaus stimmen. Auf der anderen Seite machen Rotlichtmilieu und Klub-Szene riesige Umsätze. Man könnte zu dem Schluss kommen, dass sich hier die „sexmüden Männer“ des Landes austoben, bevor sie nach Hause kommen. Aber ganz so schlimm wird es hoffentlich nicht sein!

Um die Mentalität Japans bei dieser Thematik zu verstehen, ein kurzer Ausflug in die Vergangenheit. Der Umgang mit „käuflicher Liebe“ war im frühen Japan im Gegensatz zu westlichen Moralvorstellungen gesellschaftlich nichts

124: Geishas in Kyoto

Verwerfliches. Das galt auch für verheiratete Männer. Je nach Geldbeutel wurden Kurtisanen oder einfache Prostituierte aufgesucht und wer es sich leisten konnte, hatte unter Umständen auch Nebenfrauen. Ein Beispiel hierfür waren die Konkubinen des Kaiserhauses oder der Shogune, die ja bereits erwähnt wurden.

Im Laufe der Zeit entstanden in den Städten überwachte und abgeschlossene Bordellviertel unter staatlicher Lizenz. Der wohl bekannteste Bezirk dieser Art war das Anfang des 17. Jahrhunderts errichtete „Yoshiwara“ in Edo. Die in der Rangordnung an oberster Stelle stehenden Kurtisanen bezeichnete man als „Oiran“. Sie verfügten in der Regel über eine gute Bildung und eine Ausbildung in japanischen Künsten. Sie boten ihren Kunden neben Liebeskünsten auch Unterhaltung und Kunstgenuss an.

Wie passt nun die Geisha in den Kontext?

Auch auf die Gefahr hin, manchen westlichen Männertraum zu zerstören: Eine Geisha ist, was der Name übersetzt bedeutet, eine Person der Kunst und keine Liebesdienerin! Auch

125: Yoshiwara während der Meiji-Zeit, Ausschnitt eines Bildes von Yamamoto Shokoku, um 1900

heute sieht man schon mal Japanerinnen im Kimono in den Straßen. Aber eine Geisha wird sicher nicht dabei sein.

Anfangs waren es keine Frauen, sondern Männer, die in den Teehäusern auf Kurtisanen wartende Kunden künstlerisch unterhielten.

Ab Mitte des 18. Jahrhundert übernahmen weibliche Geisha (Onna Geisha) immer häufiger die Aufgabe, den Gästen in den Rotlichtbezirken künstlerische Unterhaltung zu bieten. Allerdings bestand damals noch keine klare Trennung zwischen ihrem Aufgabengebiet und dem der Kurtisane. So kam es vor, dass auch manche Geisha den Gästen ihren Körper gegen Bezahlung anbot. Erst staatliche Eingriffe führten dazu, dass sich das heutige Berufsbild der hoch angesehenen Unterhaltungskünstlerin entwickelte.

Getrennt von den Bordellen entstanden Geisha-Bezirke („Hana-machi" bedeutet Blumenviertel), in denen die Unterhaltungskünstlerinnen in Geisha-Häusern (Okiya) lebten. Eines der bekanntesten Viertel dieser Art ist „Gion" in Kyoto. Nicht unerwähnt sollte bleiben, dass früher sowohl die Geisha (in Kyoto Geiko genannt) als auch die Prostituierte oft aus armen Verhältnissen stammten und bereits im Kindesalter an

126: Gemälde „Maiko" von Kuroda Seiki (1866–1924)

127: Maids in Akihabara, Tokyo

ein Etablissement verkauft wurde.

Entsprechend der hohen Anforderungen müssen die werdenden Geisha auch heute noch eine mehrjährige Ausbildung absolvieren. Während dieser Zeit bezeichnet man sie als Maiko. Es ist nicht nur das Outfit mit Kimono, die spezielle Art des Schminkens und die besondere Haartracht. Neben der Beherrschung traditioneller Künste, wie der Teezeremonie, der Kalligrafie und dem Ikebana (Kunst des Blumensteckens) müssen sie auch in der Lage sein, mit ihren Kunden eine angemessene Konversation zu führen. Auch Tanz und Gesang sowie das Spielen traditioneller japanischer Instrumente, wie z. B. Shamisen (einer Art Laute) und Koto (vergleichbar mit einer Zitter) gehören dazu.

Heute gibt es nur noch wenige klassisch ausgebildete Geisha, die ihre Gäste in Teehäusern oder anderen Orten unterhalten.

Hostessen-Klubs, Maid-, Butler- und Cuddle Cafés

Diese bei uns eher unbekannten „Vergnügungsangebote" kann man nicht unbedingt dem Mizu-shobai zuordnen, stellen aber Randbereiche dar. Einfach ausgedrückt ist die Geschäftsidee, den Umsatz durch den Verkauf von Illusionen und Nähe zu steigern. Sexuelle Angebote innerhalb der Klubs und Cafés gehören nicht dazu, aber sicher gibt es hier eine Grauzone.

Besonders im Geschäftsleben hat sich eine neue Form der Geisha etabliert, die Hostess. Ähnlich, wie im Wassergewerbe, sind Hostessen- und Escort-Service häufig nur für Japaner zugänglich. Die Begleitung und Unterhaltung durch die Damen ist teuer, was auch auf die Getränke in den Etablissements zutrifft. Interessant ist, dass Japans Frauen ihr Pedant zur Hostess der Männerwelt gefunden haben. In den entsprechenden Klubs bedienen und umgarnen Hosts für viel Geld ihre betuchten Kundinnen.

Maid- und Butler-Cafés sprechen ein etwas anderes Publikum an. Sie entstanden als Themenrestaurants der Cosplay-Szene.

Der Stadtteil Akihabara in Tokyo gilt als Wiege dieser Cafés.

In den Maid-Cafés bedienen und betreuen die sehr jung aussehenden Kellnerinnen, Maido genannt, ihre Kunden sehr zuvorkommend. Meistens sieht man sie im Look von französischen Dienstmädchen des 19. Jahrhunderts aber auch als Schulmädchen. Sie bemühen sich dabei, besonders niedlich zu sein. Was wiederum den „Lolita-Komplex" anspricht, den viele japanische Männer haben sollen. Kawaii bedeutet niedlich, süß oder kindlich. Viele Frauen zeigen sich daher auch außerhalb der Klubs gerne so zurechtgemacht, um beim männlichen Geschlecht besser anzukommen. Das Angebot soll denen der normalen Cafés entsprechen, variiert aber. Manche bieten auch Leistungen, wie Fuß- und Handmassagen oder Ohrreinigungen an. Mehr Intimität gibt es in den Lokalen nicht. Gegen einen Aufpreis bekommt der Kunde ggf. noch ein Foto seiner Maido.

Das Gegenstück zum Maid-Café ist das Butler-Café. Hier erhalten die Kundinnen einen ähnlichen hervorragenden Service von jungen Männern im eleganten Anzug mit Fliege und das Abschiedsfoto gibt es auch. Die Kellner kommen zum Teil auch aus westlichen Ländern und die Kundinnen können auch englische Konversation betreiben.

Eigentlich ist es ja ähnlich wie früher: Männer, die es sich leisten können, gehen heute statt ins Teehaus in Cafés oder Klubs, um sich von schönen Frauen umgarnen und unterhalten zu lassen. Neu ist nur, dass das weibliche Geschlecht in Japan ebenso - wenn auch in wesentlich geringerem Umfang - an dieser Art des Amüsements Gefallen gefunden hat.

Städte, wie Tokyo bieten eine Vielzahl von unterschiedlichen Themen-Cafés. Erwähnen möchte ich noch die Cuddle-Cafés. Der Begriff Café ist hier etwas irreführend. Diese Lokalitäten bieten einsamen Männern das Kuscheln mit einem hübschen japanischen Mädchen an. Man kann sich die Füße massieren lassen oder in ihren Armen schlafen. Sich streicheln lassen ist erlaubt, weitere Dienstleistung sind in den Cuddle-Cafés aber verboten. Auch der Trend zum Kuscheln ist nicht mehr auf Japan beschränkt. Auch bei uns gibt es inzwischen sogenannte Kuschel-Partys.

Love-Hotels

Die Vorläufer dieser Hotels gab es schon in der Edo-Zeit. Allerdings waren sie Bestandteil des Gewerbes mit bezahltem Sex. Nachdem die Prostitution in Japan Ende der 50iger Jahre verboten wurde, entwickelten sich im letzten Drittel des 20. Jahrhunderts die damaligen Absteigen für illegale sexuelle Dienstleistungen langsam zu ihrer heutigen Form als Love-Hotels.

Liebeshotels, „Rabu-hoteru" werden sie in Japan genannt. Es sind keine

Tatami

Diese aus gebundenem Reisstroh hergestellten Matten sind seit Jahrhunderten der traditionelle Bodenbelag im Land der aufgehenden Sonne.

Man findet sie auch heute noch im privaten Bereich und vielen kulturellen Stätten, wie historischen Häusern, Tempeln und Burgen. Auch traditionelle Unterkünfte, wie das Ryokan und auch einige Lokale haben diesen Bodenbelag.

Beim Betreten derartiger Räume ist zu beachten, dass sie nur auf Strumpfsocken oder Barfuß betreten werden dürfen.

Tatami haben Standardmaße, die innerhalb des Landes leicht variieren. Sie sind immer halb so breit, wie lang. Weit verbreitet ist das Maß von 85 mal 170 Zentimetern. Auch bei der üblichen Mattendicke von 5,5 cm gibt es Abweichungen, die den Preis beeinflussen.

Der Begriff ist zudem ein Flächenmaß, mit dem man die Raumgröße bezeichnet. Ein Raum ist also beispielsweise 6 „Tatami" groß.

Bordelle und sie haben auch nicht den Ruf unserer Stundenhotels. Sie gehören zum Alltagsleben und sind nichts Zwielichtiges. Wer sich hier sexuell betätigen will, muss Partner oder Partnerin mitbringen. Sicher werden Love-Hotels für Seitensprünge oder auch von Prostituierten benutzt. Aber dies ist nur ein Teil der Nutzer und nicht die typische Zielgruppe der Hotels.

Japanische Wohnungen sind eng, haben dünne Wände und sind nicht sehr schalldicht. Das Schlafzimmer besteht manchmal nur aus im Wohnraum ausgelegten Futons auf Tatami-Matten. Oft wohnen die Kinder lange bei den Eltern. Daher ist es nicht ungewöhnlich und anrüchig, dass Paare der Hellhörigkeit entfliehen und sich eine Auszeit im Love-Hotel nehmen. So erspart man sich, dass Mitbewohner oder Nachbarn ggf. mitbekommen, was im heimischen Schlafzimmer passiert. Ein großer Nutzerkreis sind junge Paare. Denn den Partner zum Zweck der Zweisamkeit mit in die elterliche Wohnung zu nehmen verbietet sich aufgrund der geschilderten Wohnverhältnisse und wäre außerdem auch nicht schicklich. Also geht man in eines der beliebten Liebeshotels.

Aber auch Reisende benutzen sie für Übernachtungen, da dies oft preiswerter ist, als im normalen Hotel. In der Regel gibt es Tarife für Zeiteinheiten in Stunden bzw. für die Übernachtung. Im Unterschied zu normalen Hotels weisen Schilder im Eingangsbereich auf die Preisgestaltung hin. Soweit diese in Englisch sind, bedeutet „Rest" den Preis für die Zeiteinheit, die unterschiedlich lang sein kann. In der Regel beziehen sich die Angaben auf 2 oder 3 Stunden. „Stay" gibt den Betrag für die Übernachtung an. Allerdings sind die Übernachtungstarife mit einer Start- und Endzeit versehen, der dann wieder ein Stundentarif folgt. Das Geschäftsmodell liegt eben in der Mehrfachnutzung der Räumlichkeit.

Aussagen über die genaue Zahl der „Rabu hoteru" sind schwer zu finden. Ich habe mal gelesen, dass es weit über 30.000 sein sollen, die täglich von 1 bis 2 Millionen Paaren besucht werden. Die japanische Regierung versucht verstärkt, die Umwandlung von Love-Hotels in normale Unterkünfte voranzutreiben. Grund hierfür sollen die laufend steigenden Touristenzahlen sein, denen bald kein ausreichendes

Bettenangebot mehr gegenübersteht. Vermutlich dürfte dies aber für die meisten Investoren nicht attraktiv sein, da ein normaler Hotelbetrieb wesentlich personal- und damit kostenintensiver ist.

Auf jeden Fall sagt man der florierenden Branche hohe Profite nach. Love-Hotels liegen oft an Autobahnausfahrten und bieten diskrete Parkmöglichkeiten. Selbst die Nummernschilder der parkenden Fahrzeuge werden verdeckt. Auch in Städten gibt es sie überall, wobei Ausstattung und Komfort sehr breit gefächert sind. Von einfachen bis zu themenbezogenen Räumlichkeiten sind die Zimmer oder Suiten überwiegend gut ausgestattet. Das riesige Doppelbett, große Bäder und Entertainmentausstattungen sind die Regel. Ob kitschig und komfortabel, der Fantasie sind kaum Grenzen gesetzt. Kostüme zum Verkleiden und vieles mehr erwarten die Gäste bei entsprechender Bezahlung. Man findet alles vor, was das Herz begehrt. Handtücher, Kosmetik, Toilettenartikel und Kondome usw. liegen für die Gäste bereit.

128: Love-Hotel-Hill in Shibuya, Tokyo

Man muss die Liebeshotels bei Interesse halt nur finden. Als Tourist läuft man vermutlich an vielen nicht so auffälligen Hotels ahnungslos vorbei, zumal wenn man, wie ich keine Schriftzeichen lesen kann. Andererseits gibt es Hotels dieser Art, die durch ihre äußere Gestaltung z. B. im Form eines Schlosses oder Hotelnamen in Neonreklame deutlich ins Auge fallen.

In Stadtteilen, wie Shibuya in Tokyo, sollte es nicht allzu schwerfallen, sich einen Eindruck zu verschaffen. Hier gibt es z. B. den „Love-Hotel Hill". Das Angebot ist riesig und selbst Buchungsmaschinen haben zum Teil Love-Hotels in ihre Angebotspalette aufgenommen.

Selbstverständlich läuft in den Hotels alles völlig anonym ab. Namens- oder Adressangaben gibt es nicht. Selbst in älteren Einrichtungen mit Rezeptionen kann man quasi ungesehen

129: Preisschild eines Love-Hotels

einchecken, da die Mitarbeiter keine Sicht auf die Gäste haben. In den modernen Häusern läuft die Zimmerwahl elektronisch ab. Das gleiche gilt für die Versorgung mit Essen und Getränken sowie der Bezahlung. Hier ist allerdings Vorsicht geboten, da man mit der heimischen Kreditkarte unter Umständen nicht weiterkommt. Also genug Bargeld mitnehmen!

Bildungssystem und Jugend

Japans Schulsystem bedeutet lernen und nochmals lernen und beginnt in der Regel schon im Kindergarten im Alter von drei Jahren. Bereits hier kommen die Kinder mit der Silbenschrift Hiragana in Berührung. Die eigentliche Schulpflicht in Japan folgt dann mit dem 6. Lebensjahr und umfasst neun Jahre. Das Schuljahr beginnt entsprechend dem Finanzjahr im April. Die Pflichtjahre gliedern sich in sechs Jahre Grundschule und drei Jahre Mittelschule. Gemeinsame Gruppenaktivitäten nach dem eigentlichen Unterricht gehören in Japan zum langen Schulalltag.

In der Regel folgt dann der weitere Besuch von Ober- oder Fachoberschulen, der sich ebenfalls über weitere drei Jahre erstreckt. Um den Lernerfolg zu steigern oder um Prüfungen vorzubereiten, gehen die Lernenden oft bis in die Abendstunden in eine „Juku". Dies sind private Nachhilfedienste, sogenannte „Paukschulen".

Ein großer Teil der Oberschulabgänger studiert nach einer Aufnahmeprüfung vier Jahre an einer Hochschule und hat nach erfolgreichem Abschluss einen unserem Bachelor entsprechenden akademischen Grad erreicht. Höhere Abschlüsse entsprechend Master- oder Doktortitel sind ebenfalls möglich aber nicht unbedingt die Regel.

Das Bildungssystem ist gemischt. Neben den staatlichen Einrichtungen gibt es auch privat finanzierte Institute. Oberschule und nachfolgende Bildungsstätten sind immer kostenpflichtig, was bei dem Besuch von privaten Einrichtungen teurer ausfällt. Je angesehener das Institut ist, desto besser sind auch die Möglichkeiten in ein erfolgreiches Berufsleben einzusteigen.

Früher galt in Japan nach dem Eintritt in eine Firma das Prinzip einer quasi „lebenslangen" Zugehörigkeit. Dieses Bild hat sich im Laufe der letzten Jahrzehnte verändert. Auch heute rekrutieren große Firmen Teile ihrer Belegschaft direkt von den Hochschulen, um sie dann im Betrieb breit gefächert auszubilden. Die restliche Belegschaft besteht dann oft aus preiswerteren Teilzeit- oder Zeitarbeitskräften.

Die bei uns üblichen Ausbildungsgänge bzw. feststehenden Berufsbilder mit Begleitung durch Berufsschulen gibt es in Japan nicht. Allerdings vermitteln

130: Eine Schulklasse beim Ausflug

Fachschulen und private Weiterbildungsinstitute ggf. erforderliches Zusatzwissen und stellen hierüber Zertifikate aus. Generell hat der Wandel in der Arbeitswelt zu einigen sozialen Phänomenen geführt, auf die ich später noch eingehe.

Das Bildungssystem ist ein prägender Faktor für die Förderung des seit Jahrhunderten existierenden Gruppengefühls. Hierzu tragen auch die Schuluniformen im Kadettenlook bei. Andererseits stellen durch die Medien gewonnene Eindrücke in westliche Lebensformen und Normen durchaus traditionelle Wertvorstellungen in Frage und man merkt manchem Jugendlichen den Zwiespalt zwischen Tradition und westlichen Einflüssen an. Man gibt sich aufgeschlossen, kleidet sich modisch und verhält sich überwiegend systemkonform. Insbesondere junge Frauen geben sich mit der ihnen zugedachten gesellschaftlichen Rolle als Hausfrau und Mutter nicht mehr zufrieden. Sicher einer der Hauptgründe für den Geburtenrückgang und die gestiegenen Singlezahlen.

Wundert man sich über Modetrends, ist man manchmal darüber erstaunt, diese mit zeitlicher Verzögerung in unseren Gefilden ebenfalls zu bemerken. Die Stadtteile Harajuku, Shibuya, Ikebukuro sowie Shinjuku mit ihren Cafés und Boutiquen sind bei Tokyos Jugendlichen besonders beliebt. Hinzu kommt Akihabara, das Mekka der Elektronikfans, der Pop- und Subkulturen sowie der Maid-Cafés.

131: Verkleidete Jugendliche in Harajuku, Tokyo

132: Halloween-Cosplay-Festival in Ikebukuro, Tokyo

Japans Jugend und Subkulturen

Otaku

Im Gesamtzusammenhang ist der Begriff Otaku erwähnenswert. Er bezeichnet Menschen, die für bestimmte Dinge eine überzogene ins Obsessive gehende Leidenschaft entwickeln. Ein PC-Freak würde als PC-Otaku und Cosplay-Fan als Cosplay-Otaku bezeichnet werden.

Cosplay

Um die Jahrtausendwende begann sich bei Japans Jugend ein neuer Trend zu etablieren und man traf insbesondere an Sonntagen auf verkleidete und bizarr gestylte Jugendliche vor dem Bahnhof Harajuku und im Yoyogi-Park in Tokyo. Sie waren freundlich und ließen sich gerne fotografieren. Wie mir heute klar ist, es war die Zeit, in der die Wiege des „Cosplay" lag. Die Wortschöpfung „Cosplay" ist eine Kombination aus den Begriffen „Kostüm" (costume) und „Spielen" (play). Das Ziel dabei ist nicht, sich nur irgendwie zu verkleiden und es handelt sich auch nicht um eine Art von Karneval. Es geht darum, Figuren aus Animes (japanische Zeichentrickfilme), Manga (japanische Comics) oder Computerspielen genau zu imitieren. Es finden Festivals und andere Events statt, auf

133: Laden für Lolita-Mode in Harajuku, Tokyo

denen sich die Fans prächtig verkleidet und gestylt als Abbilder der Figuren bzw. Charaktere präsentieren können.

Lolita-Mode

Dieser Modetrend, der ebenfalls in den letzten Jahrzehnten des 20. Jahrhunderts entstand, hat grundsätzlich nichts mit der gleichnamigen Figur aus dem Roman von Vladimir Nabokov zu tun. Es geht nicht darum, besonders aufreizend auszusehen - soweit zumindest die Theorie. Allerdings wird diese Mode vermutlich zumindest in Teilen dem „Kawaii-Bedürfnis“ der männlichen Bevölkerung gerecht. Puppenhaft, elegant und gepflegt werden Elemente der 50er Jahre des letzten Jahrhunderts vermischt mit der Stilistik aus Rokoko und Barock. Selbstverständlich gibt es dann wieder diverse Varianten von romantisch blumenhaft verspielt bis hin zum Gothic-Schwarz, alles mit Rüschen und die knielangen Röcke mit Petticoats verfeinert. Eine passende schöne Frisur krönt die Gesamtoptik.

Gyaru und Ganguro

Es sind nur Oberbegriffe für diverse Trends. Man begegnet seit vielen Jahren jungen Mädchen, die sich in den unterschiedlichsten Varianten sehr intensiv schminken. Ging beim

Gyaru das Ergebnis noch eher in Richtung „Kawaii“, ist Ganguro ein Rebellieren gegen das japanische Schönheitsideal „schwarze Haare und helle Gesichtsfarbe“. Die Gesichter werden braun gefärbt und die Augen mit weißer Schminke hervorgehoben. Kurze Röcke, falsche Wimpern und blondierte Haare runden das Bild ab.

Kigurumi

Dieser weitere Stil ist mir auch schon in unseren Straßen aufgefallen. Allerdings eher bei kleinen Kindern. Kigurumi bezeichnet eine Kostümierung mit Overalls in Tierform. Also zum Beispiel als Panda oder Katze.

Japanische Bekleidung

Wafuku

Der Begriff bezeichnet die traditionelle japanische Kleidung. Wie ich einem Artikel der Homepage der Zeitschrift „Japandigest“ entnehmen konnte, gibt es in Japan bei jungen Frauen aber den Trend, die traditionelle Kleidung mit westlichen Elementen zu kombinieren. So wird der „Furisode“, ein farbenprächtiger Kimono mit langen Ärmeln, den traditionell junge unverheiratete Frauen tragen mit nicht klassischen Accessoires verschönert. Aus meinem männlichen und damit sicher subjektiven Betrachtungswinkel, ein Trend mit optisch sehr ansprechenden Ergebnissen!

Man trifft im modernen Japan nur relativ selten Menschen, die sich traditionell kleiden. Der westliche Stil dominiert eindeutig das öffentliche Bild. Nachfolgend – ohne Anspruch auf Vollständigkeit - eine Kurzbeschreibung einiger der bekannteren japanischen Bekleidungsstücke:

Kimono

Er ist sicher das Kleidungstück aus Japan, von dem jeder schon mal etwas gehört hat. Es gibt diverse Arten, wie zum Beispiel den bereits erwähnen Furisode. Sie unterscheiden sich z. B. nach dem Träger, Anlass, Jahreszeit oder Farbe und Muster. Der um den Körper gewickelte Kimono wird durch einen langen und breiten schärpenartigen Gürtel (Obi) zusammengehalten, der auf dem Rücken zu einer Art Paket zusammengeknotet bzw. gefaltet wird. Bei uns sicher nicht so bekannt ist, dass es auch einen Männerkimono gibt.

Yukata

Den Yukata kann man als eine einfachere Variante des Kimono bezeichnen. Er wird von Männern und Frauen getragen, hat aber keinen so breiten Gürtel. Man liest manchmal auch die Bezeichnung „Sommerkimono“. In vielen Hotels liegt er für die Gäste bereit, damit sie sich während ihres Aufenthaltes bequem kleiden können.

So ist es nicht verwunderlich, dass man Gäste in japanischen Hotels bei den verschiedensten Gelegenheiten im Yukata antrifft. Häufig wird er auch als Nachtbekleidung benutzt.

134: Ein Brautpaar in traditioneller Kleidung

Obi

Obi bedeutet Gürtel und es wird kaum verwundern, dass es ihn in verschiedenen Varianten gibt, die auch unterschiedlich gebunden werden. Neben der erwähnten Verwendung beim Kimono bzw. Yukata ist der Begriff auch in den Budo-Sportarten gebräuchlich. Hier kommen je nach Disziplin unterschiedliche Gürtelfarben als Indikator für das Leistungsniveau des Gürtelträgers hinzu.

Hakama

Dieser Hosenrock gehört seit vielen Jahrhunderten zur japanischen Bekleidung. Es gibt ihn in zwei verschiedenen Arten. Neben der reinen Rockvariante gibt es ihn in einer mit weiten Hosenbeinen geteilten Ausführung. Dieser entspricht dem einstigen Reiter-Hakama der Samurai. Er stellt die heute meistens übliche Form dar und wird auch noch zu formellen Anlässen getragen.

So trägt z. B. der Bräutigam bei einer Trauung mit Shinto-Ritualen einen grau-gestreiften Hakama mit einem hüftlangen Kimono, der Haori-Jacke. Auch bei bestimmten Kampfsportarten (z. B. Aikido, Kendo und Iaido) wird ein Hakama getragen.

Jimbei

Dieses leichte Oberbekleidungsstück wird in der Regel von Männern und Kindern im Sommer getragen. Er sieht für mich wie ein Schlafanzug aus und wird tatsächlich, genauso wie der Yukata auch als Schlafbekleidung benutzt.

Keikogi

Diese japanische Trainingsbekleidung ist bei uns eher unter dem Begriff „Gi“ bekannt und steht für die Kleidung in vielen

135: Geta mit hohen Absätzen

Budo-Sportarten. Die Jacke hat eine gewisse Ähnlichkeit mit dem Jimbei.

Zori

Hier handelt es sich um die typischen Strohsandalen mit Riemen und Zehensteg. Sie haben heute meistens eine Kunststoffsohle.

Geta

Diese japanischen Schuhe könnte man als Vorläufer der High Heels bezeichnen. Sie gehören zur typischen Bekleidung einer Geisha. Es handelt sich einfach ausgedrückt um Holzsandalen mit Zehensteg und hohen Holzabsätzen. Es gibt sie in verschiedenen Ausführungen. Üblicherweise sind unter der Sohle zwei Holzstege angebracht.

Tabi

Diese Socken haben eine Abteilung für den großen Zeh und sind somit ideal für Zori und Geta geeignet. Üblicherweise sind sie weiß, aber es gibt auch dunklere Varianten. Hinzu kommen Tabi mit fester Sohle, die u. a. auch in einigen Kampfsportarten verwendet werden.

Arbeitsleben - Mann und Frau

Ehepaare tragen einen gemeinsamen Familiennamen. Doppelnamen gibt es nicht. In den meisten Fällen nehmen die Frauen den Namen des Mannes an. In früheren Jahrhunderten wurden Ehen oft durch die Familien arrangiert oder es wurden Heiratsvermittler eingeschaltet.

Die Vermittlung von Ehen („Omiai" bedeutet in etwa: „Treffen zum Betrachten") gibt es heute noch, stellt aber eher eine Ausnahme dar. Grund für derartige Ansätze ist meistens der Druck, den junge Japaner ab 30 und Japanerinnen über 25 Jahre gesellschaftlich spüren. Es gibt in Japan den Spruch vom liegengebliebenen Weihnachtskuchen, den keiner mehr nach dem 25.12. haben will.

Wenn man sagt, dass Japan eine Männergesellschaft hat, ist

dies sicher richtig. Die klassische Rollenverteilung sieht so aus, dass die Männer in der Firma Karriere machen und einen langen Arbeitstag haben. Oft sind außerdem noch die Arbeitswege lang und nach der Arbeit finden gemeinsame Aktivitäten mit Kollegen statt. Man geht beispielsweise gemeinsam in der Gruppe etwas in einer Izakaya trinken. Diese Treffen tragen den Namen „Nomikai" und dauern in der Regel zwei Stunden.

Die Frauen kümmern sich um die familiären Angelegenheiten inklusive der Kindererziehung. Klassisch verwalten sie das Familieneinkommen und der Mann erhält ein Taschengeld. Da die Männer in diesem Rollenbild die meiste Zeit mit ihren Kollegen verbringen, ist es nicht verwunderlich, dass die weibliche Bevölkerung sich ihr eigenes Umfeld aufbaut. Männer und Frauen leben quasi in verschiedenen Welten, was die Gefahr der Entfremdung beinhaltet. Ich habe mal gelesen, dass der Renteneintritt des Mannes in japanischen Ehen ein Zeitpunkt ist, der auch oft zu Scheidungen führt, da einfach zu wenig Gemeinsamkeiten bestehen.

Nun ist auch in Japan die Zeit nicht stehen geblieben und dieses historisch geprägte Lebensmodell ist bei den jüngeren Generationen weniger stark ausgeprägt. Heirat und Kinderwunsch stehen zumindest bei Japans Frauen nicht mehr an oberster Stelle der Prioritätenskala. Manchmal legt man sich ein Haustier zu, dass dann eine Art Kinderersatz darstellt.

Wie bereits erwähnt, zeigen Geburtenrückgang und weniger Eheschließungen hier eine Tendenz auf. Auch Japans Frauen haben exzellente Studienabschlüsse und wollen sich nach der eventuellen Kindererziehung beim Wiedereinstieg in das Berufsleben nicht unter Wert verkaufen. Da hier das erforderliche Umdenken in den Firmen noch nicht stattgefunden hat, wird das Kinderkriegen verschoben oder man verzichtet eben darauf. Frauen, die dabei sind die Karriereleiter hochzuklettern, brechen aus dem klassischen Rollenbild aus und verzichten auf den Nachwuchs und z. T. auch auf das Heiraten.

Izakaya

Der Name bedeutet übersetzt „Sake-Laden zum Sitzen". Diese Lokale werden oft pauschal mit der deutschen Kneipe gleichgesetzt. Dies ist aber etwas zu kurz gesprungen. Kneipen oder Gaststätten haben in Japan eine genauso große Bandbreite wie bei uns. Die Izakaya ist sehr beliebt. Aus den ehemaligen kleinen Sake-Stuben sind Trendlokale geworden. Es gibt sie in den unterschiedlichsten Ausstattungen, Lokalgrößen und Speiseangeboten und mit sehr unterschiedlich hohem Preisniveau.

Viele männliche Büroangestellte - die man „Salaryman" (Sarariman) nennt - suchen nach Feierabend gerne eine kleine Izakaya auf. Diese werden oft von älteren Japanerinnen geführt, die man Mama-san nennt. Dieser Begriff findet auch im Zusammenhang mit dem Wassergewerbe Verwendung.

Nomikai

Die Gruppentreffen von Angestellten gehören einfach zum Arbeitsleben dazu. Sie stellen einen Ausgleich zum strengen und harten Berufsalltag dar.

Bei dieser Gelegenheit noch der Hinweis, dass vielen Japanern ein zum Alkoholabbau benötigtes Enzym fehlt, was den nächsten Arbeitstag nach einer kurzen Nacht nicht einfacher gestaltet. Es ist interessant, dass ein unter Alkoholeinfluss vorkommender Fauxpas am nächsten Tag vergessen ist, selbst wenn sich das unangemessene Verhalten gegen den Vorgesetzten gerichtet hatte.

Hinzu kommt, dass die beruflichen Aufstiegschancen für Frauen von vornherein erheblich geringer sind, als bei ihren männlichen Mitbewerbern. Das gleiche gilt für die Bezahlung. Außerdem sind Frauen in Top-Positionen unterrepräsentiert. Vermutlich kommt Ihnen das alles bekannt vor. Die Regierung versucht Einfluss auf das bisherige Rollenbild zu nehmen. Dies wird ein langjähriger Prozess sein. Auch der Weg zu höheren Geburtenraten dürfte nicht leicht sein.

Das Arbeitsleben und das private Umfeld unterliegen in der Regel einer strikten Trennung. Man sagt japanischen Arbeitnehmern eine außerordentlich große Identifikation mit ihrem Arbeitgeber nach. Japans Firmenkultur ist konsensgeprägt und lange Entscheidungswege erhöhen den Zeitaufwand. Der Arbeitstag ist lang und man macht erst Feierabend, wenn die anderen auch nach Hause gehen. Ich erinnere mich noch daran, als wir im Jahr 2007 aus unserem Hotelfenster in ein großes Büro schauen konnten, in dem auch gegen 22 Uhr noch gearbeitet wurde und die Bahnen morgens zur Rushhour voll mit Angestellten waren. Ich meine, dass sich dieses Bild etwas entzerrt hat. Ja, die Bahnen sind morgens und abends immer noch sehr voll. Man sieht heute aber auch Arbeitnehmer, die später anfangen und auf der anderen Seite strömen auch schon um 15 oder 16 Uhr Angestellte aus den Bürohäusern.

Dies sind aber nur persönliche Wahrnehmungen, die vermutlich nicht immer mit den Realitäten übereinstimmen.

Japan hat seit einigen Jahren gesetzliche Regeln zum Arbeitsrecht verabschiedet. Es gilt heute grundsätzlich eine 40 Stunden Woche und es gibt Bestimmungen zu Urlaubsansprüchen und Überstunden. Allerdings beinhalten die umfangreichen Vorschriften auch Ausnahmeregelungen. Diese gelten insbesondere für Personengruppen mit hohem Einkommen.

Man kann Berichten aber entnehmen, dass die Arbeitswelt in Japan humaner geworden sein soll. Dies ist aufgrund des wachsenden Fachkräftemangels und der Suche von Arbeitskräften im Ausland auch erforderlich. Hinzu kommt, dass japanische Arbeitnehmer heute eine größere Bereitschaft zum Wechsel des Arbeitgebers zeigen, als es früher der Fall war.

Gesellschaftliche Phänomene

Man meint immer, dass in Japan alle Bewohner mit den gesellschaftlichen Normen und Ansprüchen zurechtkommen. Japans Arbeitslosenquote ist zwar gering, aber es ist trotzdem nicht mehr alles wie früher. Die Jahre des

136: Rushhour in der Yamanote Line, Tokyo

boomenden Wirtschaftswachstums sind Vergangenheit. Der lebenslang garantierte Arbeitsplatz mit Regelbeförderungen ist sicher das gesuchte Idealbild, aber nicht mehr durchgängig vorhanden. Hinzu kommt, dass Japans Arbeitswelt im Vergleich zu unseren Gepflogenheiten als stark vereinnahmend zu bezeichnen ist. Überstunden, Leistungsdruck und Gruppenzwang gehören zum Arbeitsalltag.

Karoshi, der Tod am Arbeitsplatz und Selbstmorde

Regierungsseitige Anstrengungen zur humaneren Gestaltung der Arbeitswelt zeigen erste Erfolge und der Tod durch Überarbeitung ist auch nicht die Regel, aber man findet in der Presse immer noch Hinweise auf dieses Phänomen. Dies gilt übrigens auch für einige andere asiatische Länder. Aber es ist schon befremdlich, dass es in Japan einen speziellen Begriff für den Tod am Arbeitsplatz gibt.

Die Zahl der durch Selbstmord verursachten Todesfälle in Japan lag 1998 gemäß dem „Statistical Handbook of Japan 2024“ jährlich bei etwa 30.000 und entwickelte sich in den letzten Jahren zu einer konstanten Größenordnung von ca. 20.000 Suiziden. Für 2022 wurden 21.252 Fälle genannt und waren die die häufigste Todesursache bei Menschen im Alter zwischen 10 und 39 Jahren. Die Gründe für diese bedauerlichen Todesfälle sind sicher vielfältig. Neben Fällen von Depression und Diskriminierung besteht aber auch ein Zusammenhang mit den hohen Leistungsanforderungen in Schule und Arbeitswelt.

Auch die grundsätzlich stärkere Bereitschaft zum Selbstmord, im Hinblick auf die früher übliche Tradition des Seppuku (seit der Meiji-Zeit verbotenen), mag in diesem Zusammenhang eine Rolle spielen. Im Falle des Versagens war die Selbsttötung zumindest historisch der einzig mögliche und ehrenvolle Weg der Sühne für das eigene Fehlverhalten.

Freeter

Das Wort Freeter setzt sich aus dem englischen frei („free“) und dem deutschen „Arbeiter“ zusammen. Das deutsche Wort Arbeit (arubaito) hingegen wird in Japan für Gelegenheitsjobs oder Nebentätigkeiten verwendet.

Der Begriff bezeichnet überwiegend junge Leute, die sich ihre Zeit selber einteilen wollen oder müssen. Sie haben oder können sich nicht in ein festes Arbeitsverhältnis begeben und üben Teilzeittätigkeiten oder Nebenjobs aus. Ursprünglich entstanden aus dem Freiheitsdrang junger Menschen, die aus der festen Ordnung der japanischen Arbeitswelt ausbrechen wollten, wird dieser Lebensweg heute nicht immer freiwillig eingeschlagen. So ist auch der Freeter ein Synonym für die Veränderungen in der Arbeitswelt und der Normen in Japan.

NEET und Hikikomori

NEET ist die Abkürzung für „Not in Education, Employment or Training“ befindliche Menschen. Sie gehen keiner Beschäftigung nach und sind auch nicht in Lage, dies zu ändern. Die Gründe hierfür sind sicher sehr individuell. In den Arbeitslosenstatistiken Japans sind sie nicht erfasst. Der Übergang zum Hikikomori-Phänomen ist vermutlich fließend.

Man liest in den Medien immer wieder Berichte über Menschen, die sich völlig abkapseln und quasi in ihrem Zimmer isolieren und sich aus der Gesellschaft zurückgezogen haben. Dies gibt es aber nicht nur in Japan. Die Zahl dieser Menschen, die man Hikikomori nennt, wird in Japan auf über eine Million geschätzt. Sie verlassen ihre Wohnung nur, wenn es sich überhaupt nicht vermeiden lässt und dann auch möglichst nur in der Nacht. Den größten

Anteil daran haben junge Männer, die mit dem Druck des Arbeitslebens nicht mehr zurechtkommen. Sie stellen für ihre Familien ein großes Problem dar, da sie einfach nicht in die gesellschaftliche Norm passen und man sich deswegen schämt.

Obdachlosigkeit

Die Gründe für die Wohnungslosigkeit von Menschen kann man nicht pauschalieren. Arbeitslosigkeit und andere Schicksalsschläge zwingen ja auch bei uns Menschen dazu, auf der Straße zu leben. Obdachlose in Japan sind zum Teil relativ gut gekleidet und wollen nicht auffallen, denn das wäre ein großer Gesichtsverlust. Soweit möglich, versuchen sie durch Gelegenheitsjobs oder Sammeln von Flaschen etwas zu verdienen.

Zeltartige Übernachtungsstätten aus blauen Plastikplanen oder auch Pappkartons an den Flussufern oder bestimmte Areale in Grünlagen dienen zum Leben. Wer den Film Kirschblüten-Hanami von Doris Dörrie gesehen hat, dem sind vermutlich die kleinen blauen Zelte der Obdachlosen aufgefallen. In der Regel ist alles sehr ordentlich und aufgeräumt. Selbstverständlich werden vor dem Betreten der Zelte die Schuhe ausgezogen. Wäsche waschen und körperliche Reinigung finden in öffentlichen Toilettenhäusern statt.

Hinzu kommen Menschen, die sich in Städten wie Tokyo aufgrund ihres niedrigen Einkommens einfach keine Wohnung leisten können. Sie verbringen die Nächte oft in Internetcafés und nutzen vorhandene Sanitärräume. Auch die sogenannten Kapselhotels und andere preiswerte Übernachtungsmöglichkeiten werden aufgesucht, wenn es das Budget hergibt.

Chikan

Die Bedeutung von Chikan kann man mit unserem Begriff „Sittenstrolch" gleichsetzen. Gemeint sind mit diesem Wort Grabscher, welche die Enge in überfüllten Zügen ausnutzen, um Frauen zu berühren oder anzufassen. Obwohl es in Japan ein Straftatbestand ist, der mit Freiheitsstrafen geahndet werden kann, gibt es keine belastbaren Zahlen über dieses Phänomen. Die Dunkelziffer ist vermutlich hoch, da den meisten Opfern eine Anzeige peinlich ist.

Die Polizei versucht dieses Problem seit Jahren mit Kampagnen in den Griff zu bekommen und greift hart durch. Leider soll dies auch zu einigen bekannt gewordenen Fällen von Falschbeschuldigungen geführt haben, wobei sich Unschuldige aus Angst vor der Schande das Leben genommen haben.

Erfreulicherweise haben Bahnbetreiber zum Schutz der weiblichen Fahrgäste

137: Frauenwaggon in Osaka

zu bestimmten Zeiten in den Zügen Waggons ausschließlich für Frauen eingerichtet.

138: Kapselhotel in Tokyo

Geschenke

Geschenke nehmen im Leben der Japaner eine besondere Rolle ein. Egal um welchen Anlass es sich handelt, es wird ein Präsent übergeben. Selbst wenn Japaner aus dem Urlaub zurückkommen, erhalten nahestehende Personen oder Kollegen ein „Omiyage" – ein kleines Mitbringsel oder Souvenir. Nun wird man als Tourist normalerweise nicht so oft die Notwendigkeit haben, sich mit dem Thema auseinanderzusetzen. Aber man weiß ja nie!

Bei einer Einladung kein schön verpacktes Präsent mitzubringen - das mit beiden Händen überreicht wird - wäre extrem unhöflich. In der Regel packt man das Mitgebrachte nicht sofort aus. Dies soll verhindern, dass der Schenkende mitbekommt, wenn einem das Erhaltene nicht gefällt. Aber es gibt auch Ausnahmen. Ein befreundetes japanisches Ehepaar drängt uns immer zum sofortigen Auspacken. Es ist selbstverständlich, in solchen Fällen große Freude zu zeigen. Es soll durchaus üblich sein, Geschenke, die nicht gefallen, bei nächster Gelegenheit weiter zu verschenken. Es geht oft mehr um die Geste als den Inhalt.

Japaner lieben es, alles schön und kunstvoll zu verpacken. Allerdings werden weißes und schwarzes Papier genauso, wie die Zahl vier (z. B. bei Blumen) vermieden, da sowohl die Zahl 4 als auch die Farben schwarz und weiß in Zusammenhang mit dem Tod stehen.

Wenn man etwas geschenkt bekommt, ist zu beachten, dass dies eine Gegengabe zur Folge hat. Diese sollte nicht höherwertiger als das vorher Erhaltene sein, um den Erstschenker nicht in Verlegenheit zu bringen. Die Preisklasse des Mitbringsels ist sicher ein Problem. Ein zu preiswertes Präsent würdigt unter Umständen nicht den Anlass und ein zu hochwertiges bringt den Beschenkten in Zugzwang bzw. in Verlegenheit. Wenn man eingeladen ist, erhält man oft später selbst noch ein kleines Geschenk bevor man sich verabschiedet.

Bei der Auswahl eines Präsentes sind der eigenen Ideenfindung grundsätzlich keine Grenzen gesetzt. Wenn die Einladung bereits vor der Reise bekannt ist, sollte man ein Produkt aus der Heimat mitbringen. Bekannte Markennamen kommen hierbei immer gut an. Eine andere gute Möglichkeit sind Getränke und Lebensmittel oder Süßigkeiten. So machen es zumindest die Japaner oft, wenn sie Omiyage von der Reise mitbringen. Das erinnert mich an ein japanisches Sprichwort, welches ich bei einem meiner erfolglosen Japanisch-Sprachkurse aufgeschrieben hatte: „Hana yori dango" bedeutet „Lieber Klöße als Blumen". Allerdings sind bei der Einfuhr von Wurstwaren, ggf. Einfuhrbestimmungen zu beachten. Ansonsten hilft der Besuch eines der großen Kaufhäuser mit ihren eindrucksvollen Konfiserie- oder Lebensmittelabteilungen.

Um uns für größere Hilfestellung unterwegs oder nette Unterhaltung zu bedanken, haben wir immer einen kleinen Vorrat an Dankeschön-Geschenken dabei. Es sind Naschereien oder Miniflaschen alkoholischer Getränke von zu Hause. Zum Beispiel hatten wir uns in Tokyo einmal in einem Viertel verlaufen, in dem wir ein uns eigentlich bekanntes Geschäft aufsuchen wollten. Ein nach dem Weg angesprochenes Ehepaar suchte sofort auf dem Handy den richtigen Weg und begleitete uns bis zum Geschäft. Als Dank - also quasi als Gegengeschenk - gab es dann ein paar Naschereien aus Deutschland, was große Freude auslöste. Auch hierbei geht es nicht um den Wert, sondern um die Geste.

Das japanische Bad

Die Badekultur Japans unterscheidet sich stark von unseren Gepflogenheiten. Das gilt sowohl für öffentliche Bäder als auch für das private Bad in der Wohnung. Das heiße Bad ist Bestandteil der japanischen Kultur. Im Gegensatz zu unseren Gewohnheiten, reinigt man sich vor dem Bad, welches dann ausschließlich der Entspannung dient. Im privaten Bereich kann es auch vorkommen, dass das selbe Badewasser nacheinander benutzt wird. Dies gilt auch für Gäste des Hauses, denen man vermutlich den Vortritt lassen würde. Also bitte das Wasser sauber hinterlassen.

Es gibt zwei Arten von öffentlichen Badeeinrichtungen für das heiße Bad. Dies sind Onsen und Sento. Beide sind keine Schwimmbäder! Es wird nackt gebadet und für die obligatorische Reinigung stehen Räumlichkeiten zur Verfügung. Meistens sind es Duschen vor denen ein kleiner Hocker steht, auf den man sich setzt, äußerst gründlich reinigt und dann alles sorgfältig abduscht. Danach begibt man sich ins heiße Wasser und genießt die Entspannung.

Menschen mit Tätowierungen sind in der Regel weder im Sento noch im Onsen erwünscht. Oft weisen Schilder am Eingang hierauf hin. Dies hängt damit zusammen, dass die Yakuza sich oft große Flächen ihrer Haut so verschönern lassen. Auch bei westlichen Touristen kann nicht ausgeschlossen werden, dass es zu Problemen kommt, obwohl sie ja offensichtlich nicht diesen kriminellen Vereinigungen zugeordnet werden können. Es hilft ggf. kleinere Tattoos mit Pflaster zu überdecken. Allerdings gibt es in Japan inzwischen diverse Bestrebungen, ein Umdenken im Umgang mit Tattoos zumindest bei ausländischen Gästen herbeizuführen. Grund hierfür sind die ständig steigenden Zahlen ausländischer Touristen.

Eine weitere Gemeinsamkeit der Badeeinrichtungen ist die übliche Geschlechtertrennung. Diese gab es im alten Japan weder im Sento noch im Onsen. Man badete gemeinsam. Erst mit der Verwestlichung ab Mitte des 19. Jahrhunderts änderte sich dies. Auch später nach der amerikanischen Besatzung wurde diese prüdere Haltung überwiegend beibehalten.

Sento

Die Geschichte der öffentlichen Badehäuser soll bis ins 12. Jahrhundert zurückreichen. Waren es erst noch überwiegend Dampfbäder, kam in der Edo-Zeit dann das heiße Bad in Mode. Mit der Zeit wandelte sich das Angebot der Badehäuser und auch der Service wurde ausweitet. So nahmen männliche Besucher gerne die Dienste der sogenannten Bademädchen in Anspruch, die sie wuschen und teilweise für sexuelle Dienste zur Verfügung standen. Dies soll übrigens auch einer der Gründe für die spätere Geschlechtertrennung in diesen Bädern gewesen sein. Interessanterweise haben sich die Vorlieben der japanischen Männer nicht verändert, denn heute gibt es ja die „Soap-Lands". Da viele Familien inzwischen über ein eigenes Bad verfügen, ist die Zahl der Sento im Laufe der letzten Jahrzehnte zurückgegangen.

139: Waschkabinen im Onsen

Onsen

Im Onsen stammt das heiße Wasser aus vulkanischen Quellen und enthält Mineralstoffe. Es gibt sie quasi im ganzen Land und sie haben eine über Jahrtausende alte Tradition. Besonders schön sind Onsen mit einem Rotenburo (Außenbecken). Oft liegen diese in den Bergregionen und garantieren ein eindrucksvolles Badeerlebnis. Es sind Orte der Entspannung und damit auch der Ruhe, in denen nur leise Gespräche geführt werden sollten.

Es gibt einige Onsen, in denen man ohne Geschlechtertrennung entspannen kann. Für Frauen ist aber immer die Möglichkeit vorhanden, einen abgeschirmten Bereich aufzusuchen. Auf unseren Reisen haben wir gezielt nur Bademöglichkeiten aufgesucht, in denen wir gemeinsam das heiße Bad genießen konnten. Üblicherweise bedecken Frauen in diesen Bädern ihre Blößen mit einem Handtuch. Ich meine mal gelesen zu haben, dass es Onsen gibt, in denen zumindest in bestimmten Bereichen Badekleidung erforderlich ist. Allerdings waren alle Onsen, die wir bisher aufgesucht haben, immer textilfrei.

Abschließend nochmals der Hinweis auf die gründliche Reinigung. Da verstehen die Japaner keinen Spaß. Normalerweise kann man sich die benötigten Utensilien wie z. B. Handtücher beim Bezahlen mieten.

Toiletten

Als Tourist wird man heute überwiegend mit westlichen WC's oder mit der japanischen Hightech-Variante - dem Washlet - in Berührung kommen. Dies gilt auch für Behindertentoiletten.

140: Ein Rotenburo im Takaragawa-Onsen

Einfach dargestellt ist das Washlet eine Mischung aus Bidet und WC. Aber mit dieser Definition würde man die Hersteller dieser Geräte arg kränken. Die Waschfunktionen sind von soft bis etwas direkter wählbar. Wobei die Einstellmöglichkeiten selbstverständlich geschlechtsspezifisch gewählt werden können. Der Sitz ist beheizbar und das nasse Gesäß wird auf Wunsch hinterher getrocknet. Es gibt Funktionen, die Gerüche neutralisieren und Geräusche überdecken und vermutlich noch einiges, was ich noch nicht probiert habe. Neben japanischen Schriftzeichen sind Piktogramme vorhanden, die bildlich und leicht verständlich auf die Funktionen hinweisen. Zusätzlich weisen viele Knöpfe inzwischen auch englische Beschriftungen auf und der „Stopp-Knopf“ ist rotorange.

Im öffentlichen Bereich kann es noch vorkommen, dass man ein traditionelles „Hock-Klo“ vorfindet. Allerdings nimmt die Zahl dieser Einrichtungen ständig ab. Egal, wo man unterwegs ist, die öffentlichen WC-Anlagen - egal ob alt oder neu, sitzen oder hocken - sind bis auf sehr wenige Ausnahmen sauber und werden regelmäßig gereinigt.

141: Die Bedienungsleiste einer Japanischen Toilette

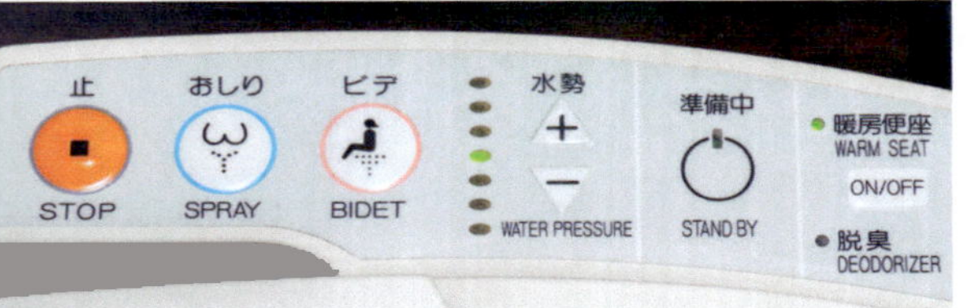

Kultur und Künste

Auch bei uns bekannte Kunstformen sind in Japan verbreitet, aber es gibt natürlich einiges speziell Japanisches. Nicht vergessen sollte man, dass viele der traditionellen Kunstformen

Japans ihre Wurzeln im chinesischen Kulturraum haben, woraus sich im Laufe der Jahrhunderte eigene Stilrichtungen bildeten. Oft spielte der Zen-Buddhismus bei der Weiterentwicklung eine prägende Rolle.

Malerei und Grafik in Form der Tusch- oder Seidenmalerei und der japanische Farbholzschnitt Ukiyo-e sind uns vertraut. Eines der bei uns bekanntesten Werke ist „Die große Welle vor Kanagawa" des Künstlers „Katsushika Hokusai". Sie ist Teil der Bildserie „36 Ansichten des Berges Fuji", die um 1830 entstanden ist.

Kunstvolle Lackwaren, wie Schalen oder Tabletts sowie hochwertiges Porzellan aus Japan steht auch bei dem einen oder anderen in unseren Gefilden im Schrank. Oft vergisst man bei derartigen Gegenständen, dass hinter der heutigen Fertigungskunst eine Jahrtausende lange Entwicklung steht.

Die japanische Musik hat uns in Form der Taiko-Trommel erreicht. Regelmäßig finden inzwischen in Deutschland Konzerte japanischer oder einheimischer Taiko-Formationen statt. Selbst das japanische Kurzgedicht „Haiku" hat Eingang in unseren Kulturbereich gefunden. An verschiedenen Stellen des Buches wird auf Kulturelles und auch Künste hingewiesen, wenn es zum Thema passt. In diesem Abschnitt noch einige mehr oder weniger bekannte Kulturgüter. Dies ist nicht als komplette Übersicht zu verstehen, es gibt sicher noch vieles mehr.

Teezeremonie

Erste Berührungen Japans mit dem Tee gab es bereits im 6. und 7. Jahrhundert durch chinesische Einflüsse und das Teetrinken wurde schnell beliebt. Nun geht es bei der Tee Zeremonie (Chado = Weg des Tees) nicht einfach ums Teetrinken. Anfang des 16. Jahrhunderts entwickelte sich ein durch den Zen-Buddhismus geprägtes Ritual, bei dem Matcha, ein pulverisierter grüner Tee höchster Qualität zubereitet und getrunken wird.

Es sind keine Veranstaltungen, in denen lautstarke Konversation betrieben wird. Es geht darum, eine innere Ruhe zu erlangen. Harmonie, Respekt, Reinheit und Stille sind die Prinzipien. Alle Handgriffe - die Art den Tee zu trinken usw. - unterliegen fest definierten Regeln und Handhabungen. Matcha wird im Beisein der Gäste mit einem kleinen Tee-Besen aus Bambus im heißen Wasser aufgerührt. Dazu werden oft kleine Süßigkeiten angeboten. Die Zeremonien, finden in Teehäusern und oft auch im privaten Umfeld statt.

Ikebana

Dient der bei uns übliche Blumenstrauß der Dekoration, geht es bei dieser japanischen Kunst um mehr. Die Blumen werden minimalistisch und

142: Die große Welle vor Kanagawa, Farbholzschnitt von Katsushika Hokusai ca. 1830

harmonisch quasi zum Leben erweckt. Wobei nicht nur die Blüte, sondern die gesamte Pflanze inklusive Stängel und Blättern gewürdigt wird. Ikebana leitet sich von den japanischen Worten „ikeru“ (= leben) und hana (= Blume) ab.

Auch beim Ikebana gibt es verschiedene Schulen und Gestaltungsformen. Der Ursprung der Kunst des Blumensteckens als shintoistisches Blumenopfer reicht Jahrhunderte weit in die Geschichte zurück. Wie viele andere Künste, wurde diese Art des Pflanzenarrangements stark durch die Zen-Philosophie beeinflusst.

143: Taiko-Konzert im Ueno-Park, Tokyo

Origami

Übersetzt bedeutet das Wort genau das, wofür der Begriff auch bei uns steht, nämlich das kunstvolle Falten eines Papierstücks. In Japan kennt man diese Kunst, deren Ursprung in China liegt, ungefähr seit dem 7. Jahrhundert. Heute gibt es überall auf der Welt von jung bis alt Liebhaber des Origami, die kunstvoll Tiere und andere Objekte aus Papier falten.

Shodo

Dieser Begriff bezeichnet den „Weg des Schreibens“. Gemeint ist hiermit die japanische Art der Kalligrafie. Wie viele bereits

144: UNESCO-Liste des Immateriellen Kulturerbes der Menschheit für Japan

2008		2012	
Kabuki	Theater	Nachi no Dengaku	Religiöse Kunst beim Nachi-Feuerfestival
Ningyo Johruri Bunraku	Puppentheater	**2013**	
Nogaku	Theater	Washoku	Traditionelle Esskultur, insbesondere zur Neujahrsfeier
2009		**2014**	
Akiu no Taue Odori	Tanzfestival	Washi	Handwerkskunst aus traditionellem japanischen Büttenpapier
Daimokutate	Zeremonie in Nara		
Dainichido Bugaku	Tänze in Hachimantai		
Gagaku	Zeremonielle Musik und Tanz	**2016**	
Hayachine Kagura	Maskentänzen in Hanamaki	Yama, Hoko und Yatai	Festwagenfeste
Ojiya-chijimi, Echigo-jofu:	Herstellung von Stoffen aus der Ramie-Pflanze	**2018**	
Oku-noto no Aenokoto	Ernteritual in Ishikawa	Raiho-shin	Rituelle Besuche von Göttern in Masken und Kostümen
Traditioneller Ainu-Tanz	Tanz und Gesang der Ainu	**2020**	
2010		Traditionelle Holzarchitektur	Erhaltung und Weitergabe der Kenntnisse, Fertigkeiten und Techniken
Kumiodori	Traditionelles Okinawa Musiktheater		
Yuki-Tsumugi	Seidenstoffproduktionstechnik	**2022**	
		Furyu-odori	Rituelle Volkstänze
2011		**2024**	
Mibu no Hana Taue	Ritual des Reis-Umpflanzens	Sake-Herstellung	Traditionelles Wissen und Können bei der Sake-Herstellung mit Koji-Schimmel
Sada Shin Noh	Heiliger Tanz am Sada-Schrein		

erwähnte Künste fand auch die Kultur, mit Pinsel und Tusche auf Papier zu schreiben, ihren Weg aus China zu den Japanern und etablierte sich ab dem 6. Jahrhundert mit dem erblühenden Buddhismus. Auch die Kunstwerke des Shodo verkörpern die Zen-Philosophie. Es geht um Ästhetik und Harmonie.

Obwohl bereits in der Grundschule erste Kenntnisse im Umgang mit Pinsel, Tusche und Papier vermittelt werden und mancher Japaner einen Shodo-Kurs besucht, bieten Computer und moderne Schreibutensilien im Alltag keinen Raum für das Schreiben mit dem Tuschpinsel. Dies hat dazu geführt, dass Shodo heute besonderen Anlässen und Künstlern vorbehalten

145: No Bühne am Yasukuni-Schrein in Tokyo

ist. Trotzdem sieht man in Japan oft kalligrafische Werke, die durch ihre schlichte Schönheit beeindrucken.

Irezumi

Irezumi, was man mit Einfügen von Tinte übersetzen kann, ist die bekannteste Form des Tätowierens in Japan. Diese Körperverschönerungskunst ist nicht mit einem einfachen Tattoo vergleichbar. Irezumi soll sehr schmerzhaft sein. Bei dieser Art des Tätowierens werden von den Meistern dieser Fertigkeit große Teile des Körpers mit eindrucksvollen traditionellen Motiven versehen. Einerseits kann die Kunst auf eine Jahrhunderte alte Tradition zurückblicken und andererseits hat sie im eigenen Land ein schlechtes Image. Dies steht in erster Linie mit den erwähnten Tätowierungen der Yakuza im Zusammenhang.

Kabuki, Nogaku und Bunraku

Zu den japanischen Künsten, die in die „UNESCO-Liste des immateriellen Kulturerbes der Menschheit“ aufgenommen wurden gehören auch diese drei bekannten japanischen Theaterformen.

Kabuki

Diese Theaterform entstand Anfang des 17.Jahrhunderts in der Edo-Zeit und ist bis heute populär. Die Ursprünge sollen auf Tanzvorführungen mit schauspielerischen Elementen von Schreinmädchen (Miko) zurückzuführen sein, die schnell eine große Beliebtheit erlangten und andere Aufführungsorte und Nachahmer fanden. Während es anfangs auch weibliche Darsteller gab, werden heute sämtliche Rollen ausschließlich von Männern dargestellt. Grund hierfür war die zunehmende Erotisierung der Tänze und Aufführungen durch Prostituierte in den Vergnügungsvierteln der Edo-Zeit, was zum Verbot weiblicher Darsteller führte.

Kabuki-Stücke sind kunstvolle Shows, die sich in die Kategorien Historienstücke (Jidaimono), Stücke aus dem Leben des Volkes (Sewamono) und Tanzstücke

(Shosagoto) einteilen lassen. Zu Tanz, Sprechgesang, pantomimischen bzw. akrobatischen oder komödiantischen Elementen kommt eine Untermalung mit traditionellen Musikinstrumenten hinzu. In den Stücken geht es um historische Ereignisse, moralische Konflikte, Liebe und vieles mehr. Die Akteure unterstützen ihre Erscheinung durch eine maskenartige Schminktechnik.

Eine Besonderheit im Kabuki-Theater ist die Bühne. Neben einer Drehbühne zum Wechseln der Szenen gibt es einen Laufsteg (Hanamichi), der in den Saal hineinragt und andere Hilfsmittel, die es Schauspielern ermöglichen, von der Bühne zu verschwinden und völlig unerwartet wieder aufzutauchen. Eines der bekanntesten Theater der heutigen Zeit ist das Kabuki-za in Tokyo.

146: Kunstvolle Tätowierugen beim Sanja-Matsuri in Asakusa, Tokyo

Nogaku

Blütezeit des Nogaku waren das 14. und 15. Jahrhundert. Aber die eigentlichen Wurzeln liegen im 8. Jahrhundert, als Sangaku - eine Mischung aus Gesang, Akrobatik, Komik und Tanz - von China nach Japan gelangte. Es vereint die zwei Theaterformen No und Kyogen. Die Aufführungen finden seit dem 14. Jahrhundert (Muromachi-Zeit) auf derselben spärlich ausgestatteten Bühne statt. Die Hauptbühne besteht aus einer Holzfläche von ca. sechs Quadratmetern, die etwas erhöht ist und deren Dach von vier Holzsäulen getragen wird. Früher wurde No oft im Freien gespielt. Noch heute findet man an Shinto-Schreinen entsprechende Bühnen.

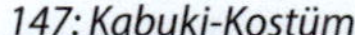

147: Kabuki-Kostüm

No-Theater

Im No spielten traditionell nur Männer die Rollen. Aber in der 2. Hälfte des 20. Jahrhunderts ist es den Frauen dann doch gelungen, langsam in diese männliche Domäne einzudringen.

Traditionelle Theaterstücke beinhalten verschiedene dramaturgische Ansätze und verbinden Traumwelt und Realität, wobei übernatürliche Wesen im Drama menschliche Gestalt annehmen. In den Legenden geht es um Dämonen, Götter und Ungeheuer.

Schauspiel, Gebärden und Tanzbewegungen werden von Chorgesang und Flöten- und Trommelmusik begleitet. Oft werden charakteristische Masken verwendet, für die das No-Theater berühmt ist. No-Masken sind Kunstwerke und immer kleiner als das Gesicht des Schauspielers, der aufwendig kostümiert ist.

Kyogen

Kyogen-Stücke dienen der Unterhaltung zwischen zwei No-Aufführungen. Sie dauern ca. 30 Minuten und sind im Gegensatz zum dramatischen „No" humorvoll und komisch. Die Zuschauer sollen sich entspannen und werden durch Dialoge und übertriebene Gestik und Darstellung menschlicher Schwächen zum Lachen gebracht. Musikalische Unterstützung spielt hierbei keine zentrale Rolle. Es geht oft um alltägliche Geschichten, deren Texte teilweise über Jahrhunderte bekannt sind. Die Kostümierung ist weniger aufwendig als beim No.

Bunraku

Diese Puppenkunst ist nicht mit einer bei uns üblichen Marionetten- oder Handpuppenvorführung vergleichbar. Sie entstand in der Edo-Zeit aus der Kombination des Puppenspielens mit der Erzählkunst Johruri. Sie ist eine Mischung aus Puppenspiel und gesungener Erzählung mit Musikbegleitung. Ningyo Johruri Bunraku ist ihre vollständige Bezeichnung.

Die Inhalte der Stücke entsprechen den beiden Genres Jidaimono und Sewamono des Kabuki-Theaters. Drei für das Publikum sichtbare Puppenspieler erwecken die ca. einen Meter großen Puppen zum Leben, während der Erzähler in einer Art Sprechgesang unter Begleitung auf dem Shamisen die Handlung erzählt.

Manga, Anime und Hentai

Manga

Manga gehören zur japanischen Kultur. Im 12. Jahrhundert von Mönchen gemalte Emakimono (Bildrollen), auf denen Geschichten mittels Bildern erzählt wurden, gelten als Wiege der Manga. Es waren Karikaturen von Menschen als Tiergestalten. Es wurden auch Skandale am Hof des Kaisers und in Klöstern skizziert und einem kleinen Kreis von Betrachtern zugänglich gemacht. Während der Edo-Zeit kamen Holzschnitte zum Erzählen illustrierter Geschichten in Mode. Der Begriff Manga soll in diesem Zusammenhang erstmals von dem Künstler Hokusai verwendet worden sein und bedeutet in etwa spontanes oder zwangloses Bild.

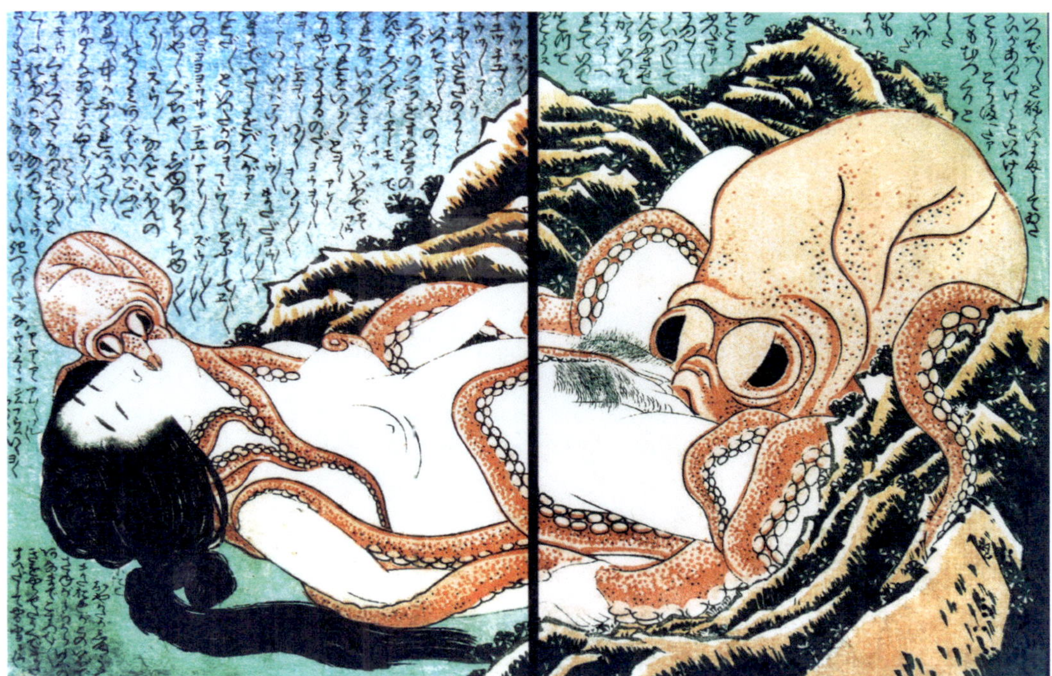

148: *Der Traum der Fischersfrau von Katsushika Hokusai, ca. 1820 - aufgenommen in einer Shunga-Ausstellung im Atami-Castle, 2018*

Die heutige Form, der auch bei uns beliebten Manga, entwickelte sich in den 50er Jahren des letzten Jahrhunderts und wurde durch amerikanische Comics beeinflusst. Die weiblichen Figuren vermitteln genauso wie in den Anime mit ihren großen Kulleraugen oft ein westliches Aussehen. Anders als bei uns, lesen in Japan heutzutage auch viele Erwachsene Manga.

Selbstverständlich gibt es Manga-Lektüre auch in digitaler Form. Die Inhalte dieser Comics decken ein breites Themenspektrum ab und sind ein nicht zu unterschätzender Wirtschaftsfaktor.

Shunga

Der Begriff „Shunga" (Frühlingsmalerei) bezeichnet Bilder, Farbholzschnitte, Zeichnungen usw. mit erotischen Inhalten.

Anime

Anime sind seit Mitte des 20. Jahrhunderts das bewegte Gegenstück zum Manga. Der Begriff leitet sich vom englischen Wort für „Animation" ab. Ebenso wie Mangas decken die Filme ein großes Themenspektrum für Erwachsene und Kinder beider Geschlechter ab. Ob Kindermärchen,

Science-Fiction, Literaturverfilmung oder erotische bzw. pornografische Ansätze und vieles mehr. Es wird jedes Genre abgedeckt.

Vermutlich kennen viele die Zeichentrickfilme der „Heidi-Serie" aus dem Jahr 1974. Eher unbekannt ist vermutlich, dass es sich hier bereits um eine japanische Anime-Verfilmung auf Grundlage der Heidi-Romane der Autorin Johanna Spyri handelte.

Hentai

Der Begriff bezeichnet Manga sowie Anime mit erotischen und sexuellen Inhalten. Die Vorläufer dieser Manga tragen den Namen Shunga (Frühlingsbild) und zeigen sexuelle Fantasien oder Handlungen. Der Farbholzschnitt (Ukiyo-e) führte dazu, dass sich diese Bilder, die heute Kunstobjekte sind, trotz teilweise bestehender Verbote schnell verbreiteten. Dies wurde dadurch begünstigt, dass in den früheren Jahrhunderten der Umgang mit Sex und Nacktheit im Gegensatz zur europäischen Kultur nicht tabuisiert war. Dies erfolgte in Japan erst mit der Öffnung zum Westen. Einer der bekanntesten Drucke stammt von Katsushika Hokusai und trägt den Namen „Traum der Fischerfrau".

Landesküche

Inzwischen gibt es auch bei uns eine große Zahl von Anbietern japanischer Gerichte. In der Hauptsache bieten sie Sushi an. Leider haben viele dieser durchaus beliebten Lokale in meinen Augen nicht wirklich etwas mit der japanischen Küche gemein. Ja - Sushi und Sashimi gehören selbstverständlich zur Esskultur in Japan. Ich weise auch ausdrücklich darauf hin, dass es bei uns einige sehr gute Restaurants mit authentischem Speiseangebot gibt, in denen Meister ihres Faches den Gast verwöhnen. Aber Sushi ist mehr, als auf angelieferte Reisklötze aufgetaute Fischstücke zu legen und dann mit einen durch Füllstoffe gestreckten Klacks Wasabi auf dem Teller zu verzieren.

Genauso wie bei uns, gibt es auch in Japan große Qualitätsunterschiede beim Angebot der Gastronomie. Die kleine Izakaya oder Sushi-Bar an der Ecke sowie Restaurantmeilen in Bahnhöfen oder Einkaufszentren bieten in der Regel ein gutes Preis- Leistungsverhältnis. Um gut zu speisen, müssen also keine teuren Lokalitäten aufgesucht werden.

Die Küche des Landes bietet eine große Zahl interessanter Gerichte. Eines meiner japanischen Lieblingsgerichte ist z. B. „Okonomiyaki". Diese in Japan beliebte Spezialität ist bei uns eher unbekannt. Sie stammt ursprünglich aus den Großräumen

149: Frühstück in einem Ryokan

Osaka und Hiroshima. Es handelt sich um eine Art Pfannkuchen aus Kohl mit verschiedenen Zutaten. Einfach lecker – oder wie die Japaner sagen „Oishii desu“!

Man muss sich also nicht nur von Sushi ernähren. Wenn man sich die Dimensionen der Landesausmaße vor Augen hält, ist eigentlich auch schnell klar, dass es eine Vielzahl regionaler Varianten der Gerichte gibt. Es wird viel Wert auf frische Produkte und eine ausgewogene Zusammenstellung gelegt. Bei der fettarmen Zubereitung wird darauf geachtet, dass der Geschmack der Zutaten erhalten bleibt. Es versteht sich von selbst, dass das Ergebnis harmonisch angerichtet serviert wird, denn neben dem Gaumen sollen sich die Augen ebenfalls erfreuen.

150: Sashimi-Teller

Neben dem Hauptnahrungsmittel Reis spielen Gemüse der Saison und Meeresprodukte jeglicher Art traditionell eine große Rolle. Aber auch Nudeln und Fleisch sind beliebt. Für manchen Europäer ist ein typisches japanisches Frühstück mit Reis, gegrilltem Fisch und eingelegtem Gemüse sowie der Miso-Suppe gewöhnungsbedürftig, aber es schmeckt vorzüglich. Eine etwas andere Form des

151: Japanisches Frühstück in einem Hotel in Tokyo

Frühstücks für unterwegs ist das Bento-Paket, welches Kioske an den Schnellbahnstationen und Supermärkte (Konbini) anbieten. Diese vorgefertigten Lunchpakete sind sicher nicht mit dem Frühstück im Hotel vergleichbar, aber für unterwegs eine passable Möglichkeit.

152: Ein Teil des Bento-Angebots in der Shinkansen-Station Shinagawa, Tokyo

Anders als bei uns hat nicht das Mittagessen, sondern die Abendmahlzeit die größere Bedeutung. Hier gibt es dann meistens mehrere kleine Gerichte parallel oder nacheinander.

Die traditionelle und einzigartige Küche des Landes trägt den Begriff „Washoku" und wurde von der UNESCO als immaterielles Kulturgut zum Weltkulturerbe erklärt. Ein großer Beweis dafür, dass die japanischen Speisen etwas Besonderes sind.

Ursprünglich war Kaiseki die Abrundung der Teezeremonie mit einem leichten Speiseangebot. Heute steht der Begriff Kaiseki für die Gourmetküche des Landes und bietet Genuss auf hohem Niveau. Das Essen soll hier zum sinnlichen Erlebnis werden. Restaurants der gehobenen Küche tragen den Namen Ryotei. Sie sind nicht leicht zu finden und manchmal braucht man eine persönliche Empfehlung. In den traditionellen Gasthäusern (Ryokan) ist das Speiseangebot oft in den Übernachtungspreis inkludiert und hat unter Umständen durchaus hohes Niveau.

Egal wo in Japan: Der beste Ort, um in Kontakt mit Japans Bewohnern zu kommen, ist die kleine Bar oder das Sushi-Lokal in der Nachbarschaft. Eine besondere Stellung nimmt hier die bereits erwähnte Izakaya ein. Man findet auch viele kleine Restaurants, die sich auf einzelne Gerichte spezialisiert haben.

Konbini

Es ist die japanisierte Abkürzung des englischen Wortes „Convenience Store". Die meisten dieser Geschäfte sind 24 Stunden geöffnet und man findet sie quasi an jeder Ecke.

Verschiedene Ketten wie z. B. Family Mart, Lawson, 7 Eleven und weitere teilen sich den Markt.

Die Konbini bieten Getränke und verpackte Lebensmittel an. Das Angebot an fertigen Speisen ist weit gefächert und deckt den Bedarf für die Mahlzeiten des Tages ab.

Bento-Boxen, Onigiri (kleine Snacks für zwischendurch), Sandwiches, Instant-Suppen und vieles mehr warten auf den Käufer. Meistens steht eine Mikrowelle zum Aufwärmen zur Verfügung.

Auch Dienstleistungen, wie kopieren und kostenloses WiFi usw. werden angeboten.

Dazu gehört auch ein Geldautomatenservice. Die Automaten bei 7 Eleven sollen auch internationale Kreditkarten annehmen. Aber hier sollte man sich unbedingt vorher bei seiner Hausbank erkundigen, bevor man dann später vor Ort Probleme hat.

Kann man die japanische Mentalität verstehen?

Diese Frage ist nicht neu und auch mir fällt die Beantwortung schwer. Ich meine, dass man das Verhalten und Einstellung eines Volkes gerade im Rahmen einer Urlaubsreise nicht vollständig verstehen bzw. adaptieren muss. Aber es gehört dazu, die Lebensart des Gastlandes zu akzeptieren und sich als Fremder (Gaijin) nicht wie der Elefant im Porzellanladen zu benehmen. Dies gilt aber nicht nur für den Besuch Japans und erwarten wir dies nicht auch von unseren Gästen?

Im modernen, augenscheinlich westlich orientierten Japan gelten viele traditionelle Normen als Grundlage des Miteinanders und es funktioniert. Hier einige Beispiele, die man selbstverständlich nicht als Schablone sehen kann, in die dann alles reinpasst:

- Man fällt nicht auf und fügt sich in die Gesellschaft oder die Gruppe ein. Man liest oft von der japanischen Redensart, die besagt, dass herausragende Nägel eingeschlagen werden müssen. Aber auch in Japan gibt es heute einen stärker werdenden Trend zu individuellen Spielräumen.
- Das Streben nach Perfektion ist fest in der Mentalität Japans verankert.
- Gefühle zeigt man nicht in der Öffentlichkeit. Man sieht selten Paare die Zärtlichkeiten austauschen. Aber ich meine, in den beiden letzten Jahrzehnten hier einen leichten Wandel bemerkt zu haben. Zumindest sieht man inzwischen ab und zu mal ein Händchen haltendes Paar.
- Ob geschrieben oder ungeschrieben. Es gibt eigentlich für alles irgendwelche Verhaltensregeln, die auch beachtet werden.
- Japaner sind zurückhaltend und nicht aufdringlich, aber trotzdem hilfsbereit.
- Hierarchien haben Bedeutung und ältere Menschen werden geachtet.
- Man ist pünktlich, da der dem Wartenden gegenüber verursachte Zeitverlust unhöflich wäre. Japaner sind eigentlich immer bereits etwas vor dem vereinbarten Termin da und falls es doch zu einer Verspätung kommt, wird sich kurz ohne große Erklärungen entschuldigt.
- Man strebt nach Harmonie und ist im Umgang miteinander konsensorientiert. Hinzu kommen Höflichkeit und Respekt als Eckpfeiler des Umgangs miteinander. Daher werden auch direkte Verneinungen und brüskes Ablehnen vermieden, damit das Gegenüber nicht sein Gesicht verliert. Überhaupt ist die Vermeidung des Gesichtsverlustes wichtig. Dabei ist es egal, ob es der eigene oder der des Gesprächspartners ist. Auch ein „Hai" (das japanische Wort für „ja") darf nicht unbedingt als Zustimmung gedeutet werden. Es zeigt in der Regel, dass man dem Gespräch folgt und aufmerksam zuhört.

Dies mag alles auf den ersten Blick für die heutige Zeit als übertrieben anmuten. Aber etwas mehr Höflichkeit und Verständnis, sowie Achtung für den Anderen würde auch manchem Westler in unserer Ellbogengesellschaft guttun. Eigentlich deckt sich doch zumindest theoretisch vieles mit unseren Grundwerten - oder?

Verhaltensprinzipien

Mit der Thematik der japanischen Verhaltensregeln kann man umfangreiche Werke füllen. Hier ein paar kurze Hinweise zu einigen Begriffen in diesem Zusammenhang:

Senpai/Kohai

Einfach ausgedrückt handelt es sich um ein Hierarchieprinzip. Der Senpai ist der Ältere oder der Erfahrenere und der Kohai ist der Jüngere oder Lernende. Es gilt für alle Lebensbereiche und ist lebenslang gültig. Ob beispielsweise in der Familie, der Firma oder dem Sportverein, der Kohai wird in dieser Beziehungsform immer Kohai bleiben. Der Senpai ist für seinen Kohai ein Vorbild und coacht unterstützend.

In der Familie wird immer das Ältere der Geschwister die Senpai-Rolle innehaben. Nun muss der Senpai nicht immer das höhere Lebensalter aufweisen. Im Berufsleben und anderen Organisationen ist die Dauer der Zugehörigkeit die Messlatte der hierarchischen Einordnung. Nimmt man den Kampfsport als Beispiel, wird immer der Schüler Senpai sein, der früher angefangen hat, selbst wenn er jünger ist. Dies bleibt auch gültig, wenn der Kohai irgendwann eine höhere Rangstufe erhält. Dies funktioniert zumindest in Japan beim Kampfsport, aber nicht unbedingt bei uns!

Uchi/Soto

Uchi bedeutet „innen" und Soto das Gegenteil „außen". Im täglichen Miteinander ist das Prinzip Grundlage der Verhaltensklassifizierung innerhalb und außerhalb einer Gruppe. Innerhalb des eigenen sozialen Umfeldes ist der Umgang offener als außerhalb dieser Gruppe. In der Soto-Gruppe gelten dann andere und stärkere Höflichkeitsregeln, was auch sprachlich zum Ausdruck kommt. Zur inneren Gruppe gehören z. B. die Familie, die Firma oder ein Verein, in dem man Mitglied ist. Es kann aber auch sein, dass schon eine andere Abteilung in der Firma wieder als äußere Gruppe gilt. Als ausländischer Tourist fällt man ausschließlich in die Soto-Klassifizierung.

Honne/Tatemae

Der Begriff „Honne" steht für die wahren Gefühle und Gedanken, die man im Zweifelsfall lieber für sich behält. Tatemae hingegen beschreibt ein für die Öffentlichkeit maskiertes angepasstes Verhalten, bei dem man versucht, die Erwartungen eines harmonischen Zusammenseins zu respektieren.

Ura und Omote

Ura beschreibt die Rückseite und Omote die Vorderseite einer Sache. Im Sinne dieser Betrachtung ist Omote dann das öffentliche Gesicht für die Außendarstellung.

Fazit:

Lieber eine höfliche Ausrede verwenden statt einer brüskierenden Absage und dabei lächeln, dann haben alle ein gutes Gefühl.

153: Kinkaku-ji, der Tempel des „goldenen Pavillons" in Kyoto

Tourismus

Tourismusboom in Japan

Japan gehört mit zu den Ländern, die in der jüngsten Vergangenheit erhebliche Zuwachsraten im Tourismus verzeichnen konnten. Die Zahl der ausländischen Besucher, von denen die meisten Touristen sind, hat sich in den letzten Jahren überproportional gesteigert. Waren es 2010 nur rund 8,6 Millionen, wiesen die Statistiken der „Japan National Tourism Organization" (JNTO) für das Jahr 2018 ca. 31,2 Millionen Einreisende auf. 2020 sanken die Zahlen dann vor dem Hintergrund von Corona auf etwa 59 Tausend und stiegen dann 2023 wieder auf 25,1 Millionen an. Wenn man bedenkt, dass im Jahr 2024 ca. 36,9 Millionen Besucher das Land aufsuchten, ist verständlich, dass man in Japan inzwischen vom „Übertourismus" spricht.

154: An Tempeln, wie dem Senjo-ji in Tokyo, ist man selten allein!

Der weitaus größte Teil der Touristen kommt aus anderen asiatischen Ländern. Mit erheblichem Abstand folgen Nordamerika und Europa. Deutschland spielt hier keine so große Rolle. Aber auch die Zahl der deutschen Touristen stieg in der letzten Zeit kontinuierlich an und es ist vermutlich mit einer weiteren Steigerung der Touristenzahlen zu rechnen.

So sind die Hotelkapazitäten in den Touristenhotspots wie z. B. in Kyoto bereits sehr früh ausgeschöpft. Die vielen Reisegruppen aus den asiatischen Nachbarländern sorgen

155: Ausländische Einreisende 2024 (Tourismus und Business)	
Süd Korea	8.817.800
China	6.981.200
Taiwan	6.044.400
Hongkong	2.683.500
Thailand	1.148.900
Singapur	691.100
Malaysia	506.800
Indonesien	517.600
Philippinen	818.700
Vietnam	621.100
Indien	233.000
Australien	920.200
U.S.A.	2.724.600
Kanada	579.400
Mexico	151.800
UK	437.200
Frankreich	385.000
Deutschland	325.900
Italien	229.700
Spanien	182.300
Russland	99.300
Scandinavien	150.700
Naher Osten	166.300
Andere	1.453.400
Insgesamt	**36.869.900**

155a: Entwicklung der Einreisezahlen

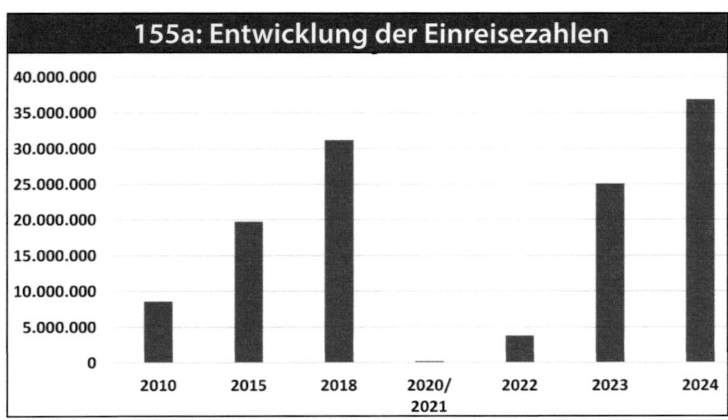

logischerweise auch dafür, dass die Hauptattraktionen teilweise übermäßig stark frequentiert werden. Hinzu kommt, dass das Verhalten einiger dieser Besucher leider nicht immer den üblichen Verhaltensmustern in Japan entspricht.

Japan ohne Sprachkenntnisse

Erstaunlicherweise haben viele Menschen bei uns eine große Scheu davor, ein exotisch anmutendes Land wie Japan auf eigene Faust zu bereisen. Aus meiner Sicht sind diese Bedenken unbegründet. Selbstverständlich ist es in jedem Land der Welt für Besucher einfacher, wenn Sprachkenntnisse vorhanden sind. Aber die Sprachbarriere und das Schriftsystem stellen heute kein unüberwindliches Hindernis mehr dar. Ein großer Teil der Bevölkerung versteht Englisch und Beschilderungen haben neben den japanischen Zeichen in der Regel auch lateinische Schrift.

Man kommt heute durchaus mit Englisch zurecht. Diese Aussage hätte ich nach unserem ersten Aufenthalt im Jahr 1999 nicht getätigt. Aber die Zeiten ändern sich und wir erleben mit steigender Tendenz, dass uns Japaner auf Englisch ansprechen. Manche Japaner neigen allerdings dazu, ein an die Silbenschrift angepasstes Englisch zu sprechen.

Es ist angebracht, ein japanisches Wörterbuch mitzunehmen und es macht sich auch gut, wenn man einige einfache Redefloskeln beherrscht. Aus der Erfahrung eines Bekannten weiß ich, dass man es bei der ersten Ansprache vermeiden sollte, sofort mit zu perfektem Englisch zu brillieren. Wenn der Angesprochene sich überfordert fühlt, könnte dies für ihn einen Gesichtsverlust bedeuten. Wenn man Pech hat, versteht er dann eben doch kein Englisch. Es macht Sinn, sich an die Sprachkenntnisse seines Gegenübers heranzutasten.

Meine Englischkenntnisse sind vokabeltechnisch als eingeschränkt zu bezeichnen. Trotzdem - oder gerade deshalb - hat es bisher immer irgendwie ausgereicht.

Ein paar Verhaltensregeln

Zu Verhalten, Mimik und Gestik findet man im Internet und vielen Publikationen Hinweise. Nachfolgend einige kurze Anmerkungen zu möglichen Fettnäpfchen, die bisher nicht erwähnt wurden:

- Üblicherweise verneigen sich Japaner bei der Begrüßung. Man wird sich sicher freuen, wenn ein Reisegast es genauso macht. Aber auch das Händeschütteln ist in Japan inzwischen bekannt und bedeutet normalerweise keinen Fauxpas. Allerdings ist das bei uns übliche Umarmen nicht angebracht. Hier kommt man seinem Gegenüber dann doch zu nahe.
- Begrüßt man eine namentlich bekannte Person, fügt man an den Nachnamen geschlechtsneutral das Suffix „san“ an. Wenn man sich sehr gut kennt, kann man „san“ auch in Verbindung mit dem Vornamen nutzen – aber nur dann! Es gibt noch weitere Suffixe, die man als Tourist nicht kennen muss.
- Stellt man sich selbst vor oder spricht über die Familie, entfallen diese Höflichkeitszusätze. Man sagt seinen Namen und fügt ein „desu“ an (das „u“ wird nicht mitgesprochen). Das bedeutet dann so in etwa „ich bin“.
- Service ist in Japan selbstverständlich. Das geben von Trinkgeld ist daher nicht üblich und würde den Begünstigten beleidigen.
- Visitenkarten spielen nicht nur im Geschäftsleben eine Rolle. Selbst wenn man in einer Bar mit seinem Nachbarn ins Gespräch kommt, werden oft Visitenkarten übergeben. Die Übergabe erfolgt, indem man die Karte mit beiden Händen und ggf. mit einer angedeuteten Verbeugung überreicht und auch so annimmt.

  Die Karten werden auch nicht achtlos in die Hosentasche gesteckt, sondern achtungsvoll genau betrachtet und ggf. noch eine Zeit auf dem Tisch liegengelassen. Es gilt als unhöflich, sich auf der Karte Notizen zu machen.
- Dass man in Japan bei vielen Gelegenheiten die Schuhe auszieht, ist ja allgemein bekannt. Socken ohne Löcher sind daher von Vorteil. Nicht nur im

privaten Bereich ist das Ausziehen der Schuhe üblich. Auch bei anderen Gelegenheiten, wie z. B. in Lokalen kann dies notwendig sein. In der Regel stehen dann Pantoffel bereit. Wenn man die Toilette aufsucht, wechselt man vor dem Betreten der Räumlichkeiten in die ebenfalls bereitstehenden WC-Schlappen. Soweit so gut, da kann man eigentlich nicht viel falsch machen. Ein absolutes No-Go ist es aber, die Toilettenräume dann wieder mit den WC-Schlappen zu verlassen.

- Sich die Nase in der Öffentlichkeit laut auszuschnäuzen ist verpönt. Also bitte etwas diskret mit der vollen Nase und dem Taschentuch umgehen, es sei denn, man will sich an das in Japan übliche „Hochziehen" anpassen.
- Auf der Straße isst und raucht man nicht. Geraucht wird in ausgewiesenen Raucherzonen. Für das Essen in der Öffentlichkeit gilt die Ausnahme, dass in den Schnell- und Fernzügen gegessen werden darf.
- Drängeln beim Einsteigen in Bahn oder Bus oder bei anderen Gelegenheiten gibt es nicht. Man reiht sich geduldig in die Warteschlange ein.
- Bei Regen werden nasse Schirme vor dem Betreten eines Geschäftes, Hotels usw. in vorhandene Ständer vor der Tür abgestellt oder mit einer am Eingang bereitliegenden Plastikhülle tropfsicher verpackt.
- Wenn kein Abfallbehältnis zur Verfügung steht, nimmt man seinen Müll mit.
- In Japan benutzt man Stäbchen zum Essen und nur zum Essen! Sie sind weder Zeigewerkzeuge noch Hilfsmittel zum Bewegen von Gegenständen auf dem Tisch. Bei der Benutzung gibt es zwei No-Go's:
  - Man übergibt kein Essen von Stäbchen zu Stäbchen. Dies steht im Zusammenhang mit der Einäscherungszeremonie. Hierbei werden die nicht verbrannten Knochen von den Angehörigen mit langen Stäben gemeinsam aus der Asche genommen und in die Urne gelegt.
  - Die Stäbchen senkrecht in die Reisschüssel zu stecken ist ebenfalls verpönt, dies steht rituell für eine letzte Mahlzeit, die man dem Verstorbenen an den Altar stellt.
- Japan unterscheidet sich von anderen asiatischen Ländern. Aufmerksamkeiten - wie klein auch immer – an hilfsbereite Polizisten oder andere Beamte sind ein absolutes Tabu. Man würde dies als Bestechungsversuch auffassen!

Dem Touristen verzeiht man vieles. Der Japaner wird in der Regel auch freundlich und lächelnd bleiben, wenn ihm innerlich schon die Haare zu Berge stehen. Ein Ausländer (Gaijin) kann eben nicht alles wissen oder verstehen.

Ein beruflicher Aufenthalt in Japan bedingt allerdings, sich sehr intensiv mit den Verhaltensregeln des Landes auseinanderzusetzen. Ansonsten wird man kaum Erfolg haben.

Was bietet Japan?

Die Gründe für eine Reise in das Land der aufgehenden Sonne sind vielfältig. Betrachtet man allein die Ethik und Kultur des Miteinanders, sind dies für einen Menschen aus unseren Breitengraden Erfahrungen, die zum Nachdenken anregen können. Aber dies ist sicher nicht ausschlaggebend dafür, warum man sich überlegt, das Land aufzusuchen. Vermutlich sind es eher die Tempel, Burgen, Samurai-Häuser und viele andere Zeugnisse einer über Jahrtausende gewachsenen Kultur.

Um die Zeugnisse der langen Geschichte Japans für künftige Generationen zu erhalten, hat die japanische Regierung zahlreiche Kulturgüter zu Nationalschätzen erklärt. Das Statistical Handbook of Japan 2024 nennt eine Zahl von 13.446 wichtigen Kulturgütern, von denen 1.137 als nationale Schätze gelten.

Die UNESCO weist 2024 für Japan 21 Kulturstätten und 5 Naturdenkmäler als Stätten des Weltkulturerbes aus. Die Liste führt Kulturdenkmäler teilweise zusammengefasst auf. Das bedeutet, dass sich unter einer Position eine Vielzahl historischer Bauten befinden können. Allein die "Historischen Monumente des altertümlichen Kyoto" beinhalten 17 Bauwerke an unterschiedlichen Standorten.

Aber, es gibt mehr! Schöne Landschaften, Bergregionen und Nationalparks zeigen die eindrucksvolle Natur des Landes. Hinzu kommen die Städte. Hier sieht man die heutige Weltoffenheit, bei der die eigene Kultur nicht vergessen wird. Da befindet sich zwischen Hochhäusern ein Tempel oder ein altes Haus. Gerade in den Städten verbindet sich Modernes mit Historischem oft zu einer faszinierenden Mischung.

Egal, was man in Japan vorhat, die zwei Städte Tokyo und Kyoto sollte man unbedingt aufsuchen. Auf der einen Seite die faszinierende und pulsierende Metropole, in der sich westliche und japanische Lebenskultur vermischt. Hier bewegen sich mit einer für uns unbekannten Disziplin Millionen von Menschen durch saubere Straßen und Bahnhöfe. Selbst in dieser Mega-Metropole fügen sich wunderschöne Gärten und Parks harmonisch in das Stadtbild ein und lassen einen den Trubel der Stadt schnell vergessen. Im Vergleich zur Hauptstadt ist in Kyoto alles etwas übersichtlicher. Dafür schlägt die alte Kaiserstadt aber Tokyo mit ihrem kulturellen Angebot um Längen.

Das Netz der öffentlichen Verkehrsmittel ist nicht mit unseren heimischen Gegebenheiten vergleichbar. Dies gilt für Städte genauso wie für Fahrten innerhalb des Landes. Hier ermöglichen die exzellenten Shinkansen-Verbindungen ein schnelles Vorankommen und zeichnen sich durch eine unglaubliche Pünktlichkeit aus.

Japanreisen werden inzwischen sogar über Lebensmitteldiscounter angeboten. Dies ist ein Indiz dafür, dass dieses Land bei Reisenden aus unseren Gefilden

156: UNESCO-Liste der Kulturdenkmäler und Naturstätten Japans			
Jahr	**Rubrik**	**Bezeichnung**	**Präfektur**
1993	Kultur	Buddhistische Monumente im Horyu-ji Gebiet	Nara
	Kultur	Himeji-jo (Burg)	Hyogo
	Natur	Yakushima (Insel)	Kagoshima
	Natur	Shirakami-Sanchi (Berge)	Aomori, Akita
1994	Kultur	Historische Monumente des altertümlichen Kyoto (die Städte Kyoto, Uji und Otsu)	Kyoto, Shiga *)
1995	Kultur	Historische Dörfer von Shirakawa-go und Gokayama	Gifu, Toyama
1996	Kultur	Friedensdenkmal in Hiroshima (Genbaku-Kuppel)	Hiroshima
	Kultur	Itsukushima Shinto-Schrein	Hiroshima
1998	Kultur	Historische Monumente des alten Nara	Nara
1999	Kultur	Schreine und Tempel von Nikko	Tochigi
2000	Kultur	Gusuku-Stätten und zugehörige Stätten des Königreichs von Ryukyu	Okinawa
2004	Kultur	Kulturelle, heilige Stätten und Pilgerwege im Kii-Gebirge	Mie, Nara, Wakayama
2005	Natur	Shiretoko-Halbinsel	Hokkaido
2007	Kultur	Iwami-Ginzan-Silbermine und Kulturlandschaft	Shimane
2011	Natur	Ogasawara-Inseln	Tokyo
	Kultur	Hiraizumi – Tempel, Gärten und archäologische Stätten, die das buddhistische reine Land repräsentieren	Iwate
2013	Kultur	Fuji: heiliger Ort und Quelle künstlerischer Inspiration	Shizuoka, Yamanashi
2014	Kultur	Seidenspinnerei Tomioka und zugehörige Stätten	Gunma
2015	Kultur	Stätten Japans industrieller Revolution der Meiji-Zeit: Eisen und Stahl, Schiffsbau und Kohlebergbau	Yamaguchi, Fukuoka, Saga, Kumamoto ,Nagasaki, Kagoshima, Iwate, Shizuoka
2016	Kultur	Das architektonische Werk von Le Corbusier, ein herausragender Beitrag zur modernen Bewegung	Tokyo
2017	Kultur	Heilige Insel Okinoshima und zugehörige Stätten in der Region Munakata	Fukuoka
2018	Kultur	Verborgene christliche Stätten in der Region Nagasaki	Nagasaki, Kumamoto
2019	Kultur	Mozu-Furuichi Kofun-Gruppe: Hügelgräber des alten Japans	Osaka
2021	Natur	Amami-Oshima-Insel, Tokunoshima-Insel, nördlicher Teil der Insel Okinawa und Iriomote-Insel	Kagoshima, Okinawa
	Kultur	Prähistorische Stätten von Jomon im Norden Japans	Hokkaido, Aomori, Iwate, Akita
2024	Kultur	Goldbergwerke der Insel Sado	Niigata

*) Bestandteile des UNESCO-Weltkulturerbes „historische Monumente des altertümlichen Kyoto“	
Burg:	Nijo
Tempel:	Nishi-Hongan-ji, To-ji, Byodo-in, Kozan-ji, Enryaku-ji, Saiho-ji (auch als „Koke-dera" bekannt), Daigo-ji, Ginkaku-ji, Kiyomizu-dera, Kinkaku-ji, Ninna-ji, Ryoan-ji, Tenryu-ji
Schreine:	Shimogamo-jinja (auch als „Kamomioya-jinja“ bekannt), Kamigamo-jinja (auch als „Kamowakei-kazuchi-jinja“ bekannt), Ujigami-jinja,

immer beliebter wird. Viele Reiseveranstalter bieten interessante und gut ausgearbeitete Rundreisen an. Diese haben sicher den Vorteil, dass man eine große Bandbreite von Eindrücken über die Kulturschätze des Landes mit nach Hause nehmen kann. Aber man sollte schon genau hinschauen, was geboten wird und wie man von A nach B kommt, damit die Erholung nicht auf der Strecke bleibt. Kontakte zu den Einwohnern ergeben sich bei organisierten Reisen vermutlich eher weniger. Ein Land individuell zu bereisen und eine auf die eigenen Bedürfnisse abgestimmte Planung bietet hierbei sicher Vorteile.

Es gibt auch Anbieter, die Individualreisen im Angebot haben bzw. den Reisenden individuelle Spielräume bieten. Selbst Radreisen werden inzwischen angeboten. Unter Umständen macht es ja auch Sinn, an einen organisierten Aufenthalt ein paar Tage Individualurlaub anzuhängen.

Die nachfolgenden Kapitel sollen keinen Reiseführer ersetzen. Sie sind eine Auswahl von Highlights und einigen nicht so bekannten Möglichkeiten. Es geht mir darum, Anregungen zu geben und eine Bandbreite möglicher Aktivitäten aufzuzeigen. Japan hat zu allen Themen wesentlich mehr zu bieten und manches versteckte oder nicht erwähnte Juwel wartet auf Entdeckung. Eine Wertung oder gerechte Hitliste zu erstellen, ist kaum möglich. Egal wie oft man Japan bereist, man findet immer wieder etwas Besonderes.

Historische Bauten

Tempel und Schreine, Bauerndörfer, Poststationen, Geisha- und Samurai-Häuser sowie Burgen bieten dem kulturell Interessierten Einblicke in vergangene Zeiten. Die meisten Kulturdenkmäler sind aus Holz und werden daher in regelmäßigen Abständen renoviert, um sie der Nachwelt zu erhalten. Bei einigen Gebäuden handelt es sich um Nachbauten mit heutigen Baustoffen, wobei der ursprüngliche Charakter in der Regel erhalten wurde. Man findet an vielen Stellen auf gut erhaltene Bauwerke aus vergangenen Zeiten. Auf Häuser der ersten westlichen Ansiedlungen von Kaufleuten stößt man z. B. in den Hafenstädten Hakodate, Kobe, Yokohama und Nagasaki. Aber auch Relikte aus dem ländlichen Leben vergangener Jahrhunderte warten auf Besucher.

Tempel und Schreine

Tempel und Schreine gehören einfach dazu. Sie existieren im ganzen Land quasi an jeder Ecke.

157: Die Buddha-Statue im Seiryu-ji in Aomori

Aomori

Etwas außerhalb von Aomori, im Norden von Honshu, liegt inmitten einer schönen Gartenanlage der Tempel Seiryu-ji. Obwohl dieser Tempel mit seiner erst um 1992 fertiggestellten Haupthalle und der fünfstöckigen Pagode nicht historisch ist, hat er mit einer 21,35 Meter hohen bronzenen sitzenden Buddha-Statue ein relativ unbekanntes Highlight zu bieten.

158: Gojunoto-Pagode am Toshogu-Schrein, Nikko

Nikko

Nikko – ca. 130 Kilometer nördlich der Hauptstadt - hat mit dem Toshogu Schrein und Futarasan-jinja Schrein sowie dem Tempel Rinno-ji gleich drei interessante Sehenswürdigkeiten, die in unmittelbarer Nachbarschaft liegen.

Die Hauptattraktion ist der Toshogu-Schrein. Neben den prächtigen Gebäuden hat er zwei Besonderheiten. Kurz nach dem Betreten des Geländes kommt man an einem unscheinbaren Stallgebäude vorbei. An der Fassade findet man das weltbekannte Wahrzeichen der Stadt Nikko, die Schnitzerei der drei Affen, die nichts Böses sehen, hören und sagen. Im oberen Teil der Anlage kann man die Grabstätte von Tokugawa Ieyasu besuchen.

159: KaramonTor des Tosho-gu Schreins, Nikko

Tokyo

Senso-ji-Tempel und der Asakusa-Jinja Schrein

Die Geschichte des Tempels reicht in die erste Hälfte des 7. Jahrhunderts zurück. Seine Anlage sowie der etwas im Hintergrund liegende Schrein sind mit ihren Toren, der bunten Einkaufsstraße mit vielen Souvenirläden und der fünfstöckigen Pagode ein Touristenmagnet der Hauptstadt.

Meiji-Schrein

Er wurde 1920 zu Ehren des verstorbenen Kaisers Meiji errichtet und gehört mit zu den bekanntesten Sehenswürdigkeiten der Stadt. Der Schrein liegt in einer großen bewaldeten Parkanlage, dem Meiji-Park. Ein besonderer Teil des parkartigen Schrein-Geländes ist der Irisgarten, der zur Blütezeit (ca. Mai bis Juni) sehr beliebt ist.

Okunitama-jinja Schrein

Der Okunitama-Jinja ist mit einer rund 2.000-jährigen Geschichte einer der wichtigsten und größten Schreine in Tokyo. Allerdings wird er vermutlich aufgrund seiner nicht zentrumsnahen Lage in Fuchu von Touristen weniger aufgesucht.

160: Grabstätte von Tokugawa Ieyasu im Toshogu-Schrein, Nikko

161: Der Daibutsu von Kamakura

Kamakura

Die geschichtsträchtige Stadt Kamakura südlich von Tokyo bietet zahlreiche Tempel und Schreine, deren Besuch lohnenswert ist. Beispiele hierfür sind die Tempel Hase-dera mit seiner schönen Lage an einem Berghang, der Hokoku-ji mit seinem Bambushain und der eindrucksvolle Tsurugaoka Hachimangu-Schrein. Der wohl meist besuchte Tempel der Stadt ist aber der Kotoku-in mit dem Daibutsu, einer über 750 Jahre alten Buddha-Bronzestatue. Die Statue ist ein japanischer Nationalschatz. Sie hat ein Gewicht von über 120 Tonnen und eine Höhe von 13,35 Metern inklusive der Plattform von ca. 2 Metern.

Kyoto

Mit über 2.000 Tempeln bzw. Schreinen und 17 historischen Stätten, die seit 1994 zum UNESCO Weltkulturerbe gehören, gibt es keine andere Stadt, welche die Kulturgüter des Landes derartig geballt widerspiegelt. Es ist nahezu unmöglich, hier eine Übersicht zu erstellen, die den Gegebenheiten annähernd gerecht wird. In meine persönliche Hitliste gehören folgende Tempel und Schreine:

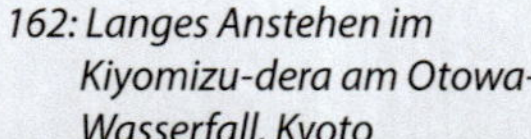

162: Langes Anstehen im Kiyomizu-dera am Otowa-Wasserfall, Kyoto

Kiyomizu-dera

Sein Name bedeutet übersetzt Tempel des reinen Wassers. Den drei Strahlen des Otowa-Wasserfalls unterhalb der Haupthalle werden die Bedeutungen „Liebesglück, langes Leben und Schulerfolg“ nachgesagt. Es daher nicht verwunderlich, dass die Besucher das Wasser auffangen und trinken. Es gilt allerdings als gierig, aus allen drei Strahlen zu trinken. Direkt oberhalb der Haupthalle befindet sich der bekannte Schrein Jishu-jinja, der dem Gott der Liebe gewidmet ist. Wer es schafft, mit geschlossenen Augen den geraden Weg von 18 Metern zwischen den zwei Liebessteinen zu gehen, dem winkt das Glück in der Liebe.

163: Eingangstor zum Kiyomizu-dera in Kyoto

Myoshin-ji

Der große Komplex des Myoshin-ji hat um die 50 Untertempel, von denen aber viele nicht besichtigt werden können. Auf dem weitläufigen Gelände gibt es u. a. einen schönen Teichgarten.

Ryoan-ji

Das unverwechselbare Markenzeichen dieses Tempels ist der berühmte rechteckige Steingarten, auf dessen Kieselfläche 15 Felssteine angeordnet sind. Trotz einer Aussichtsplattform ist es nicht möglich, alle Steine mit einem Blick zu erfassen. Aber auch die sonstigen Gartenanlagen mit Teich sind sehenswert.

164: Zen-Garten im Ryoan-ji, Kyoto

Ninna-ji

Das riesige Areal bietet alles was man erwarten kann. Ein Haupttor mit Tempelwächtern, schöne Bauten sowie eine hübsche Gartenanlage mit Teichen und Brücken. Ein besonderer Hingucker ist die fünfstöckige Pagode.

Kinkaku-ji

Der Tempel des „goldenen Pavillons“. Mit seinen zwei vergoldeten Etagen gehört er zu den beliebtesten

Fotomotiven in Kyoto. Besondern schön anzusehen ist er bei Windstille, wenn sich seine Silhouette im Teich vor ihm spiegelt.

Ginkaku-ji

Geplant als Gegenstück zum goldenen Pavillon sollte der „silberne Pavillon" ursprünglich versilbert werden. Auch ohne „Silber" beeindruckt das Gebäude mit seiner schlichten Eleganz. Die umgebende Gartenanlage mit ihren imposanten Kies- und Moosgärten ist ein gelungenes Beispiel der Gartenarchitektur.

Nanzen-ji

Auch dieser Tempel gehört zu den Touristenmagneten der Stadt. Neben den Haupt- und Nebentempelgebäuden und den Gartenanlagen sticht einem nach dem Durchgang durch das Sanmon-Tor ein Aquädukt ins Auge. Dieses Relikt ist Teil eines Kanalsystems aus der Meiji-Zeit. Auch dieser Tempelkomplex verfügt über sehenswerte Zen- bzw. Steingärten.

Sanjusangen-do

In der gut 120 Meter langen Tempelhalle befinden sich 1001 goldfarbene Statuen der Göttin der Barmherzigkeit (Kannon) auf einer mehrstufigen Empore. Neben einer großen sitzenden Kannon in der Mitte stehen auf jeder Seite 500 unterschiedliche Figuren der Göttin. An den Hallenseiten sind Statuen des Gottes des Windes bzw. des Donners platziert und in Abständen säumen 28 Wächterfiguren die Empore. Trotz der vielen Besucher hat die Halle eine beeindruckende Atmosphäre.

Tofuku-ji

Der große Zen-Tempel im Südosten der Stadt ist für die besonders schöne Laubfärbung im Herbst bekannt. Zu seinen Anlagen gehört auch ein großer Steingarten. Das 22 Meter hohe Haupttor „Sanmon Gate" gilt als ältestes Zen-Tor des Landes.

Enryaku-ji

Die Kloster- und Tempelanlage auf dem Berg Hiei an der Grenze der Präfekturen Shiga und Kyoto hat, wie bereits erwähnt, eine geschichtlich interessante Vergangenheit. Obwohl die heutige Anlage riesig ist, spiegelt sie nur einen Teil des ursprünglichen Umfangs und der damaligen Macht wieder, was der Faszination keinen Abbruch tut.

Byodo-in

Diese Tempelanlage in der Stadt Uji südlich von Kyoto gehört ebenfalls mit zum Weltkulturerbe. Sie gilt im Zusammenhang mit dem Garten als eindrucksvolles Beispiel für die „buddhistische reine Land Architektur". Diese Form der buddhistischen Anschauung hat ihre Wurzeln in der Heian-

165: Phönix-Halle des Byodo-in Tempels in Uji

Periode, wobei das „reine Land“ als eine Vorstufe zum Nirwana zu sehen ist. Die Haupthalle vor dem großen Teich trägt den Namen „Phönixhalle“. Ihre Spiegelung im Wasser des Teiches ist ein unvergesslicher Eindruck.

Fushimi Inari-Taisha

Die sich den Berghang mehrere Kilometer hochwindende Allee unzähliger roter Torii (Tore) ist ein beliebtes japanisches Fotomotiv. Der Shinto-Schrein ist „Inari“, der Gottheit (Kami) des Reisanbaus und damit auch des Sake gewidmet. Auf dem Weg zum Schrein stößt man auf Fuchsstatuen, die als Boten der Göttin gelten.

166: Torii-Allee des Fushimi Inari-Taisha, Kyoto

Daigo-ji

Dieser Tempelkomplex an einem Berghang in Fushimi südöstlich des Stadtzentrums gehört mit zum Weltkulturerbe „Historische Monumente des altertümlichen Kyoto“. Die weitläufige Anlage gibt einem bergaufwärts die Möglichkeit, sich etwas abseits der Touristenströme zu bewegen. Der Komplex mit seiner optisch schönen Haupthalle und weiteren Gebäuden, zu denen eine fünfstöckige Pagode gehört, hat auch einen sehenswerten Landschaftsgarten.

Daitoku-ji

Abgesehen von den Bauwerken ist dieser riesige Tempelkomplex im nördlichen Teil der Stadt mit vielen Nebengebäuden und Untertempeln für seine Gartenanlagen mit beeindruckenden Zen-Gärten bekannt. Sie gelten als Meisterwerke der trockenen Landschaft.

Tenryu-ji

Arashiyama liegt etwas außerhalb am westlichen Rand der Stadt und ist durch seinen Bambuswald und weitere Sehenswürdigkeiten bei Touristen beliebt. Ein sehr gut gestalteter Landschafts- bzw. Teichgarten befindet sich auf dem Gelände des Tenryu-ji, eines Tempels, der bereits Anfang des 14. Jahrhunderts erbaut wurde und ebenfalls zum Weltkulturerbe „Historische Monumente des altertümlichen Kyoto" gehört. Im Gegensatz zu den im Laufe der Jahrhunderte mehrfach neu erbauten Gebäuden hat der Garten seine Ursprungsform bewahrt. Optisch verschmilzt er mit den bewaldeten Hügeln der Umgebung als „geborgte Landschaft". Der große zentrale Teich vor der Haupthalle (Hojo), Bach, Felsenelemente sowie Nadel und Laubbäume lassen den Besuch zum Erlebnis werden.

Nara

Die ehemalige Kaiser- und Hauptstadt südöstlich der Millionenstadt Osaka darf in dieser Aufzählung zurecht nicht fehlen. Erwähnenswert sind der von einer Vielzahl metallener und steinerner Laternen gesäumte Kasuga-Schrein, die Tempel Kofuku-ji mit der fünfstöckigen Pagode und der Todai-ji. In der Haupthalle des Todai-ji - welche weltweit die größte Holzkonstruktion sein soll - befindet sich der „Daibutsu-san" eine ca. 15 Meter hohe Buddha-Statue aus Bronze. Alle genannten Sehenswürdigkeiten liegen im bzw. am Rand des weitläufigen Nara-Parks, in dem sich viele freilaufende Rehe gerne von den Touristen füttern lassen.

Ise

Die Stadt Ise auf der Shima–Halbinsel beherbergt den wichtigsten Shinto-Schrein des Landes, den Ise-Jingu. Er heißt eigentlich nur „Jingu", was der Übersetzung „Gottespalast" entspricht. Die riesige Anlage mit 125 Schreinen ist in zwei Bereiche unterteilt, die etwas voneinander entfernt liegen. Dem inneren Bereich Kotaijingu (Naiku) - der Amaterasu-Omikami, der Ahnherrin des Kaiserhauses gewidmet ist - und dem äußeren Bereich Toyo'uke-Daijingu (Geku), der Toyo'uke-no-Omikami einer weiteren Gottheit als Begleitung der Sonnengöttin gewidmet ist. Die Hauptgebäude des inneren Schreins sind

167: Der Daibutsu-san im Todai-ji, Nara

durch Zäune abgetrennt. Der Zugang in diese Gebäude ist nur den Priestern und der kaiserlichen Familie gestattet.

Burgen

168: Burg in Matsumoto

Es soll heute noch über 300 Burgen im Land geben, die an vergangene Zeiten erinnern. Die „Japan Castle Foundation" führt die 100 kulturell bedeutendsten Bauwerke auf. Es kommt durchaus vor, dass man durch ländliche Gebiete fährt und auf einer Anhöhe eine Burg entdeckt. Manche Burgen sind moderne Bauten, bei denen nur das äußere Erscheinungsbild der Vergangenheit entspricht und andere sind ganz oder teilweise im Originalzustand. Beachten Sie bitte auch, dass nicht jede Burg im Land für Besichtigungen geöffnet ist. In vielen Burgen gibt es Ausstellungen mit historischen Informationen.

Matsumoto

Nordwestlich von Tokyo in den japanischen Alpen bietet die Stadt eine der schönsten und zum Nationalerbe gehörende originale Burganlage. Matsumoto-jo trägt auf Grund ihres schwarzen Anstriches den Beinahmen „Krähenburg" und ist absolut sehenswert.

Nagoya

Die große und beeindruckende Burg Nagoya-jo weist zwar nicht mehr den Originalzustand auf, ist aber trotzdem ein sehenswertes Relikt vergangener Zeiten. Aktuell beginnt man damit, den Hauptturm des Schlosses umzugestalten. Er soll durch eine dem Ursprung entsprechende Holzkonstruktion ersetzt werden. Außerdem bietet die Burganlage ein großes Parkareal.

Inuyama

Inuyama-jo gehört zu den ältesten erhaltenen Burgen in Japan und ist eine der 12 Burgen, die sich im Ursprungszustand befinden. Außerdem gehört die nördlich von Nagoya auf einem Hügel am Fluss Kiso gelegene Festungsanlage zu den Nationalschätzen des Landes.

Hikone

Liebevoll restaurierte bzw. rekonstruierte Gebäude und Anlagen zeichnen Hikone-jo am Biwa See aus. Der noch erhaltene historische Turm der Burg ist ebenfalls ein japanischer Nationalschatz.

Kyoto

Nijo-jo, die ehemalige Residenz der Shogune in der Kaiserstadt, diente während der Edo-Zeit in erster Linie der Machtdemonstration des Shogunats gegenüber Kaiserhaus und Feudalherren. Die Burganlage mit Palastgebäuden sowie den schönen Gartenanlagen gehört mit zu den prächtigsten und wichtigsten Kulturgütern des Landes.

Osaka

In der Geschichte des Landes spielte Osaka-jo eine wichtige Rolle. Der heutige Hauptturm ist ein Nachbau aus Stahlbeton, was der prächtigen Erscheinung der berühmten Burg aber keinen Abbruch tut und eine Besichtigung wert ist, das gilt auch für die Ausstellung im Gebäude.

Himeji

Himeji-jo - auch unter dem Namen „Burg des weißen Reihers" (Shirasagi-jo) bekannt - gilt als die Burganlage in Japan, die am meisten von Touristen besucht wird.

Der japanische Nationalschatz gehört zu den zwölf Burgen, die dem Originalzustand entsprechen. Von Zerstörungen durch Kriege, Erdbeben und anderen Katastrophen blieb sie so gut wie verschont.

Schon bei der Fahrt mit dem Shinkansen erkennt man beim Erreichen des Ortes, zwischen Osaka und Hiroshima, unübersehbar über der Stadt thronend die weiß strahlende Burg.

169: Burg in Inuyama

Okayama

Die imposante Burg Okayama-jo an der Shinkansen-Strecke Osaka/Hiroshima wurde im 2. Weltkrieg zerstört, so dass das heutige Bauwerk eine Rekonstruktion ist. Sie trägt aufgrund der schwarzen Farbgebung, wie die Burg in Matsumoto, ebenfalls den Namen Krähenburg.

170: Burganlage von Himeji

Kumamoto

Kumamoto-jo auf der südlichen Hauptinsel Kyushu ist eine beeindruckende Festungsanlage. Bei den meisten Gebäuden handelt es sich um liebevolle Rekonstruktionen, was dem Charme aber nicht schadet. Leider wurde die Burg 2016 beim Kumamoto-Erdbeben stark beschädigt. Obwohl der Wiederaufbau läuft, wird die vollständige Renovierung vermutlich noch Jahre dauern.

171: Burg in Okayama

Samurai-Häuser, Geisha-Viertel und Kaufmannshäuser

An vielen Orten trifft man auf einzelne bzw. Ansammlungen dieser Gebäude. Teilweise werden sie privat oder noch ihrem Zweck entsprechend genutzt. Einige können besichtigt werden, andere nicht.

Hirosaki

Die frühere Festungsstadt ganz im Norden von Honshu in der Präfektur Aomori hat neben anderen Sehenswürdigkeiten auch ein Samurai-Viertel zu bieten. Hier stehen zwar nicht nur alte Häuser, aber bei der Bebauung wurde darauf geachtet, dass der Charakter erhalten blieb. Heute kann man hier vier gut erhaltene Samurai-Residenzen besichtigen.

Kakunodate

Der Samurai-Bezirk der alten Festungsstadt in der heutigen Präfektur Akita im Nordwesten der Region Tohoku ist wirklich etwas Besonderes. Die Grundzüge des Distriktes sind bis in die heutige Zeit nahezu unverändert. Schon durch die zum Teil offenen Tore der Samurai-Anwesen bekommt man einen herrlichen Eindruck über die Wohnanlagen des ehemaligen Ritterstandes. Bei einer Reihe von Anwesen besteht die Möglichkeit, diese ausgiebig zu besichtigen. Räumlich getrennt, wie es im alten Japan üblich war, liegt der Handelsbezirk der Stadt. Auch hier gibt es noch Gebäude aus vergangenen Zeiten zu besichtigen bzw. anzusehen.

Kawagoe

Neben anderen touristischen Attraktionen ist „Little Edo", wie Kawagoe auch genannt wird, für das historische „Kurazukuri" Viertel - einem Geschäfts- und Lagerhausbezirk - bekannt. Wenn der Straßenverkehr nicht wäre, könnte man denken, dass hier die Zeit stehengeblieben ist. Der Ort ist von Tokyo aus ungefähr in 30 Minuten mit der Bahn erreichbar.

Sawara

Auch hier gibt es einen kleinen historischen Bezirk mit traditionellen Wohn- bzw. Geschäft- und Lagerhäusern, deren Ursprünge in der Edo Zeit liegen. Die Häuser sind gut restauriert und liegen zum Teil an einem hübschen Kanal. Auch dieser Ort trägt den Beinamen „Little Edo". Sawara nordöstlich von Narita liegt ca. 70 Kilometer von Tokyo entfernt.

Sakura

In dieser Großstadt nördlich von Chiba (Präfektur Chiba) im Großraum Tokyo gibt es eine Straße mit historischen Häusern bzw. Samurai-Residenzen. Von den insgesamt fünf Samurai-Häusern können drei besichtigt werden.

172: Higashi Chaya Distrikt in Kanazawa

Kanazawa

Kanazawa in der Region Chubu liegt auf der Westseite von Honshu am Japanischen Meer. Der Ort war bereits ein Touristen-Hotspot bevor das Gleisnetz des Shinkansen ihn 2015 erreichte. Die genannten Sehenswürdigkeiten in dieser Rubrik zeigen nur einen kleinen Teil des Gesamtangebotes.

Abgesehen vom alten Samurai-Distrikt „Nagamachi", in dem das Nomura-Haus besichtigt werden kann, sind es die historischen Geisha-Viertel, die viele Besucher anlocken. Drei gut erhaltene Viertel oder genauer gesagt Chaya-Bezirke (Chaya=Teehaus) gibt es hier. Es sind der Higashi Chaya, der östliche und größte Distrikt, Nishi Chaya (westlicher Distrikt) und Kazue-machi. Alle drei haben Sehenswertes zu bieten. Einige der Teehäuser sind noch in Betrieb. Informationen über die Teehauskultur erhält man im Shima-Teehaus-Museum im Higashi Chaya Bezirk.

173: Blick in ein altes Kaufmannshaus in Takayama

Takayama

Die Stadt liegt im Norden der Präfektur Gifu im Hida-Gebirgszug, einem Teil der japanischen Alpen. In Japan gibt es mehrere gleichnamige Orte, die Stadt wird zur Vermeidung von Verwechselungen auch Hida-Takayama genannt. In der Kaufmannsstadt aus der Edo-Zeit sind in der Altstadt viele der ehemaligen Geschäfts- und Lagerhäuser erhalten geblieben und werden auch heute noch vielfältig genutzt. Es gibt hier z. B. Geschäfte, Lokale und Cafés sowie Sake-Brauereien.

Kyoto

Gion heißt das berühmte Geisha-Viertel in Kyoto. Kein Wunder, dass es hier von Touristen aus aller Welt wimmelt. Am beliebtesten ist der Abschnitt der Straße Hanami-Koji-dori von der Shijo-dori bis ungefähr zum Gion Corner. Wer nicht darauf aus ist, unbedingt eine Geiko oder Maiko auf dem Weg zur Arbeit zu Gesicht zu bekommen, bzw. wenn man es einfach etwas ruhiger haben will, findet entlang des Shirakawa-Kanals parallel zur Shijo-dori ebenfalls viele alte Gebäude.

Historische Dörfer und Freilichtmuseen

Neben den bisher erwähnten historischen Bauten sollte man nicht übersehen, dass es auch Sehenswertes aus dem Landleben vergangener Jahrhunderte gibt.

Narita

Obwohl im Freiluftmuseum „Boso no Mura“ im Großraum Tokyo ein großer Teil der Häuser von Bauern und Händlern aus Reproduktionen besteht, bekommt man in dem Dorf einen informativen Einblick in Kultur und Geschichte vergangener Zeiten. Neben den Gebäuden gibt es hier auch einige Bestattungshügel.

Kawasaki

Ebenfalls nahe Tokyo in der Stadt Kawasaki, unweit des Bahnhofes Mukogaoka Yuen, liegt das Freilichtmuseum „Nihon Minkaen“. Hier wurden 25 Häuser in traditioneller Bauweise aus verschiedenen Landesteilen aufgebaut. Es sind Bauten aus Fischerdörfern, Samurai- oder Kaufmannsvierteln sowie ein kleiner Schrein und eine Kabuki-Bühne.

Magome und Tsumago

Beide Orte waren Poststationen am Nakasendo, einer der Hauptverbindungsstraßen, die Kyoto in der Edo-Zeit mit der Hauptstadt verbanden. Die Orte bieten eine Anzahl von gut restaurierten alten Häusern, wobei Magome touristisch wesentlich stärker frequentiert wird als Tsumago im Kiso-Tal. Die Orte liegen ungefähr 8 Kilometer auseinander. Nach meiner Ansicht ist Tsumago der authentischere Ort. Das Teilstück des Nakasendo zwischen den Orten ist eine beliebte Wanderstrecke.

174: Historische Häuser in Shirakawa-go, Präfektur Gifu

Shirakawa-go und Gokayama

Hinweise auf diese Orte findet man oft in Reiseangeboten, was auch kein Wunder ist. Seit 1995 sind die „Historischen Dörfer von Shirakawa-go und Gokayama“ in den Präfekturen Gifu bzw. Toyama Teil des Weltkulturerbes. Die Bauernhäuser mit ihren strohgedeckten Dächern und spitzen Giebeln liegen im Tal des Flusses Shogawa in den schneereichen japanischen Alpen. Sie sind im sogenannten Gassho-Stil (Gassho = zum Gebet gefaltete Hände) erbaut. Die Wärme des obersten Geschosses der Bauten wurde früher zur Zucht von Seidenraupen genutzt.

175: Tsumago in der Präfektur Nagano

Miyama - Kayabuki no Sato

Nördlich von Kyoto in den Bergen gibt es Gegenden, in denen man auf dem Land Dörfer mit alter Bebauung findet. Etwas Besonders ist das relativ abgelegene Dorf „Kayabuki no Sato“. Hier gibt es noch um die 40 Strohdachhäuser, von denen einzelne als Museum fungieren.

176: Blühende Kirschbäume im Shinjuku-Park, Tokyo

Gärten und Parks

Viele Parkanlagen in Japans Städten dienen der Naherholung der Bevölkerung. Das gleiche gilt natürlich auch für japanische Gärten. Einige der großen Parks haben besondere Areale, die sich der japanischen Gartenkunst oder besonderen Anpflanzungen widmen. Andererseits sind japanische Gärten oft so groß, dass man sie als Park bezeichnen kann. Wie Sie vermutlich gerade bemerken, rede oder besser gesagt schreibe ich etwas um den heißen Brei herum. Worauf ich hinaus will ist, dass es mir Schwierigkeiten bereitet, zwischen Park und Garten eine klare Trennlinie zu ziehen. Beide Formen der Grünanlagen haben ihren Charme und es gibt Vermischungen. Viele sind eintrittspflichtig und haben Öffnungszeiten.

Gerade in den Städten bieten Parkareale eine Abwechslung

zum Pflastertreten. Besonders an den Wochenenden ist es hier interessant. Hier einige Beispiele für Tokyo:

Ueno-koen

Der weitläufige Park nahe der JR-Ueno Station lockt zu allen Jahreszeiten Besucher an. Auf dem Areal findet man u. a. einen großen Teich, eine Pagode, einen Schrein und einen Tempel. Hinzu kommen Museen und der Ueno-Zoo. Gerade an den Wochenenden finden auf den großen Freiflächen Veranstaltungen unterschiedlicher Art statt. Auf den Wegen zeigen Hobbykünstler ihr Können. Zu den Zeiten der Kirschblüte ist das Gelände einer der beliebtesten Hotspots für Hanami-Partys.

Yoyogi-koen

Auch diese grüne Oase im Stadtteil Shibuya ist ein beliebter Treffpunkt der Bevölkerung. Er grenzt an das Gelände des Meiji-Parks. Hier findet man Gruppen junger oder älterer Menschen, die ihren Hobbys nachgehen. Sie üben z. B. Tanzschritte, verkleiden sich, malen, machen Musik oder genießen einfach nur den Tag. Im Familien- oder Freundeskreis findet ein Picknick statt oder es werden die großen Rasen- oder Freiflächen zum gemeinsamen Spielen und andere Outdoor-Aktivitäten wie Joggen benutzt. Verlässt man den Park über eine Fußgängerbrücke in Richtung Shibuya, gelangt man auf einen Platz mit einer Bühne. Hier finden regelmäßig die unterschiedlichsten Veranstaltungen vom Flohmarkt bis zum Rockkonzert statt.

Shinjuku Gyoen

Der große Park in der Nähe der JR-Shinjuku Station ist ebenfalls ein beliebter Rückzugsort aus dem geschäftigen Treiben dieses Stadtteils. Neben weitläufigen Rasenflächen, Kirschbäumen, Gewächshäusern, Pavillons und Teichen ist ein Teil des Gartens japanisch gestaltet. Weitere Areale weisen englische oder französische Einflüsse auf.

Inokashira Onshi-koen

Zentrales Element des weitläufigen Parkgeländes im Stadtbezirk Kichijo-ji ist ein lang gestreckter von Bäumen umrandeter Teich. Der Park ist bei der Bevölkerung sehr beliebt. Am Benzaiten-Schrein gibt es einen kleinen Zoo. Auch Boote können gemietet werden. Insbesondere an den Wochenenden unterhalten hier Künstler die Parkbesucher mit musikalischen oder anderen Darbietungen.

Koi

Nishikigoi (Brokatkarpfen) ist eigentlich der richtige Name für diese farbenprächtigen Fische der Familie der Cypriniden (karpfenartige Fische). Man begegnet ihnen oft in den Teichen der Parks und Gärten, aber auch in den Burggräben kann man sie häufig schwimmen sehen.

Die bei uns verwendete Bezeichnung „Koi" bezeichnet in Japan einfach den Karpfen, der auch in Japan seit Jahrhunderten als Speisefisch bekannt ist. Fische, die den bei uns heimischen Spiegel- oder Zeilkarpfen in den Schuppen ähnlich sehen, nennt man in Japan Doitsugoi (deutsche Karpfen). In der japanischen Kultur gilt der Karpfen als Symbol für Kraft und Zielstrebigkeit. Wer schon mal ein großes Exemplar an der Angel hatte, weiß vermutlich wovon die Japaner reden.

Die Nishikigoi dienen heute nicht mehr der Ernährung. Sie haben inzwischen weltweit in diversen Farbvarianten ihren Siegeszug als Zierfische in die Gartenteiche angetreten, obwohl der Fisch hohe Ansprüche an die Wasserqualität und Ernährung stellt. Für bestimmte Farbmuster zahlen Liebhaber hohe Summen.

Auf dem Gelände wurden Teile des Filmes „Kirschblüten-Hanami" von Doris Dörrie gedreht.

Östliche Gärten des Kaiserpalastes

Sie tragen den Namen „Kokyo Higashi Gyoen" und sind während der Öffnungszeiten im Gegensatz zum Kaiserpalast ohne vorherige Anmeldung zu betreten. Ein Teil dieses großen Areals ist der Ninomaru-Garten, ein japanischer Landschaftsgarten. Er ist den Gärten der Edo-Zeit nachempfunden.

Japanische Gartenkunst

Egal, ob Landschafts- oder Steingarten, diese Gartenanlagen faszinieren mich immer wieder. Es sind Kunstwerke in Form von Miniaturlandschaften, die eine vollendete Harmonie und Ästhetik ausstrahlen. Der Ursprung dieser Gartenformen kommt aus China.

Die Gestaltungselemente des Zen- oder Steingartens sind Kies- bzw. Sandflächen, Steine oder kleine Felsenelemente sowie Moos und Bäume. Die geharkten Kiesflächen symbolisieren hierbei das Element des fließenden Wassers. Die spirituelle Schlichtheit und Ruhe dieser trockenen Landschaftsgärten entfalten dem Betrachter schnell ihre meditative Wirkung. Bekannte Vertreter dieser Gartenform sind z. B. die Zen-Gärten des Ryoan-ji und des Tofuku-ji in Kyoto.

In den Wandel- oder Landschaftsgärten findet man Teiche mit Inseln, Bachläufe und meistens auch Brücken. Sträucher oder Bäume blühen zu unterschiedlichen Jahreszeiten und nicht nur die herbstliche Laubfärbung ist ein fantastischer Anblick. Die Wege führen teilweise über Hügel oder auch an Pavillons vorbei und manchmal findet man ein kleines Teehaus etwas abgeschirmt von den restlichen Flächen. In den Teichen schwimmen große Koi-Karpfen, die meistens auf etwas Futter warten. Es gibt riesige Anlagen, in denen man sehr viel Zeit verbringen kann und auch Gärten auf relativ kleinen Grundflächen. Gerade die kleinen Gärten geben dem Besucher aufgrund der geschickten Planung oft das Gefühl, in einem großen Garten zu sein. Auch

177: Der Hama-rikyu Garten in Tokyo zwischen Hochhäusern am Sumida River

das Prinzip der „geborgten Landschaft“ ist bei einigen Gärten in das Gesamtbild einbezogen. Hierbei sind die Elemente so angeordnet, dass außerhalb liegende Objekte quasi dazu gehören. Dies können z. B. Berge oder Gebäude sein. Es gibt durchaus Gärten, die sowohl Elemente des Steingartens als auch des Landschaftsgartens vereinigen.

Zu den berühmtesten Gärten in Japan gehören der Kenroku-en in Kanazawa, der Kairaku-en in Mito und Koraku-en in Okayama. Aber es gibt natürlich wesentlich mehr. Abgesehen davon, dass z. B. Tempelanlagen oft sehenswerte Gärten haben, kommen in vielen Städten weitere schöne Beispiele der japanischen Gartenkunst hinzu. Ähnlich, wie bei den Tempeln und Schreinen, ist es kaum möglich, zu den vielen Gärten, die das Land bietet, etwas zu sagen, ohne gleichzeitig etwas zu unterschlagen.

178: Nishikigoi im Happo-en Garten in Tokyo

Hiraizumi

Der Motsuji-Tempel und die Gartenanlage gehören seit 2011 zum UNESCO-Weltkulturerbe. Die sogenannten Paradiesgärten verkörpern das buddhistische reine Land. Sie haben ihren Ursprung im 12. Jahrhundert.

Die Gärten sind um einen großen See vor der Haupthalles des Motsuji angelegt. Hiraizumi liegt im nördlichen Honshu in der Präfektur Iwate etwas abseits der üblichen Touristenpfade.

Nikko

Am Gelände des Tempel Rinno-ji findet man den kleinen Garten Shoyo-en. Um einen Teich herum gestaltet, bieten insbesondere im Herbst die Ahornbäume mit ihrer Laubfärbung ein beliebtes Fotomotiv.

Mito

Der Ort, ca. 120 Kilometer nordöstlich von Tokyo in der Präfektur Ibaraki, hat mit dem Kairaku-en einen der berühmtesten Gärten. Seine Ursprünge liegen Mitte des 19. Jahrhunderts. Er ist für seine große Zahl von japanischen Pflaumenbäumen (Ume-Bäume, auch als japanische Aprikose bekannt) berühmt.

Zedern, Bambushain und vieles mehr sind auch außerhalb der Pflaumenblüte einen Besuch wert. Das obere Stockwerk des japanischen Pavillons bietet einen schönen Blick über das Gartenareal, auf den Senba-See sowie die umliegende Landschaft.

Kanazawa

Der Kenroku-en in Kanazawa - ebenfalls einer der berühmtesten Gärten Japans - liegt nahe des Burggeländes und zählt unbestritten zu den schönsten Wandelgärten des Landes. Hügel, Aussichtspunkte, Teehäuser, Pavillons, Bäche, Brücken, Teiche, Wasserspiele und schöne Steinlaternen lassen einen die Zeit beim „Wandeln“ schnell vergessen. Die Wurzeln der heutigen Anlage liegen im 17. Jahrhundert.

Tokyo

Neben dem bereits erwähnten Ninomaru-Garten am Kaiserpalast gibt es in dieser Stadt noch weiteres Sehenswertes. Selbst in einigen Hotelanlagen gibt es kleine aber trotzdem wunderschöne Beispiele der Gartenkunst.

Hama-Rikyu-Onshi-teien

Dieser geschichtsträchtige ehemalige Garten der Shogune liegt in der Bucht von Tokyo. Mit seiner Lage ist er auf der einen Seite den Gezeiten des Meeres ausgesetzt und an anderen Stellen bilden die Hochhäuser der Stadt eine interessante Kulisse. Quasi, wenn auch nicht geplant, ein moderner Aspekt der geborgten Landschaft. Der schön angelegte Park mit Wasserflächen, dem Teehaus und vielen anderen Hinguckern, wie z. B. einer mehrere hundert Jahre alten Kiefer, sind zu jeder Jahreszeit einen Besuch wert.

179: Es ist beeindruckend mit welchem Aufwand alte Bäume, wie hier im Kenroku-en in Kanazawa, erhalten werden.

Koishikawa Korakuen

Auch die Ursprünge dieses Landschaftsgartens liegen Anfang des 17. Jahrhunderts. Der traditionelle Wandelgarten ist stark durch chinesische Stilelemente geprägt. Er stellt unterschiedliche Landschaftsformen mit Teichen und Hügeln im Miniformat dar und gehört zu den ältesten Gärten seiner Art in der Stadt. Ein beliebtes Fotomotiv ist die chinesisch anmutende Vollmondbrücke (Engetsu-kyo).

180: Vollmondbrücke (Engetsu-kyo) im Koishikawa Korakuen, Tokyo

Rikugi-en

Der Garten der Edo-Zeit gehört mit zu den beliebtesten Sehenswürdigkeiten in der Hauptstadt. Der zentrale Teich ist von einem dichten weitläufigen Wegenetz umgeben. Von dem großen Hügel hat man zu jeder Jahreszeit einen traumhaften Blick über Bäume und Landschaft. Nach einem ausgiebigen Spaziergang bietet sich eines der Teehäuser zum Ausruhen an.

181: Japanischer Garten im Daisen-Park, Sakai

Kyoto

Die alte Kaiserstadt ist sicher der Ort mit der größten Anzahl schöner und sehenswerter japanischer Gärten. Bereits in der Übersicht der Tempel befinden sich Hinweise auf einige der Gartenanlagen, die ich daher an dieser Stelle nicht nochmals aufführe.

Es gibt viele sehenswerte Gärten in Kyoto, hierzu gehören auch die Gartenareale in den kaiserlichen Palästen und Villen. Es muss beachtet werden, dass für den Besuch dieser Stätten eine Reservierung bzw. Anmeldung bei der „Imperial Household Agency" erforderlich ist.

182: Isuien-Garten in Nara

Sakai

Sakai ist eigentlich für die Gräber der Kofun-Zeit bekannt. Da sich Touristen eher selten in den Ort verirren, ist kaum bekannt, dass es hier einen kleinen aber wunderschönen Landschaftsgarten gibt. Er liegt im Daisen-Park.

Die Wege führen an Teich- und Bachformationen entlang oder über Brücken durch eine interessant gestaltete Landschaft und Pflanzenwelt.

Nara

Diese touristisch voll erschlossene Stadt hat Zeugnisse der japanischen Gartenkunst zu bieten. Wenn nach dem Besuch der vielen Tempel noch etwas Zeit übrig ist, sollte zumindest der Isuien-Garten in der Nähe des Tempels Todai-ji aufgesucht werden. Der Ursprung des Vordergartens liegt im 17. Jahrhundert und der hintere Teil kam ca. 200 Jahre später hinzu.

Okayama

Der Koraku-en gehört mit zu den berühmtesten Gärten des Landes. Seine Erbauung wurde im 17. Jahrhundert durch den damaligen Feudalherrn veranlasst. Auch in ihm findet man die üblichen Attribute des japanischen Landschaftsgartens. Etwas Besonderes sind jedoch die großen Rasenflächen und der Blick auf die imposante Krähenburg als geliehene Landschaft.

Takamatsu

Der Ritsurin Koen am Rand der Stadt Takamatsu auf Shikoku hat eine Größe von 75 Hektar. Schon im 16. Jahrhunderts wurde mit ersten Gartengestaltungen begonnen, die in den nachfolgenden Zeiten ständig fortgesetzt wurden. Man kann und darf diesen Garten als ein Meisterwerk der Gestaltung bezeichnen. Seit 1875 ist er für die Öffentlichkeit zugänglich.

Kumamoto

Der Suizenji Jojuen wurde bereits im 17. Jahrhundert angelegt und ist nach einem buddhistischen Tempel benannt, der früher auf dem Gelände stand. Der um einen Teich herum angelegte Wandelgarten bildet die 53 Stationen des Tokaido nach, der alten Post- und Handelsstraße zwischen Kyoto und Edo. Eine Miniausgabe des Fuji-san, zwei Schreine und eine No-Bühne sowie das Teehaus machen den Garten zu einem interessanten Ausflugsziel.

Kagoshima

Der Garten Sengan-en im südlichsten Teil von Kyushu ist auch unter dem Namen Isotei-en bekannt. Er ist ein gutes Beispiel für die „geborgte Landschaft", in dem er den Blick auf den Vulkan Sakura-jima mit einbezieht.

Der heute zu besichtigende Park steht auf dem Gelände der ehemals mächtigen Daimyo-Familie Shimazu, die hier 1658 einen ihrer Wohnsitze und die Gartenanlage errichtete. Die ehemalige Residenz des Familienclans ist heute noch Teil des Gartens.

183: Bonsai Art Museum in Omiya, Saitama

Bonsai – Gartenkunst im Mini-Format

Ein Bonsai ist nicht einfach eine Topfpflanze, sondern ein Kunstobjekt. Wie viele andere Kulturgüter des heutigen Japans erreichte diese Form der Pflanzenkultivierung vermutlich vor rund 1.200 Jahren durch chinesische Mönche die japanischen Inseln. Hier entwickelten sich im Laufe der Jahrhunderte eigene Stilrichtungen, die sich unter ihrer japanischen Bezeichnung weltweit großer Beliebtheit erfreuen.

184: Dieses Exemplar im Bonsai Art Museum wird auf ca. 1000 Jahre geschätzt"

Einfach ausgedrückt, ist ein Bonsai ein Baum in einer Schale, was auch der Bedeutung der Kanji-Zeichen entspricht. Durch Verdrahtung, Wurzelschnitt und Beschneidung des Astwerks wird er in eine bestimmte Miniaturform komprimiert. Dabei entstehen aber nicht nur einfach kleine Bäumchen, sondern Objekte, die eine natürliche landschaftliche Schönheit darstellen. Nicht nur Stamm, Astwerk und Laub, sondern auch das zum Teil sichtbare Wurzelgeflecht prägen den Gesamteindruck.

Da der Bonsai eine lebende Pflanze ist und nicht einfach sein Wachstum einstellt, braucht er laufende Pflege, um in Form zu bleiben. Wenn man bedenkt, dass sie ein beachtliches Alter von mehreren hundert Jahren erreichen können, bedürfen sie einer lebenslangen Zuwendung. Es ist wirklich beeindruckend, wenn man, wie z. B. im „Omiya Bonsai Art Museum" in Saitama oder anderweitig derartig alte Bonsai bestaunen kann.

Landschaften, Berge und Schluchten

Neben Kulturdenkmälern und Städten gibt es im ganzen Land landschaftlich interessante Gebiete. Man braucht nur an die Natur- und Nationalparks zu denken. Jeder hat aufgrund seiner Einzigartigkeit etwas zu bieten. Auch außerhalb dieser Parks wartet in der Bergwelt und den Küstenabschnitten eine beeindruckende Natur auf Entdeckung. Vieles ergibt sich manchmal einfach. So haben meine Frau und ich im November 2018, als wir noch etwas Zeit hatten, auf der Izu-Halbinsel spontan einen Küstenabschnitt abgewandert, der mit seinen Felsformationen faszinierend war.

Der größte Teil des Archipels ist durch Gebirge geprägt. Nun geht es mir im Folgenden nicht um Kletterpartien oder Touren mit Bergführer. Hierfür sind - wie in anderen Gebirgen - spezielle Kenntnisse und Vorbereitungen erforderlich. Auch muss und sollte man bei diesem Thema beachten, dass es noch viele aktive oder nur ruhende Vulkane gibt.

In einigen Gebieten gibt es wild lebende Tiere, wie Bären oder Schlangen und auch die Japan-Makaken sind mit Vorsicht zu genießen. Aber auch das Abwandern alter Pilgerwege, wie z. B. den Shikoku-Pilgerweg mit seinen 88 Tempeln, bedürfen besonderer Planungen, sprengen einen normalen Urlaub und setzen zusätzlich ein besonderes Interesse voraus.

Es gibt wirklich viele Möglichkeiten für Aufenthalte außerhalb der Städte oder Ausflüge mit mehr oder weniger Bewegung in die Natur, ohne gleich anstrengende Berge erklimmen zu müssen. Selbst im Umfeld der Metropolregionen Tokyo gibt es viele Gebiete, die von der Bevölkerung und auch von Touristen gerne frequentiert werden. Natürlich sind Gesichtspunkte, wie Erreichbarkeit und Fahrzeiten zu berücksichtigen. Vieles ist für Tagesausflüge geeignet, anderes erfordert dann doch die eine oder andere Übernachtung.

Als besonders schön gelten die in der Liste „Nihon Sankei" aus dem 17. Jahrhundert genannten Landschaften bzw. deren Ansichten. Es sind die Küstenlandschaften von Matsushima, Amanohashidate und Miyajima. Da ich alle drei genannten Orte kenne, kann ich nur bestätigen, dass sie wirklich sehenswert sind. Allerdings haben sie den Nachteil, dass man dort selten alleine sein wird. Es lohnt sich aber trotzdem sie aufzusuchen, da sie wirklich beeindruckend sind.

185: Oirase-Schlucht, Aomori

Hokkaido

Die nördlichste Region des Landes bietet mit ihren zahlreichen Nationalparks und Quasi-Nationalparks ein großes Potenzial an Naturerlebnissen. Aber die liegen nicht unbedingt dort, wo sich Touristen normalerweise hin orientieren. Aber selbst auf Hokkaido muss man nicht unbedingt in abgelegene Gegenden reisen, wie z. B. den Shiretoko Kokuritsu Koen, obwohl der Park unbestritten einmalig ist.

186: Onuma Quasi National Park, Hokkaido

Onuma-Quasi-Nationalpark

Das beliebte Areal nördlich der im Süden von Hokkaido liegenden Hafenstadt Hakodate ist relativ einfach zu erreichen. Von dort benötigt man mit dem Zug ca. 50 Minuten. An den beiden Seen Onuma und Konuma, am Fuß des aktiven Vulkans Komaga-take gelegen, ist der Park ein beliebter Touristenhotspot. Wenn man bereit ist, ein paar Schritte zu gehen, kann man hier trotzdem die Ruhe genießen und mit etwas Glück den Seeadlern bei der Jagd zusehen.

Towada-Hachimantai-Nationalpark

Der zweigeteilte Park berührt die Präfekturen Aomori, Akita und Iwate im nördlichen Tohoku. Beide Areale des Towada Hachimantai Nationalparks liegen ungefähr 50 Kilometer auseinander und haben ähnliche Landschaften und viele Onsen. Der nördliche Teil südlich von Aomori bietet relativ nahe beieinander u. a. folgende besonders im Frühjahr und Herbst beliebte Ziele:

Hakkoda-san

Der 1.585 Meter hohe Berg mit vulkanischen Gipfeln zählt zu den schönsten Japans. Mit der Seilbahn kommt man bequem und schnell hinauf und findet eine traumhafte Landschaft mit verschiedenen Wandermöglichkeiten vor. Nach der Wanderung besteht die Möglichkeit, in einem der Onsen ein entspannendes Bad zu nehmen. Ein Beispiel hierfür ist Sukayu Onsen mit seinem schwefelhaltigen Wasser. Es kann auf eine über 300-jährige Geschichte zurückblicken.

Oirase-Schlucht

Die Schlucht ist ungefähr 15 Kilometer lang. Die meisten Besucher wandern aber lediglich das landschaftlich besonders reizvolle neun Kilometer lange Teilstück zwischen Ishigedo und Nenokuchi am Towada See ab. Der Weg am Fluss Oirase, der aus dem Towada-See gespeist wird, führt an einer Reihe von Wasserfällen vorbei, die sich von den Felshängen in den Fluss ergießen. Im Frühling geben die Grillen ein lautstarkes Konzert und die Azaleenblüte bietet einen imposanten Anblick. Kurz vor dem Ort Nenokuchi kommt man am Choshi-Otaki-Wasserfall vorbei. Er ist mit einer Breite von ca. 20 und einer Höhe von rund 7 Metern der einzige Wasserfall quer im Fluss. Das Ziel der Wanderung ist der Towada-ko. Als größter Caldera-See auf Honshu zählt er ebenfalls zu den Top-Zielen der Region. Ausflugsschiffe bieten hier Erkundungsfahrten auf dem über 300 Meter tiefen See an.

Matsushima

Der Ort Matsushima (Kieferninsel) liegt in der Präfektur Miyagi etwas nordöstlich der Stadt Sendai. Der Blick über das Panorama der Bucht mit über 250 kleinen Inseln, die mit Kiefern bewaldet sind, gehört zu den drei schönsten Ansichten Japans. Einige wenige Inseln sind über Brücken zu Fuß zu erreichen, was auf jeden Fall zu empfehlen ist. Auf Oshima gibt es z. B. alte in die Felsen gehauene Meditationshöhlen und auf Fukuura einen botanischen Garten. Direkt an der Uferpromenade steht auf einer Mini-Insel der kleine Tempel Godai-do, der nur alle 33 Jahre geöffnet wird. Mit dem Tempel Zuigan-ji, der seine Wurzeln genauso, wie der Godai-do im 9. Jahrhundert hat, gibt es in der Stadt noch einen der bekanntesten

187: Blick auf die Bucht von Matsushima, Miyagi

Zen-Tempel der Region Tohoku. Außerdem bieten Ausflugsschiffe Erkundungstouren durch die Inselwelt an.

Auch Matsushima wurde 2011 durch die Folgen von Erdbeben und Tsunami in Mitleidenschaft gezogen. Allerdings waren die Schäden hier längst nicht so stark, wie an anderen Stellen der Küste.

188: Japan-Makaken wärmen sich im Onsen des Jigokudani Yaen Affenpark, Yudanaka

Jigokudani Yaen Koen

Eine etwas andere Art, die Natur zu genießen, ist der Jigokudani Affenpark im sogenannten Höllental in der Präfektur Nagano nahe dem kleinen Ort Yudanaka. Hier kann man den sogenannten Schneeaffen einen Besuch abstatten, der egal, mit welchem Verkehrsmittel die Anreise erfolgt, einen kleinen Fußmarsch erfordert. Die Hauptattraktion sind hier - besonders in der kalten Jahreszeit - die sich in einem Onsen-Becken im warmen Wasser aufwärmenden Japanmakaken. Nun ist dieser Ort keine klassische zoologische Anlage, da die Tiere in keiner Form eingesperrt sind und das Tal jederzeit verlassen können. In den wärmeren Monaten ist die Leidenschaft, ein heißes Bad zu nehmen bei den Affen begrenzt. Der Aufseher lockt sie daher mit Futter in das Becken. Zu den Fütterungszeiten kann man beobachten, wie zusätzlich zu den schon anwesenden Makaken weitere Horden in den Park strömen.

Man bewegt sich mitten durch die überall herumlaufenden und sitzenden Tiere hindurch. Obwohl sich die Affen an die Anwesenheit der Menschen gewöhnt haben, bleiben es wilde Tiere, die man nicht anfassen sollte, auch wenn sie niedlich aussehen.

189: Sengataki-Wasserfall in der Shosenkyo-Schlucht

Chichibu-Tama-Kai Nationalpark

Ziele in der nicht vulkanisch geprägten Bergwelt nordwestlich von Tokyo sind innerhalb von ein bis drei Stunden erreichbar. Wandern, Klettern, Rafting, Schreine und schöne Aussichten und vieles mehr nutzen die Einwohnern der Metropole daher gerne für eine Auszeit in der Natur. Das Gebiet des Nationalparks berührt die vier Präfekturen Tokyo, Saitama, Nagano und Yamanashi. Zu den beliebtesten Attraktionen gehören neben einigen Tempeln und Schreinen der Berg Mitake, die Shosenkyo Schlucht und das Tal Nishizawa-Keikoku.

Mitake-san

Den halben Weg auf den 929 Meter hohen Berg nimmt einem die Seilbahn ab. Oben angekommen erwartet einen der Musashi Mitake-Schrein und verschiedene Wanderwege in die Natur der Umgebung. Sie führen an Wasserfällen und Steinformationen vorbei und je nach Kondition auch zum nächsten Berggipfel.

Nishizawa-Keikoku-Tal

Durch das Tal - das als eines der schönsten im Nationalpark gilt - führt ein ungefähr 10 Kilometer langer Wanderweg. Der Fluss „Fuefuki“, ein rauschender Gebirgsbach am Weg, sowie mehrere Wasserfälle, von denen der fünf-stufige „Nanatsugama-Godan-no-Taki“ das absolute Highlight ist, offenbaren die Schönheit des Tales.

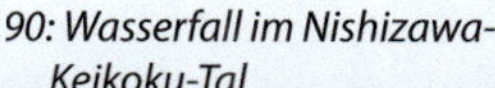

190: Wasserfall im Nishizawa-Keikoku-Tal

Shosenkyo Schlucht

Auch diese Schlucht mit bizarren Felsformationen gehört zu den beliebten Orten im Chichibu-Tama-Kai Nationalpark.

191: Über den Schwefelquellen von Owakudani, Hakone

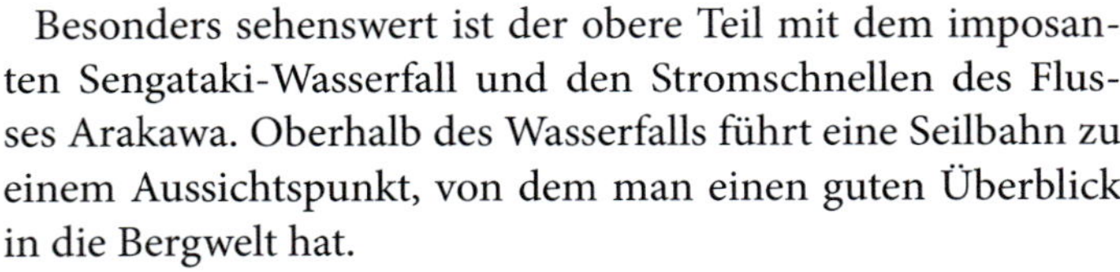

Besonders sehenswert ist der obere Teil mit dem imposanten Sengataki-Wasserfall und den Stromschnellen des Flusses Arakawa. Oberhalb des Wasserfalls führt eine Seilbahn zu einem Aussichtspunkt, von dem man einen guten Überblick in die Bergwelt hat.

192: Der Aufstieg auf den Takao-san über die Route 6 führt auch durch ein Bachbett, Tokyo

Takao-san

Im westlichen Teil der Präfektur Tokyo im Gebiet der Stadt Hachioji liegt der heilige Berg Takao. Mit einer Höhe von 599 Meter über dem Meeresspiegel ist er zwar nicht besonders hoch, aber trotzdem ein sehr beliebtes Ausflugziel der Einwohner von Tokyo. Man erreicht ihn in lediglich einer Stunde vom Bahnhof Shinjuku. Auf den Berg führen verschiedene Wege und der Aufstieg über die am besten ausgebaute Route 1 dauert rund 90 Minuten. Andere Aufstiege, wie z. B. die Route 6 dauern ggf. länger, sind dafür aber weniger frequentiert und naturnaher. Wenn man es etwas bequemer haben will, bietet es sich an, gut die Hälfte der Strecke mit der Seilbahn zu fahren. Oben angekommen führen

Wanderwege durch die schöne Landschaft zum Gipfel. Man kann einen Affenpark besuchen, kommt am Yakuoin-Tempel vorbei oder kann sich in einem der Restaurants erholen. Aussichtsplattformen bieten einen Blick auf die Umgebung und bei klarem Wetter ist der Fuji-san zu sehen. Besonders im Herbst zur Zeit der Laubfärbung sollte man die Wochenenden aufgrund der Besucherströme meiden.

Fuji-Hakone-Izu Nationalpark

Der große Nationalpark erstreckt sich über die Präfekturen Tokyo, Kanagawa, Shizuoka und Yamanashi. Grob kann man ihn in die drei Regionen Hakone, Berg Fuji und Izu-Halbinsel unterteilen:

Hakone

Der Teil des Nationalparks liegt oberhalb der Izu-Halbinsel relativ nahe der Hauptstadt. Er ist ein beliebter Ort für eine Auszeit von der Großstadt. Viele Onsen, teilweise auch mit Freibädern, liegen in diesem Gebiet. Vulkanlandschaften, heiße Quellen und der See Ashinoko prägen diesen Teil des Nationalparks. Bei Touristen sehr beliebt ist Owakudani. Das Tal voller schlammiger Schwefelquellen ist gut über eine Seilbahn erreichbar. Hier herrscht leider oft eine erhöhte seismische Aktivität, was aufgrund starker vulkanischer Gase zu zeitweisen Sperrungen des Gebietes führt.

Fuji

Es braucht eigentlich keiner Erwähnung, dass dieses Gebiet besonders stark durch den rund 100 Kilometer von Tokyo entfernt liegenden heiligen Berg Japans geprägt ist. Beliebt ist die Region der fünf Seen (Fuji-Goko-Seen) nördlich des Berges mit den Seen Kawaguchiko, Saiko, Yamanakako, Shojiko und Motosuko, die ca. 1.000 Meter über dem Meeresspiegel liegen. Beliebte Freizeitaktivitäten sind Wandern, Bergsteigen und Angeln. In der kalten Jahreszeit kommen wintersportliche Aktivitäten hinzu. Auch die Onsen dieser Gegend werden gerne aufgesucht. Südwestlich des Berges Fuji liegt die Stadt Fujinomiya. Sie dient vielen Besuchern als Ausgangsort für die Besteigung des Berges und für einen Abstecher zu den stufenförmigen „Shiraito no Taki" Wasserfällen. Diese ca. 150 Meter breiten Fälle gehören mit zu den schönsten in Japan.

Izu-Halbinsel

Etwas über 100 Kilometer südwestlich von Tokyo und rund 50 Kilometer südlich des Fuji-san geht alles etwas ruhiger zu. Viele Orte locken mit heißen Thermalquellen. Zerklüftete Felsenküsten geben genauso wie Strandabschnitte der Halbinsel ihren Reiz. Besonders beliebt sind die felsigen Küsten um das Kap Irozaki an der Südspitze und der Abschnitt entlang der Jogasaki-Felsküste an der Ostseite der

193: Bootstour auf dem Hozugawa, Arashiyama

Halbinsel. Vom Gipfel des erloschenen Vulkans Omuro, den man mit einem Sessellift erreicht, hat man bei gutem Wetter eine fantastische Aussicht. Erwähnenswert ist auch ein Wanderweg, der in den Bergen außerhalb des Ortes Kawazu an sieben Wasserfällen vorbeiführt.

Amanohashidate

Die „Himmelsbrücke“ Amanohashidate in der Bucht von Miyazu im Norden der Präfektur Kyoto ist eine schmale Sandbank. Sie schlängelt sich mit einer Länge von 3,6 Kilometern von Ufer zu Ufer durch die Bucht. Auf beiden Seiten kann von Aussichtspunkten ein Blick auf die mit Kiefern bewaldete Sandbank geworfen werden. Aber auch eine Wanderung oder Radtour unter den Bäumen mit Blick auf die Sandstrände und das blaue Meer zeigt, warum Amanohashidate mit zu den schönsten Landschaften gehört.

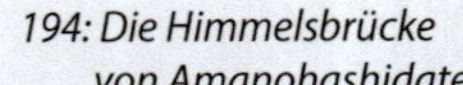

194: Die Himmelsbrücke von Amanohashidate

Kameoka/Arashiyama

Rund um Kyoto, egal ob in den Berggebieten oder am Biwa-See, gibt es viele Möglichkeiten der Stadt zu entfliehen. Eine ist die Schlucht des Flusses Hozugawa nordwestlich von Kyoto zwischen Kameoka und Arashiyama. Je nach Geschmack gibt es zwei Varianten, die Schönheit der Berghänge zu bewundern. Einerseits gibt es zwischen den Orten eine Bahnverbindung (Sagano Romantic Train). Hier fährt man oberhalb der Schlucht und hat

195: Itsukushima-Schrein, Miyajima, Präfektur Hiroshima

einen guten Blick auf Berghänge und Fluss. Die etwas andere Art durch die Schlucht zu kommen, ist eine Bootsfahrt zwischen den Orten. Neben dem traumhaften Blick vom Fluss nach oben ist die Flussfahrt alles andere als langweilig, zumal die Bootsführer die flachen Booten durch einige Stromschnellen manövrieren müssen.

Wenn noch Zeit vorhanden ist, kann ein Spaziergang durch den Bambuswald in Arashiyama gemacht werden. Wer es etwas kräftiger mag, dem ist der Besuch des Iwatayama Affenparks zu empfehlen. Nach einem Bergaufstieg von rund 30 Minuten erwarten einen die frei lebenden Japanmakaken und ein herrlicher Blick über Kyoto.

Miyajima

Die Insel Miyajima in der Seto-Inlandsee nahe Hiroshima mit dem zinnoberroten Torii im Wasser gehört zu den beliebtesten Fotomotiven und zählt ebenfalls zu den drei schönsten Ansichten der „Nihon Sankei". Obwohl die Insel offiziell den Namen Itsukushima trägt, wird sie im Sprachgebrauch Miyajima genannt, was der Bedeutung „Schrein-Insel" entspricht. Dies ist wiederum im Zusammenhang mit dem auf Stelzen gebauten Itsukushima-Schrein zu sehen. Da er genauso wie sein Torii bei Flut im Wasser steht, sind die Gebäude über Stege erreichbar. Die Insel gilt als heilig und gehört seit 1996 zum Weltkulturerbe. Neben den vielen Sehenswürdigkeiten und dem Füttern der überall herumlaufenden Rehe bietet die touristisch sehr erschlossene Schrein-Insel aber auch Wandermöglichkeiten und Aussichtspunkte, die nicht so überlaufen sind.

Kii Halbinsel

Die große Halbinsel südöstlich von Osaka bietet eigentlich so viel Verschiedenes, dass man hier seinen ganzen Urlaub verbringen könnte. Mit Nara im nördlichen Teil befindet sich hier eines der kulturellen Zentren des Landes. Hinzu kommen der Ise-Jingu und eine Vielzahl weiterer religiöser Sehenswürdigkeiten.

Mit dem Ise-Shima- und dem Yoshino-Kumano Nationalpark gibt es gleich zwei Gebiete, die ausreichende Naturerlebnisse garantieren. Egal ob Berge, Schluchten, Waldgebiete sowie Strandabschnitte oder Felsenküsten, alles ist vorhanden. Auch Onsen mit erholsamen heißen Bädern fehlen nicht.

Allerdings sind die Verkehrsverbindungen nicht ganz so ausgeprägt, wie in den Ballungsgebieten und man muss schon etwas mehr Zeit einplanen. Bekannt ist Kii auch für die Pilgerwege des Kumano Kodo und den Tempelberg Koya-san.

Shikoku

Auch auf Shikoku gibt es mit dem Ashizuri-Uwakai einen Nationalpark. Hinzu kommen viele weitere Hotspots, die jedem Naturliebhaber Freude bereiten. Mit dem bereits erwähnten Naruto-Gezeitenstrudel bietet die Insel sogar ein einzigartiges Naturerlebnis.

Allerdings liegt die kleinste der vier Hauptinseln abseits der Touristenströme. Dies tut dem Charme der Insel zwar grundsätzlich keinen Abbruch. Aber, wie ich aus eigenen Erfahrungen weiß, sind die Reisemöglichkeiten zumindest mit öffentlichen Verkehrsmitteln nicht so einfach und man braucht viel Zeit. Wer allerdings einmal den rund um die Insel führenden Pilgerweg der 88 Tempel abwandern will, wird neben spirituellen Erkenntnissen auch die Eindrücke der Landschaft aufnehmen können.

Akiyoshidai und Akiyoshido

Japans größte Karstebene „Akiyoshidai“ befindet sich in der Präfektur Yamaguchi ganz im Süden vom Honshu. Durch das weitläufige Gelände führen Straßen und Wanderwege und geben Einblick in diese einmalige Naturformation. Unter dem Plateau befindet sich Japans größte Kalksteinhöhle „Akiyoshido“. Von dem mehrere Kilometer langen Höhlensystem sind ungefähr 1.000 Meter für Besucher zugänglich.

Der Weg führt an einem unterirdischen Fluss, beeindruckenden Steinformationen und Sinterterrassen vorbei. Zwischen Höhle und der Karstebene darüber existiert eine Fahrstuhlverbindung. Sowohl die Höhle als auch die Ebene sind Teile des Akiyoshidai Quasi-Nationalparks.

196: Krater Nakadake des Aso, Kumamoto (Kyushu)

Kyushu

Fünf Nationalparks und neun Quasi Nationalparks hat die Hauptinsel im Süden aufzuweisen. Wer hier die Natur sucht, wird sie auch finden. Bergregionen mit aktiven und erloschen Vulkanen, Küstenlinien und Schluchten sowie zahlreiche Gegenden mit heißen Quellen sind vorhanden. Eine besondere Art der Erholung wird z. B in Ibusuki auf der Satsuma-Halbinsel ganz im Süden der Insel angeboten. Hier kann man ein Bad im heißen Sand nehmen und die Natur sozusagen hautnah spüren.

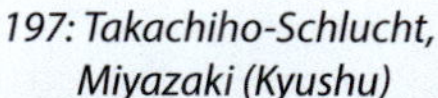

197: Takachiho-Schlucht, Miyazaki (Kyushu)

Aso

Der Vulkanberg Aso bringt sich regelmäßig mit kleineren Eruptionen und auch größeren Ausbrüchen in Erinnerung. Seine riesige Caldera hat einen Durchmesser von rund 25 Kilometern. Der Vulkan im Aso-Kuju Nationalpark ist bei Touristen relativ beliebt, da man von einer Plattform am Kraterrand eine gute Aussicht in den Krater Nakadake hat, einem der Vulkankegel. Allerdings muss das Gebiet vor dem Hintergrund giftiger Gase und Ausbrüchen häufig gesperrt werden.

Takachiho

Der Ort im nördlichen Teil der Präfektur Miyazaki östlich von Kumamoto spielt in der japanischen Mythologie eine bedeutende Rolle. Die Sonnengöttin Amaterasu-Omikami hatte sich dort eine Zeit in einer Höhle versteckt. Später sandte sie ihren

Enkel, die Gottheit Ninigi no Mikoto hier auf die Erde herab, um die Dynastie des Kaiserhauses zu begründen.

An diese Darstellung erinnern außerhalb der Stadt der Schrein Amano Iwato Jinja nahe der Höhle und ein weiterer kleiner Schrein Namens Amano Yasukawara ein Stück weiter in einer anderen Höhle. Logischerweise ist man in Takachiho auf diese Legende eingestellt und am Takachiho-Schrein am Rand Takachiho-Schlucht führen maskierte Tänzer für Interessierte die Geschichte auf.

Vermutlich ist aber die eindrucksvolle Takachiho-Schlucht mit ihren engen Felswänden und dem 17 Meter hohen Minainotaki-Wasserfall, dessen Wasser in die Schlucht stürzt, der Hauptgrund, diese Gegend aufzusuchen. Eine Fahrt mit dem Ruderboot auf dem Gokase-Fluss durch die Schlucht ist die eine interessante Möglichkeit, dieses Naturwunder zu bestaunen. Weniger spektakulär ist es, vom Weg oberhalb der Schlucht einen Blick nach unten zu werfen.

Sakurajima

Der Sakurajima in der Bucht von Kagoshima gilt als einer der aktivsten Vulkane Japans, was er auch ständig mit Aschewolken und kleinen Eruptionen unter Beweis stellt. Vom Hafen der Stadt kann mit Fähren zum Vulkan übergesetzt werden. Es gibt hier ein Informationscenter und Aussichtspunkte.

Yakushima

Die Insel rund 60 Kilometer südlich von Kyushu gehört zum UNESCO-Weltkulturerbe und große Teile der Insel sind Bestandteil des Yakushima-Nationalparks. Um die 39 Berggipfel mit über 1.000 Metern Höhe befinden sich auf der ca. 50 Qkm großen Insel. Unter ihnen der Miyanoura-dake, mit einer Höhe von fast 2.000 Metern. Er ist der höchste Berg der Region Kyushu. Flora und Fauna der subtropischen Insel gelten als einmalig. In den Wäldern kann man Unterarten des Japanmakaken, dem „Yakushimazaru", und des Sikahirsches, dem „Yakushika", begegnen. Wie man Berichten entnehmen kann, leben sie in einer Art Symbiose relativ eng beieinander. Wälder mit teilweise über 1.000 Jahren alten Bäumen sowie Berge und Wasserfälle locken neben der Tierwelt immer mehr Touristen an.

Stierkampf

Nein, hier geht nicht um blutige Szenen, die wir aus den südlichen Ländern Europas kennen. Togyu heißt die japanische Form des Stierkampfes, der in den Präfekturen Iwate, Niigata, Shimane, Ehime, Kagoshima und Okinawa beliebt ist. Was da stattfindet, ist eine Art von „Bullen-Sumo", bei dem die Kräfte der Tiere

198: Bullen-Sumo in der Präfektur Kagoshima

gemessen werden. Es geht darum, dass das stärkere Tier den schwächeren Kontrahenten zurückdrängt. Also wer nach hinten weicht hat verloren. Die Trainer und Betreuer der Stiere sorgen im Ring dafür, dass sich möglichst keines der Tiere mit den Hörnern verletzt. Ähnlich wie beim Sumo haben die Tiere entsprechend ihren bisherigen Leistungen im Kampf unterschiedliche Rangstufen, wobei aber im Gegensatz zum Sumo Gewichtsunterschiede eine Rolle spielen. Ebenfalls im Gegensatz zum Profi-Sumo der Männer ist man beim Bullen-Sumo seit geraumer Zeit gegenüber weiblichen Bullenbetreuern offener und gewährt ihnen Zutritt in den Ring.

199: Tanz-Festival in Shibuya

Volksfeste

Nicht nur die bereits erwähnte Kirschblüte ist für Japaner ein Grund zum Feiern. Einen noch wesentlich größeren Raum nehmen Volksfeste (Matsuri) ein. Sie sind in der Regel religiöser Natur und haben einen regionalen Bezug. So hat eigentlich jeder Schrein in Japan sein eigenes spezielles Fest, in denen den Shinto-Gottheiten im Jahresrhythmus gedankt wird. Aber auch buddhistische Feierlichkeiten oder weltliche

200: Sanja-Matsuri in Asakusa, Tokyo

Anlässe können Grund für ein Matsuri sein. Die unzähligen Festivitäten - von denen es lt. Newsletter der japanischen Botschaft über 300.000 geben soll - verteilen sich landesweit über das ganze Jahr.

Oft sind es prozessionsartige Abläufe, in denen tragbare Schreine oder Göttersänften (Mikoshi), die an Tragestangen von mehreren Trägern unter den Anfeuerungsrufen der Teilnehmer und Zuschauer, durch die Straße getragen werden. Bei einigen Matsuri werden dekorierte Wagen durch die Straßen gezogen, auf denen Trommler- und Flötenmusiker den Umzug lautstark unterstützen. Es geht locker und leidenschaftlich zu. Zwischendurch stärkt man sich auch mal mit einem guten Schluck Sake und manchmal fragt man sich, ob der Träger den Schrein hält oder ob es umgekehrt ist. Begleitend finden bisweilen zu Ehren der Götter sportliche Wettkämpfe, wie z. B. ein Yabusame (traditionelles Bogenschießen vom galoppieren Pferd) statt. Oft gibt es neben dem Fest auch noch eine Art Jahrmarkt.

201: Halloween-Parade in Kawasaki

Es gibt immer einen Grund für ein Matsuri. Ob Feuer-, Lichter-, Fruchtbarkeits- oder Nacktfest, die Stimmung ist immer gut. Übrigens ein Nacktfest (Hadaka Matsuri) ist nichts Anrüchiges. Es geht hier nicht um Freikörperkultur, sondern in erster Linie um Reinigungsrituale, wobei im Winter sicher

202: Kanamara Festival, Kawasaki

noch der Abhärtungsfaktor hinzukommt. So werden, wie ich auf einer unserer Reisen selbst mit ansehen konnte, Schreine zur rituellen Reinigung ins Meer getragen und anschließend zurück in den Tempel gebracht.

Bon Odori, die Tanzfeste in der Sommerzeit, erfreuen sich einer großen Beliebtheit. Aber Tanzveranstaltungen finden auch zu anderen Jahreszeiten statt und man wundert sich immer wieder, mit welcher Präzession Alt und Jung tanzend durch die Straßen ziehen. Auch historische Umzüge locken viele Besucher an.

203: Dream-Yosacoy-Festival auf Odaiba, Tokyo

Halloween-Events vermutet man ja eigentlich eher in den USA. Seit einigen Jahren kann man in Japan große Paraden mit bizarr kostümierten und geschminkten Akteuren und tausenden von Zuschauern bewundern.

Die Internetseiten der Tourismus-Organisationen enthalten oft Hinweise auf diese Veranstaltungen. Es müssen aber nicht immer die Großen mit den Menschenmassen sein, oft sind Feste im ländlichen Raum viel interessanter und man kommt mit der Bevölkerung eher in Kontakt.

Danksagung

Diese Ausgabe meines Porträts über das wunderschöne und kulturell interessante Japan ist eine Aktualisierung der 1. Auflage aus dem Jahr 2019. Auch heute bin ich noch meinen Freunden Jürgen und Ulf dafür dankbar, dass sie damals bereit waren, das Buch zu lektorieren. Leider waren die eigenen Fotos nicht immer qualitativ ausreichend für diese Veröffentlichung. Daher gilt mein Dank auch den Personen, deren Fotos dieses Buch bereichert haben.

Wie immer musste meine Frau einiges an Verständnis aufbringen, wenn ich mich in das Arbeitszimmer zurückgezogen habe, um Texte, Tabellen usw. an die heute aktuellen Verhältnisse anzupassen und dabei nicht ansprechbar war. Außerdem hat sie freiwillig wieder das aufwendige Layout übernommen und damit das Werk geschaffen, das Ihnen jetzt vorliegt.

Quellenangaben

Die Inhalte dieses Buches basieren auf persönlichen Erlebnissen, Erkenntnissen und Wahrnehmungen vieler Jahre sowie meinem Interesse an Japan und seiner Kultur. Um eine gewisse Neutralität meiner Meinung zu erreichen, aber auch um nicht tief genug vorhandenes Wissen zu ergänzen oder zu verifizieren, wurden folgende Quellen herangezogen:

- Statistical Handbook of Japan und Japan Statistical Yearbook, Herausgeber: Statistics Bureau Ministry of Internal Affairs and Communications Japan
  https://www.stat.go.jp/english/index.html
  https://www.stat.go.jp/english/data/handbook/index.html
  https://www.stat.go.jp/english/data/nenkan/index.html
- Statistisches Bundesamt
- Kriminalstatistiken des Bundesministeriums des Innern
- Internetveröffentlichungen der im Linkverzeichnis genannten Seiten. Hierbei wurden vorzugsweise offizielle japanische Quellen benutzt.
- Für genannte Abschnitte der japanischen Geschichte wurde die Zeittafel aus dem Buch „Geschichte Japans (Beck'sche Reihe) von Manfred Pohl" verwendet.
- In einigen Fällen wurde zur Absicherung historischer Daten auch die „Die freie Enzyklopädie Wikipedia" herangezogen. Das gleiche gilt für Wikimedia Commons für die Beschaffung von Bildmaterial.
- Weitere Angaben zur Herkunft verwendeter statistischer und sonstiger Daten inkl. des verendeten Bildmaterials befinden sich im Abbildungsnachweis

Linkverzeichnis

Das Internet ist ein nützliches Informationsmedium, aber leider auch sehr schnelllebig, deshalb kann keine Garantie für die Inhalte und Aktualität der Links in diesem Buch übernommen werden. Der Autor weist ausdrücklich darauf hin, dass die aufgeführten Links nur bis zum Zeitpunkt der Buchveröffentlichung eingesehen werden konnten. Für die Inhalte und Sicherheit der verlinkten Seiten ist stets der jeweilige Anbieter oder Betreiber verantwortlich, da weder Autor oder Verlag Einfluss auf die Gestaltung und die Inhalte der gelinkten Seiten haben.

Für die Inhalte und Sicherheit werden daher keine Verantwortung und Haftung übernommen. Aus rechtlicher

Sicht distanziere ich mich ausdrücklich von den Inhalten der gelinkten Seiten. Die vorgenannten Hinweise gelten für alle im Buch genannten Links. Bitte informieren Sie mich, wenn Sie Anhaltspunkte für Rechtsverletzungen oder nicht mehr existente Verlinkungen feststellen, damit dies bei neuen Ausgaben oder Auflagen dieses Buches berücksichtigt werden kann.

Web-Japan, vom „Ministry of Foreign Affairs (MOFA)" unterstützte Informationsplattform
https://web-japan.org/index.html

Public Relations Office, Cabinet Office, Government of Japan
https://www.gov-online.go.jp/hlj/en/

The Government of Japan
https://www.japan.go.jp/

Offizielle Statistikportale Japans
https://www.stat.go.jp/english/index.html
https://www.nstac.go.jp/en/
https://www.e-stat.go.jp/en/

JNTO - Japan Tourism Statistics
https://statistics.jnto.go.jp/en/
https://www.jnto.go.jp/statistics/data/visitors-statistics/

Cabinet Office Government of Japan
https://www5.cao.go.jp/keizai3/getsurei-e/index-e.html

Hinweise zu territorialen Fragen des „MOFA"
https://www.de.emb-japan.go.jp/territory/data.html
https://www.de.emb-japan.go.jp/aussenp/takeshima.html

National Police Agency Japan
https://www.npa.go.jp/english/index.html

Japan Meteorological Agency
https://www.jma.go.jp/jma/en/menu.html
https://www.data.jma.go.jp/vois/data/filing/souran_eng/menu.htm
https://www.data.jma.go.jp/fcd/yoho/typhoon/statistics/
https://www.jma.go.jp/jma/indexe.html

Tourismus und Sehenswürdigkeiten
https://www.japan.travel/de/de/
https://www.japan-guide.com/

Zoll- und Einreisebestimmungen
https://www.japan.travel/de/de/guide/einreise-japan/
https://www.customs.go.jp/english/index.htm

Travel Apps (JNTO)
https://www.jnto.go.jp/safety-tips/eng/app.html
https://www.japan.travel/en/plan/useful-apps/

Nationalparks
https://www.env.go.jp/en/nature/nps/park/index.html

Deutsche Vertretungen/Deutsche Botschaft
https://japan.diplo.de/ja-de

Botschaft von Japan in Deutschland
https://www.de.emb-japan.go.jp/itprtop_de/index.html

Hinweise des Auswärtigen Amtes
https://www.auswaertiges-amt.de/de/service/laender/japan-node

Deutsche Industrie- und Handelskammer in Japan
https://japan.ahk.de/

Japan Castle Foundation
https://jokaku.jp/

Ausgrabungen aus der Yayoi-Zeit in Yoshinogari
https://www.yoshinogari.jp/en/

Offizielle Seite des Ise-jingu
https://www.isejingu.or.jp/en/about/index.html

Japan-Rail-Pass (Japan Railway Group)
https://japanrailpass.net/de/

Jährliche Verspätung der Shinkansen
https://global.jr-central.co.jp/en/company/about_shinkansen/

Japan Bus-Pass/Japan Bus Lines
https://japanbuslines.com/en/buspass/

Autofahren in Japan
https://english.jaf.or.jp/driving-in-japan
https://www.japan.travel/de/plan/getting-around/cars/

Kriegsgefangenen Lager Bando
https://doitsukan.com/

UNESCO-Weltkulturstätten in Japan
http://www.mofa.go.jp/policy/culture/coop/unesco/c_heritage/w_heritage/property.html
https://whc.unesco.org/en/statesparties/jp
https://ich.unesco.org/en/lists?text=&type%5b%5d=00002&multinational=3&display1=countryIDs#Japan

Abbildungsnachweis

Bedeutung der Bearbeitungsvermerke bei den Bildnummern:

A = Anonymisierung Gesichter / Kfz. Kennzeichen
BS = Beschnitten / Ausschnitt / Anschnitt / freigestellt
BF = Bildformat angepasst
F = Farbe angepasst/geschärft
SW = In Graustufen umgewandelt
Wiki = Wikipedia bzw. Wikimedia Commons, File: https://commons.wikimedia.org/w/index.php?curid=?????
????? bitte die „curid"-Nr. den Angaben bei der Bild-Nr. in der Übersicht entnehmen

Coverfoto: oben: F, BS © Wiki, By Olivier Bruchez from Lausanne, Switzerland - Chureito Pagoda, Fujiyoshida, CC BY-SA 2.0, curid=152946053 Chureito-Pagode mit Blick auf die Stadt Fujiyoshida und den Fuji-san. Logo Longlist 2020 ©Selfpublisher- Verband e. V. https://www.selfpublisher-verband.de/

Rückseite, Buchrücken und Titel: ©Gisela Beckmann, Variation des Torii von Miyajima

Bilder im Inhaltsverzeichnis: Weiße Nr. im Bild siehe Abbildungsnachweis Nr. 3, 29, 61, 86, 153

1: um Beschriftung ergänzt ©Wiki, By Alexrk2 - File:Japan location map with side map of the Ryukyu Islands.svg, (Chumwa)AVHRR Land CoverSRTM Data, ETOPO1Natural Earth 1 (Ryukyu Islands), CC BY-SA 3.0, curid=14665422
2: © G. u. W. Beckmann
3: BF ©Wiki, by Zairon - Own work, CC BY-SA 4.0, curid=86301103
4: ©Wiki, by Lamré, Kobayashi Izanami and Izanagi, gemeinfrei, curid=626913
5: BS,F © Wiki, by Hellbuny - Eigenes Werk, CC BY-SA 3.0, curid=3917656
6: BS,F © Wiki, by Saigen Jiro - Own work, CC0, curid=82213904
7: BS,F © Wiki, by By KimonBerlin - https://www.flickr.com/photos/kimon/4506849144/, CC BY-SA 2.0, curid=57597756
8: BS,F © Wiki, by Kanchi1979 - Own work, CC BY-SA 4.0, curid=34958877
9: BS,F,A © Wiki, By Kimon Berlin - Flickr: Iya vine bridge, CC BY-SA 2.0, curid=19347751
10: BS ©Tokyo Central Wholesale Market
11: BS, F © Wiki, By Ankou1192 - Own work, CC BY-SA 4.0, curid=122423951
12: © SHJ 2024 Table 1.1 - Surface Area of Japan (2024) Source: Geospatial Information Authority of Japan.by Statistics Bureau Ministry of Internal Affairs and Communications und JSY 2025-Table y740203000.xlsx 2-3 Population by Prefecture (1920 to 2023) Statistics Bureau, Ministry of Internal Affairs and Communications, Japan
13: © G. u. W. Beckmann
14: © SHJ 2024 Figure 2.4 Changes in the Population Pyramid, Statistics Bureau, MIC, National Institute of Population and Social Security Research. Statistics Bureau Ministry of Internal Affairs and Communications Japan
15: © SHJ 2024 Table 2,2 -Trends in Population), Statistics Bureau, MIC; National Institute of Population and Social Security Research; Geospatial Information Authority of Japan, Ministry of Internal Affairs and Communications, Japan
16: © SHJ 2024 Table 2,8 - Mean Age of First Marriage, Ministry of Health, Labour and Welfare, Statistics Bureau Ministry of Internal Affairs and Communications, Japan
17: © SHJ 2024 Table 2,9 - Proportion of Never Married at Exact Age 50 by Sex, National Institute of Population and Social Security Research, Statistics Bureau Ministry of Internal Affairs and Communications, Japan
18: © Wiki, By

Regions_and_Prefectures_of_Japan.svg: TheOtherJessederivative work: Llywelyn2000 (talk) - Regions_and_Prefectures_of_Japan.svg, Public Domain, curid=11185637

19: BS, F,A © Wiki, By yoppy from Kawasaki, Kanagawa, Japan - P1050644, CC BY 2.0,curid=41405212

20: BS,F © Wiki, By Yuki Shimazu from Tokyo, Japan - 棚田 / Tanada, CC BY-SA 2.0, curid=41478104

21: BS ©Wiki, Meotoiwa, gemeinfrei, curid=671860

22: A © G. u. W. Beckmann

23: © G. u. W. Beckmann

24: © G. u. W. Beckmann

25: BS,A ©Wiki, By MaedaAkihiko - Own work, CC BY-SA 4.0, curid=112027824

26: A © G. u. W. Beckmann

27: BS,A © By Windmemories - Own work, CC BY-SA 4.0, curid=137612207

28: BS © Wiki By kh ws - K6編成, CC BY-SA 2.0, curid=51050038

29: F © Wiki, By Nankou Oronain (as36…, CC BY-SA 3.0, ?curid=57643744

30: A © G. u. W. Beckmann

31: BS,A © Wiki , By くろふね - Own work, CC BY 4.0,curid=147946942

32: A,BS © Wiki, By Daderot - Own work, CC0, curid=74375603

33: © JSY 2025 -Table y740109000_Precipitation by Observing Station (2023).xlsx und Table y740108000_Temperature, Relative Humidity, Sunshine Duration by Observing Station (2023).xlsx, Japan Meteorological Agency „Weather Observation Statistics“, Statistics Bureau, Ministry of Internal Affairs and Communications, Japan

34: F © Wiki, By t.kunikuni from Japan - Mt.Fuji, CC BY-SA 2.0, curid=89519642

35: F © Wiki, By Raita Futo from Tokyo, Japan - Onuma Quasi-National Park, CC BY 2.0, curid=130153008

36: © SHJ 2024 Table 1.3 - Mountains (As of June, 2023), Geospatial Information Authority of Japan, Statistics Bureau Ministry of Internal Affairs and Communications, Japan

37: © SHJ 2024 Table 1.4 Rivers (As of April, 2023), Ministry of Land, Infrastructure, Transport and Tourism., Statistics Bureau Ministry of Internal Affairs and Communications, Japan

38: © SHJ 2024 Table 1.5 Lakes (As of January, 2024, Geospatial Information Authority of Japan, Statistics Bureau Ministry of Internal Affairs and Communications, Japan

39: BS,F © Wiki, By Quercus acuta - Own work, CC BY-SA 4.0, curid=53733594

40: © G. u. W. Beckmann

41: SW © G. u. W. Beckmann

42: BS,SW ©Wiki, Aaron Logan, Lightmatter japanese serows, curid=18642

43: BS © Wiki, By Spaceaero2 - Own work, CC BY-SA 3.0, curid=20765108

44: BS © Wiki, By Francesco Veronesi from Italy - White-tailed Sea-Eagle - Hokkaido - Japan_S4E9284, CC BY-SA 2.0, curid=39980862

45: F,BS ©Wiki 663highland, Tanuki01 960, CC BY 2.5, curid=1162806

46: © Wiki, By Alpsdake - Own work, CC BY-SA 4.0, curid=46132277

47: BS,F © Wiki, By bryan... - Flickr https://www.flickr.com/photos/bryansjs/47815508491/, CC BY-SA 2.0,curid=116931297

48: BS © Wiki, By Daderot - Eigenes Werk, CC0, curid=31802189

49: © G. u. W. Beckmann

50: A © G. u. W. Beckmann

51: SW, BS © Wiki, By Dddeco at Japanese Wikipedia - Own work by the original uploader, CC BY-SA 3.0, curid=8322976

52: © G. u. W. Beckmann

53: BS © Wiki By Hurohukidaikon - Own work, CC BY 4.0, ?curid=148108779

54: BS,F © Wiki By 地震調査研究推進本部事務局, CC BY 4.0, ?curid=154173036

55: © G. u. W. Beckmann

56: A © G. u. W. Beckmann

57: © SHJ 2024 und 2020, Table 5.5 Production by Fishery Type and Major Kinds of Fish, Ministry of Agriculture, Forestry and Fisheries, Statistics Bureau Ministry of Internal Affairs and Communications, Japan

58-60: © G. u. W. Beckmann

61: A © G. u. W. Beckmann

62: A,BS © Wiki, By Torbenbrinker - Own work, CC BY-SA 3.0, curid=5391021

63: A © G. u. W. Beckmann

64: BS © Wiki, By National Land Image Information (Color Aerial Photographs), Ministry of Land, Infrastructure, Transport and Tourism, Attribution, curid=120737378

65: © G. u. W. Beckmann

66: A © G. u. W. Beckmann

67: © G. u. W. Beckmann

68: © G. u. W. Beckmann

69: SW © Wiki, By 狩野宗秀 (Kanō Sōshū, 1551 - 1601) - en:Image:Odanobunaga.jpg, Public Domain,curid=191607

70: SW © Wiki, By Kanō Mitsunobu - 1. Shouzou.com [1], Kōdai-ji temple warehouse, Kyoto, Japan, Public Domain, curid=1463646

71: SW © Wiki, By Kanō Tan'yū - Osaka Castle main tower, Public Domain, curid=9558314

72: Bild geteilt, BS © Wiki, By User LordAmeth on en.wikipediaCollection of The Town of Sekigahara Archive of History and Cultural Anthropology - http://www.sengoku-expo.net/flash/sekigahara/byoubu/byoubu_c.htmlhttp://inpaku02.iamas.ac.jp/sekigahara/byoubu/images/l/263.jpg, Public Domain, curid=1028364

73: © G. u. W. Beckmann

74: © G. u. W. Beckmann

75: A © G. u. W. Beckmann

76: © Wiki, By Mathew Benjamin Brady - Metropolitan Museum of Art, online collection (The Met object ID 283184), Public Domain, curid=17461041

77: SW, BS © Wiki, By Felice Beato - From the English Wikipedia. Origin source unknown, Public Domain, curid=53809

78: SW, BS © Wiki, By Ogawa Kazumasa - Taken from http://www.photography-museum.com/samuraioldstyle.html, Public Domain, curid=245424

79: BS © Wiki, By Uchida Kuichi - The Cleveland Museum of Art(Kinoshita). Published in the Japanese book, Meiji Tenno gyoden (Tokyo: Kaneo Bun'endo, 1912), Public Domain, curid=552179

80: © Wiki, By Takagi Haisui - Unknown source, Public Domain, curid=941239

81: SW © Wiki, By Minna Pfüller - Katalog, Public Domain,curid=71487707

82: © Wiki. By Unknown author - http://homepage3.nifty.com/akagaki/photo/matue003.jpg, Public Domain, 21085896

83: F © Wiki, By Johann Jakoby - Bayerische Staatsbibliothek Ana 517, Public Domain, curid=37114403

84: BS © Wiki, By 宮内省(Imperial Household Agency) - 毎日新聞社「天皇四代の肖像, Public Domain, curid=5729708

85: BS © Wiki, By Gaetano Faillace - United States Army photograph, Public Domain, curid=31971

86: A © Wiki, By by apes_abroad - https://www.flickr.com/photos/apes_abroad/514272781/, CC BY-SA 2.0, curid=3423064

87: A,F,BS © Wiki, By Kakidai - Eigenes Werk, CC BY-SA 4.0, curid=74122019

88: F,BS © Wiki, By Jakub Hałun - Own work, CC BY-SA 4.0, curid=11444592

89: F,BS © Wiki, By 外務省ホームページ, CC BY 4.0, curid=89407922 // https://www.mofa.go.jp/about/legalmatters.html

90: © G. u. W. Beckmann

91: © G. u. W. Beckmann

92: SW © Wiki, By Felice Beato - Bennett, Terry.,Early Japanese Images' (Rutland, Vermont: Charles E. Tuttle Company, 1996), 75, 139, pl. 35., Public Domain, curid=108182

93: © Wiki, By User Alkivar on en.wikipedia - Originally from en.wikipedia; description page is (was) here, image source is: http://www.akinokai.org/images/Images.htm?Musashi.jpg, Public Domain, curid=724373

94: F, BS© Wiki, By Ogata Gekkō - (1) Gallery Dutta, Geneva, inventory 2/1. (2) Ukiyo-e.org [1], Public Domain, curid=286349

95: © G. u. W. Beckmann

96: © Wiki, By The Japanese Book „空手道"(Karatedo), Public Domain, curid=1349952

97: © Wiki, By Unknown author - Kobukan Dojo Era (2), in Aikido Journal, Public Domain, curid=34563444

98: SW, BS © Patrick Wienecke

99: A,BS © Wiki, By Gusjer, CC BY 2.0, curid=14576058

100: © JSY 2025 -Table y742615000.xlsx Religious Organisations, Clergymen and Adherents (2015 to 2022) Agency for Cultural Affairs und SHJ 2024 Table 2,2 -Trends in Population (as of October 1), Statistics Bureau, MIC; National Institute of Population and Social Security Research; Geospatial Information Authority of Japan, Ministry of Internal Affairs and Communications, Japan

101: SW,BS © Wiki, By ウィキ太郎 (Wiki Taro) - Own work, CC0, curid=71692576

102: © G. u. W. Beckmann

103: © G. u. W. Beckmann

104: © G. u. W. Beckmann

105: © G. u. W. Beckmann

106: © G. u. W. Beckmann

107: © G. u. W. Beckmann

108: © G. u. W. Beckmann

109: © G. u. W. Beckmann

110: BS © Wiki, By Edoardo Chiossone (signed „E. Chiossone Tokyo Giappone 1875") - Siebold collection at Naturalis, Public Domain, curid=42435096

111: F,BS,A © Wiki, By 663highland, CC BY 2.5, curid=33940351

112: A © Wiki, By Kakidai - Own work, CC BY-SA 4.0,curid=73224625

113: © Statistische Bundesamt - https://www.destatis.de/DE/Themen/Laender-Regionen/Internationales/Thema/allgemeines-regionales/G20/G20.html - Tabelle „Internationales G20 in Zahlen Stand März2025 z. T. Schätzwerte" - Bruttoinlandsprodukt Quelle: IWF-WEO - Datenlizenz Deutschland – Version 2.0" oder „dl-de/by-2-0" www.govdata.de/dl-de/by-2-0

114 und 115: © SHJ 2024 Table 3.2 Changes in Industrial Structure,Economic and Social Research Institute, Cabinet Office, Statistics Bureau Ministry of Internal Affairs and Communications, Japan"

116: © SHJ 2024 Table 12.1 Population

by Labour Force Status, Statistics Bureau Ministry of Internal Affairs and Communications, Japan
117 und 118: © SHJ 2024 Figure 11.2, Ministry of Finance, Statistics Bureau Ministry of Internal Affairs and Communications, Japan
119: © Statistische Bundesamt - https://www.destatis.de/DE/Themen/Laender-Regionen/Internationales/Thema/allgemeines-regionales/G20/G20.html - Tabelle „Internationales G20 in Zahlen Stand März2025 z. T. Schätzwerte" - Quelle: UN Comtrade Außenhandel: Export, Import und Handelsbilanz - Datenlizenz Deutschland – Version 2.0" oder „dl-de/by-2-0" www.govdata.de/dl-de/by-2-0
120: © SHJ 2024 Table 11. 3Trends in Value of Exports and Imports by Country/Region" - Ministry of Finance, Statistics Bureau Ministry of Internal Affairs and Communications, Japan
121: © SHJ 2017, 2022 und 2023 - „Table 14.7 (2017 Table 14.6) Trends bzw in Crime" - National Police Agency; Ministry of Justice, Statistics Bureau Ministry of Internal Affairs and Communications, Japan und © Bundeskriminalamt Polizeiliche Kriminalstatistik 2017, 2022 und 2023 - Datenlizenz Deutschland -Namensnennung - Version 2.0, https://www.govdata.de/dl-de/by-2-0
122: © JSY 2025 Table y742801000.xlsx_-28-1 Crime Cases Known to the Police, Cases Cleared up and Arrestees by Type of Crime (2020 to 2022) National Police Agency, Statistics Bureau Ministry of Internal Affairs and Communications, Japan und © Bundeskriminalamt Polizeiliche Kriminalstatistik 2023 - Datenlizenz Deutschland -Namensnennung - Version 2.0, https://www.govdata.de/dl-de/by-2-0
123:BS © Wiki, By Tischbeinahe - Own work, CC BY-SA 3.0, curid=12746666
124: A,BS © By Otto Domes - Own work, CC BY-SA 4.0, curid=92619456
125: F,BS © Wiki, By Yamamoto Shōkoku (1870-1965) - Internet - see jaa2100.org web site for a less trimmed copy of this print, Public Domain, curid=17990751
126: F,BS © Wiki, By Kuroda Seiki - [1], Public Domain, curid=18628936
127: F,BS,A © Wiki, By Jakub Hałun - Own work, CC BY-SA 3.0, curid=32134791
128: © G. u. W. Beckmann
129: © G. u. W. Beckmann
130: A © G. u. W. Beckmann
131: A,BS © Wiki, By Jacob Ehnmark from Tokyo, Japan - Harajuku denizens [3], CC BY 2.0, curid=6082510
132: A © G. u. W. Beckmann
133: A,F,BS © Wiki, By Christian Kadluba from Vienna, Austria - Angelic Pretty, CC BY-SA 2.0, curid=4239587
134: F,BS,A © Wiki, By Melv_L - MACASR - P1480807, CC BY-SA 2.0, curid=53416144
135: © G. u. W. Beckmann
136: A © G. u. W. Beckmann
137: A © G. u. W. Beckmann
138: BS © Wiki, By Trueshow111 - Self-photographed, CC BY-SA 4.0, curid=66780764
139: SW, BS © Wiki, By Onsen - Own work, CC BY-SA 3.0, curid=2889421
140: © G. u. W. Beckmann
141: © G. u. W. Beckmann
142: BS © Wiki, By After Katsushika Hokusai - Own work, Public Domain, curid=2646210
143: A © G. u. W. Beckmann
144: © Immaterielles Kulturerbe der UNESCO - https://ich.unesco.org/en/lists?text=&type%5b%5d=00002&multinational=3&display1=countryIDs#Japan
145: © G. u. W. Beckmann
146: A © Wiki, By Ari Helminen - https://www.flickr.com/photos/picsoflife/7450668668, CC BY 2.0, curid=98275890
147: F,BS © Wiki, By Darafsh - Own work, CC BY-SA 3.0, curid=43694459
148: © G. u. W. Beckmann
149: © G. u. W. Beckmann
150: © G. u. W. Beckmann
151: © G. u. W. Beckmann
152: © G. u. W. Beckmann
153: © G. u. W. Beckmann
154: A © G. u. W. Beckmann
155/155a: © Pressemitrteilungen und Tabellen der JAPAN NATIONAL TOURISM ORGANIZATION (JNTO) https://www.jnto.go.jp/statistics/data/visitors-statistics/ Anmerkung: Die Zahlen für 2024 enthalten noch Schätzwerte.
156: © STATISTICAL HANDBOOK OF JAPAN 2024, Table 16.5 Heritage Sites Inscribed on the World Heritage List, Agency for Cultural Affairs, Statistics Bureau Ministry of Internal Affairs and Communications, Japan und © Kulturerbe der UNESCO, CC BY-SA 3.0 IGO https://whc.unesco.org/en/statesparties/jp / https://creativecommons.org/licenses/by-sa/3.0/igo/deed.en
157: © G. u. W. Beckmann
158: F,BS © Wiki, By Zairon - Own work, CC BY-SA 4.0, curid=85846125
159: A © G. u. W. Beckmann
160: © G. u. W. Beckmann
161: BS © Wiki, By Dirk Beyer - Own work, CC BY-SA 3.0, curid=230799
162: A © G. u. W. Beckmann
163: A © G. u. W. Beckmann
164: F,BS © Wiki, By Nekosuki

- Own work, CC BY-SA 4.0, curid=36781309
165: F,BS © Wiki, By Dr.InSide - Own work, CC BY-SA 4.0, curid=36654911
166: F © Wiki, By Guilhem Vellut from Annecy, France - Red torii @ Fushimi Inari Shrine @ Kyoto, CC BY 2.0, curid=150025038
167: © G. u. W. Beckmann
168: © G. u. W. Beckmann
169: A © Wiki, By Suicasmo - Own work, CC BY-SA 4.0, curid=91047257
170: © Wiki, By Terumasa - Own work, CC BY-SA 4.0, curid=41766947
171: © G. u. W. Beckmann
172: A © G. u. W. Beckmann
173: © G. u. W. Beckmann
174: F,BS © Wiki, By 663highl-and - Own work, CC BY 2.5, urid=8011205
175: F,A © Wick, By 663highland, CC BY 2.5, curid=42385792
176: BS © Wiki, By Kakidai - Own work, CC BY-SA 3.0, curid=19072665
177: F,BS © Wiki, By Dudva - Own work, CC BY-SA 4.0, curid=131924765
178: © G. u. W. Beckmann
179: A © G. u. W. Beckmann
180: © G. u. W. Beckmann
181: © G. u. W. Beckmann
182: © G. u. W. Beckmann
183: © G. u. W. Beckmann
184: © G. u. W. Beckmann
185: © G. u. W. Beckmann
186: F © Wki, By 663highland - Eigenes Werk, CC BY 2.5, curid=21855325
187: © G. u. W. Beckmann
188: F,BS © Wiki, By Bilovitskiy - Own work, CC BY 4.0, https://commons.wikimedia.org/w/index.php?cu-rid=142172262
189: © G. u. W. Beckmann
190: F,BS © Wiki, By Jordy Meow - Own work, CC BY 3.0, curid=12801094
191: F,BS © Wiki, By 663highland, CC BY 2.5, curid=57922063
192: F,BS,A © Wiki, By Rob Young from United Kingdom - Mount Takao - Trail 6, CC BY 2.0, curid=32242390
193: F,BS © Wiki, By 江戸村のとくぞう - Own work, CC BY-SA 4.0,curid=97016633
194: © G. u. W. Beckmann
195: BS, F,A © Wiki, By Dumphasizer - Miyajima Island, CC BY-SA 2.0, curid=110053260
196: F,BS © wiki, By Igorberger - Own work, CC BY-SA 3.0, curid=7696652
197: F,A © By sk01, CC BY-SA 3.0, https://commons.wikimedia.org/w/index.php?curid=58843139
198: F,BS © Wiki, By Lance Cpl. Tyler J. Hlavac, United States Marine Corps - http://www.okinawa.usmc.mil/public%20affairs%20info/Images%20Complete/HighResImages/070622-bulls.jpg, Public Domain, curid=16477745
199: A © G. u. W. Beckmann
200: A © G. u. W. Beckmann
201 A © G. u. W. Beckmann
202: F,A,BS © By Guilhem Vellut from Annecy, France - Parade @ Penis festival @ Kanamara Festival @ Kanayama Shrine @ Kawasaki, CC BY 2.0, curid=150281900
203: A © G. u. W. Beckmann

Die Creative-Commons-Lizenzen im Internet:

https://creativecommons.org/licenses/by/4.0 (bzw. jeweils /2.0, /2.5, /3.0)
https://creativecommons.org/licenses/by-sa/4.0 (bzw. jeweils /2.0, /2.5, /3.0)
https://creativecommons.org/licenses/by-nd/4.0 (bzw. jeweils /2.0, /2.5, /3.0)

Für die deutsche Fassung jeweils „/deed.de" anfügen!

https://creativecommons.org/share-your-work/licensing-considerations/compatible-licenses/

Public Domain/ gemeinfrei

https://creativecommons.org/publicdomain/zero/1.0/deed.de
https://de.wikipedia.org/wiki/Gemeinfreiheit
https://en.wikipedia.org/wiki/Public_domain
https://de.wikipedia.org/wiki/CeCILL
https://commons.wikimedia.org/wiki/Commons:Reuse_of_PD-Art_photographs#Germany
https://commons.wikimedia.org/wiki/Commons:GNU_Free_Documentation_License

Unesco

https://whc.unesco.org/en/licenses/6
https://creativecommons.org/licenses/by-sa/3.0/igo/deed.en

Register

2. Weltkrieg 81, 86, 111

A

Abenomics 117
Abschottung 70
Ahorn 40
Aikido 96, 97, 135
Ainu 57, 61
Akihito 88
Akiyoshidai 200
Alkohol-Grenzwert 26
Amanohashidate 198
Amaterasu-Omikami 89
Amaterasu-Omikami 86, 100
Anime 152, 153, 154
Aomori 168
Arashiyama 198
Arbeitsleben 138
Asakusa-Jinja Schrein 169
Ashikaga 64
Aso 12, 201
Asuka-Zeit 60
Atombombenabwürfen 82
Atomenergie 51
Azaleen 40

B

Bakufu 63, 64, 68
Bambus 40
Bando 78
Bären 41
Berge 37
Bevölkerung 14
Bevölkerungszahlen 16, 99
BIP 114
Bonsai 190
Boryokudan 121
Buddhismus 59, 61, 99, 100, 103
Budo 96, 135, 136
Buke 91
Burakumin 69, 70, 74, 121
Burgen 175
Bushi 91
Bushido 92
Butler Cafés 126
Byodo-in 172

C

Chaya-Bezirke 179
Chichibu-Tama-Kai 195
Chikan 141
China 9, 13, 58, 59, 80, 82, 151
Christen 65, 70
Christentum 100, 101
Chrysanthemen-Thron 87
Chubu 18, 21
Chugoku 18, 22
Cosplay 126
Cuddle-Cafés 127

D

Daigo-ji 173
Daimyo 63, 64, 66, 68, 95
Daisho 94
Daitoku-ji 174
Daito-ryu Jujutsu 97
Dejima 12, 70
Delfine 53
Deutschland 9, 75, 76, 81, 97, 109

E

Edo 66, 68, 71, 73
Edo-Zeit 66, 95, 119
Enryaku-ji 64, 172
Erdbeben 44, 46
Noto-Halbinsel 47
Eta 69, 70
Ezo 20

F

Fauna 40
Fischfang 53
Fischzucht 53
Flora 39
Freeter 140
Frühling 35
Führerschein 26
Fuji 21, 37, 39, 45, 147
Fuji-Hakone-Izu Nationalpark 197
Fujiwara 61
Fukuoka 23
Fukushima 49
Furisode 134
Fushimi Inari-Taisha 173

G

Ganguro 133
Gartenkunst 184
Gärten und Parks 182
G-Cans 45
Geiko 125
Geisha 123, 124
Geisha-Viertel 178
Gengo 90
Geschichte 57
Geta 136
Gewaltenteilung 111
Giftschlangen 43
Ginkaku-ji 172
Ginko-in 108
Gion 125, 180
Giri 92
Glücksspiel 121
Gokayama 181
Gorin no Sho 93
Gyaru 133

H

Habu 43
Hagakure 92
Hakama 135
Hakata 23
Hana-machi 125
Hanami 35
Hanko 108
Harajuku 131
Harakiri 93
Heian-kyo 61, 64
Heian-Zeit 61
Herbst 36
Hikikomori 140
Hikone-jo 176
Himeji-jo 176
Hinin 69, 70
Hiragana 61, 105, 106, 107
Hirohito 77, 80, 81, 82, 83, 87
Historische Dörfer 180
Hojo-Clan 63
Hokkaido 11, 18, 41, 192
Honjo Masamune 94
Honshu 11, 20, 193

I

Iaido 97, 98, 135
Ikebana 105, 126, 147, 148
Ikebukuro 131
Inari 103
Inkan 108
Inuyama-jo 176
Ise-Jingu 174
Ise-Schrein 89, 102
Iwakura Mission 75
Izakaya 137
Izanagi 9
Izanami 9

J

Jahreszeiten 31
Japan-Makaken 43
Jigokudani Yaen Koen 194
Jimbei 135
jinja oder jingu 102
Jitsu-in 108
Jiu-Jitsu 96, 98
Jizo 104
Jomon-Zeit 58
Judo 96, 97
Ju-Jutsu 98
Juku 130

K

Kabukicho 123
Kairaku-en 185, 186
Kalligrafie 92, 126, 148
Kamakura 170
Kamakura-Zeit 62
Kami 100
Kamikaze 63, 81, 82
Kampfkünste 95
Kana 105
Kanji 59, 90, 105, 106
Kano Jigoro 96
Kansai 14, 22
Kanto 18, 20, 21
Kapitulation 82
Kapselhotels 141
Karate 97
Katagana 108
Katakana 61, 105, 106, 107
Katana 94
Kawaii 127, 133, 134
Keikogi 135
Keiretsu 113, 114
Kendo 97, 98, 135
Kenroku-en 185, 186
Kigurumi 134
Kii Halbinsel 200
Kimono 134
Kinkaku-ji 171
Kinki 18, 22
Kiyomizu-dera 170
Klima 31
Koban 25
Kobe 22
Kofun 58
Koi 184
Kojiki 57, 86
Kokyo Higashi Gyoen 184
Konfuzius 59
Konkubinen 87, 124
Koraku-en 185, 189
Korallenriffen 40
Korea 57, 58, 59, 65, 77, 87
Koreanische Minderheit 122
Koto 126
Kragenbär 41
Kraniche 43
Kriminalität 118
Kumamoto-jo 177
Kunoichi 95
Kurilen 13, 76, 83
Kuro-shio-Strömung 31
Kurtisanen 124
Kusanagi no tsurugi 89
Kushiro-Shitsugen 43
Kyoto 22, 125, 165, 170, 172, 180, 188
Kyushu 11, 18, 23, 201

L

Lachse 41
La-Pérouse-Straße 10
Lotos 40
Love-Hotel Hill 129
Love-Hotels 127, 128

M

MacArthur 82, 94
Maid-Cafés 127
Maido 127
Maiko 126
Mandschukuo 80
Mandschurenkranich 43
Manga 152, 153, 154
Mangroven 40
Matsumoto-jo 175
Matsuri 100, 203
Matsushima 193
Matthew Perry 73
Mawashi 99
Meerschlangen 43
Meiji-Restauration 20, 73, 96
Meiji-Schrein 169
Meiji-Verfassung 111
Meiji-Zeit 12, 73, 76, 86, 87, 109
METI 114
Miko 103
Mimana 59
Mitome-in 108
Miyajima 199
Miyamoto Musashi 93
Mizuko 104
Mizu-shobai 123, 126
Mülltrennung 52
Myoshin-ji 171
Mythologie 9, 57, 100

N

Nagano 21
Nagasaki 12, 70, 82
Nagoya-jo 176
Nanzen-ji 172
Nara 22, 103, 174, 189
Nara-Zeit 61
Naruhito 89
Naruto 10
Naturparks 37
NEET 140
Nengo 90
Nihongi 57, 86
nihongo 105
Nihon-shoki 57
Nijo-jo 176
Nikko 168, 186
Ninja 91, 95
Ninjutsu 98
Ninna-ji 171
Ninomaru 184
Nishikigoi 184
Nomikai 137

O

Obdachlosigkeit 141
Obi 135
Oda Nobunaga 65, 95
Okayama-jo 177
Okinawa 18, 23, 83
Okinawa-Ralle 43
Okinotorishima 13
Okiya 125
Okunitama-jinja 169
Omiai 136
Omiyage 142
Omote-Japan 14
Onsen 37, 46, 144, 145, 193, 194, 197, 200
Onuma-Quasi-Nationalpark 192
Osaka 22, 155, 177
Osaka-jo 176
Ostindien-Kompanie 70
Otaku 132
Oyabun 121
Oyashio-Strom 31

P

Pachinko 121
Parken 26
Parlament 111
Paukschulen 130
Politik 111
Präfekturen 18, 112
Pünktlichkeit 29

R

Radfahrer 25
Recycling 52
Regenwald 40
Regionen 18
Reiwa-Ära 90
Religion 99
Riesensalamander 41
Rikishi 98
Rollenverteilung 137
Rōmaji 107
Ronin 93
Ryoan-ji 171
Ryukyu 12, 23, 40, 43, 77

S

Sakoku 70
Sakurajima 12, 202
Samurai 62, 63, 65, 69, 74, 86, 92
Samurai-Häuser 178
Sanjusangen-do 172
Sapporo 11, 20
Schlüsselloch-Gräber 58
Schneeaffen 43
Schrift 105
Schulsystem 130
Schwarzen Schiffe 72
Schwerter 94
Seeadler 43

Sekigahara 66
Sengoku-jidai 64
Senkaku-Inseln 13
Senso-ji-Tempel 169
Seppuku 93
Serau 40
Seto-Inlandsee 10, 23, 199
Shamisen 126
Shibuya 131
Shikoku 12, 18, 23, 78, 189, 200
Shimokita-Halbinsel 43
Shingo 101
Shinjuku 28, 123, 131
Shinkansen 28, 156
Shinobi 95
Shinto 87, 100
Shintoismus 59, 99, 100
Shirakawa-go 181
Shirasagi-jo 176
Shiretoko Kokuritsu Koen 192
Shogun 63
Shogunat 63, 72, 95
Showa-Zeit 80
Shutoken Gaikaku Hosuiro 44
Sika 43
Sohei 91, 95
Sommer 36
Sprache 105
Sprachkenntnisse 162
Standessystem 69
Stierkampf 202
Straßennamen 24
Sumo 98, 99

T

Tabi 136
Taifune 44
Taifunzeit 36
Taiko 65
Taisho-Zeit 77
Takao-san 196
Takeshima 13
Tanuki 41, 103
Tatami 128
Taxi 28
Teeanbau 22
Teezeremonie 105, 126, 147, 157
Tempel und Schreine 167
Tenno 87, 111
Tenryu-ji 174
tera/dera oder ji 104
Throninsignien 89
Thunfisch 54
Tofuku-ji 172
Tohoku 18, 20
Tokugawa-Ära 95
Tokugawa Ieyasu 65, 66
Tokugawa Shogunat 66
Tokyo 20, 89, 123, 148, 151, 165, 169, 186
Torii 102, 173, 199
Towada-Hachimantai-Nationalpark 193
Toyotomi Hideyoshi 65
Tsugaru-Straße 10, 11
Tsunami 20, 46, 194

U

Ueshiba Morihei 96
Umweltschutz 51
UNESCO 40, 64, 150, 157, 170, 185, 202
Ura-Japan 14

V

Verkehr 25
Verkehrsmittel 27
Volksfeste 203
Vulkane 45

W

Wafuku 134
Wakizashi 94
Walfang 53
Warnsysteme 44
Wassergewerbe 123
William Adams 67
Winter 33
Wirbelstürme 44
Wirtschaft 113

Y

Yakushima 40
Yakuza 119
Yamanote-Linie 27
Yamato-Dynastie 58, 86
Yasakani no magatama 89
Yasukuni-Schrein 113
Yata no kagami 89
Yayoi-Zeit 58
Yokozuna 98
Yoshinogari-koen 58
Yoshiwara 124
Yukata 134

Z

Zahlen 91
Zaibatsu 76, 113
Zainichi 122
Zedern 39
Zeitrechnung 89
Zeitzone 10
Zen-Buddhismus 63, 105
Zen-Gärten 105, 184
Zori 136
Zuwanderung 18